U0138916

前瞻教育

叢書主編　黃政傑

臺灣教師教育之今昔與前瞻

楊思偉　著

五南圖書出版公司 印行

主編序

國內教育在政治解嚴之後，隨著社會邁向自由、民主、多元和開放而大幅鬆綁，又因應全球化、市場化、國際化和本土化的衝擊而轉型發展，顯現一片榮景。不過榮景之下還是存在許多問題，不但教育工作者時有批判檢討，家長和社會各界亦不斷鞭策，期盼促成教育的持續發展與進步。

剖析幾十年來國內的教育發展，最為顯著的是教育機會的擴充，讓學子有更多機會升學進修，尤其是高等教育的普及化更為突顯。只是，教育機會的擴充一定要配以優良的教育品質，否則機會均等只是一紙敷衍的承諾。教育機會擴充也要在有教無類的理想外，配合因材施教的理念，引導學生追求符合個人興趣、性向和能力的教育，讓每個人都能自我實現。是以，追求卓越的教育，應著眼於全體學校，且學術教育和技職教育需等值看待，否則學校階級化勢必愈來愈明顯，升學主義永難消除。各級學校刻正設法因應少子社會的衝擊，此際學校的轉型發展必須落實品質保證，讓每個學生都能把握教育機會，習得健康、品格和實力。

面對教育發展伴隨的問題，並非一直批評即可解決，宜透過教育研究和著作發表，作為改革方案規劃、決策和實踐的基礎。只是近年來學術界注重實證研究和期刊論文的發表，專書遭到貶值，導致研究和著作的窄化。學者只重一篇篇的論文發表，缺乏對整體教育現象和問題的觀照，更難提出系統且具前瞻性的宏觀見解及改革建言，至為可惜。

有鑒於此，前瞻教育系列期待學者在從事研究、發表單篇論文之際，同時重視前瞻性、系統性的學術著作，能以篇幅較大的專書來探討教育理論與實務、政策與改革等課題，以符應教育現場解題與應用

之需求，啓發學術研究及教育改革方向。過往教育專書常見大部頭著作，本系列書籍希望有所改變，朝向能創新思考、指引未來的專題探究，且能深入淺出、引人入勝。

　　本系列書籍的出版，首應感謝各書作者秉持社會關懷和學術使命，接受邀約，完成足以啓迪社會的傳世之作。其次要感謝五南圖書出版公司全力支持本系列書籍，也要感謝所有編輯及出版同仁全力以赴。再次要感謝靜宜大學教育研究所吳俊憲教授協助本系列書籍出版之相關協調工作，讓本系列書籍得以順利面世。最後，願將本系列書籍獻給所有關心教育改革和發展的家長、教師、行政人員及各界人士。

靜宜大學教育研究所講座教授

黃政傑

2013 年 8 月

作者序言

　　「高素質的教育來自高素質的教師」、「贏得師資，就贏得國家的未來」，教育是國家富強之本，而教師是優良教育之基石，這是自古以來大家都同意的一句話。作者自青年時期就讀師範專科學校以來，經歷四十餘年，一直關心教育事業，也一直從事教育工作，擔任教育學子之職務，從小學老師到大學教授，以致成為培育師資的教育大學校長，可說一輩子都是從事和師資培育有關的工作。雖然教育學領域非常浩瀚，其中有許多專業領域，而「師資培育」並沒有成為一個非常明顯的學術領域，但近年來「教師教育學」在一些先進國家異軍突起，逐漸受到重視，甚至已經有多本「教師教育學」的著作出版，可見「教師教育學」即將成為一項新的教育專業領域。本書使用「教師教育」這個名詞，也表示作者關心教師教育未來在臺灣發展的可能性和必要性。雖然臺灣現在仍將「教師教育」稱作「師資培育」，且在相關法令中之規範仍偏職前教育的部分，缺乏將職前教育、實習、教師甄試及在職進修等，整體納入師資培育的範疇，這將是未來學界必須重視的議題。不過，因為臺灣慣用「師資培育」取代教師教育，所以在各篇論文中有時難以全面使用「教師教育」這用語，可能造成讀者閱讀的不便，在此特別加以說明與致歉，敬請讀者見諒。

　　作者最近十五年間，在教育學研究領域中，特別重視教師教育的部分，其中一個原因是因為擔任教育大學校長八年。在擔任教育大學校長前後，正好遭逢國內整併師範／教育大學之浪潮。原因是認為師範／教育在高等教育中，不具有競爭力，而且規模不夠大，當時為了減少國立大學校數，就先以師範教育大學作為整併的對象，雖然後來三所師範大學能夠繼續維持，但也受到很多損傷。而教育大學也因為那次的政策影響，九所教育大學（師範學院）目前僅存兩所大學保留

「教育大學」名稱，回顧這一些變遷，仍然令人不勝唏噓。

　　目前臺灣的師資培育，在開放式的制度下，約有六十所大學開設師資培育學程，每年約培養 8,000 位幼教和中小學老師。最高教育主管單位是「師資培育及藝術教育司」，另外國教署及地方教育局處也分別主管部分師資培育的行政。在師資培育及藝術教育司司長及相關人員的努力下，師資培育政策建立了一些良善的運作機制，但也尚有些待改進的課題。其實師資培育業務相當複雜，欲培養優質的中小學教師，應該著力的措施非常複雜多元，何況教育部師資培育及藝術教育司的政策主導權也有一些限制，而師資培育審議會也沒有發揮很多功能，所以整體師資培育政策，雖然有《師資培育白皮書》之藍圖，但其執行力仍然不足，這在本書中部分文章有一些論述，也是所有關心師資培育議題的相關人士可以特別注意的。

　　作者將 2009 至 2016 年的論文整理成本書，所有論文都經過檢視及潤飾，且經過不同程度修改而成，並儘量加上最新相關政策之內容。雖如此，但部分論文可能受到撰寫當時時空之限制，特別是政策的議題可能不是最新的資料，但現今觀之，仍顯現當時時空政策的時代性，也是可以一讀的。

　　本書共蒐集十二篇論文，章節分為歷史發展、制度及政策現況、主要國家教師教育制度的啟示三大部分，其中屬於制度及政策部分論文較多，可以讓讀者充分了解從日治時期到當前有關臺灣教師教育的政策變革及趨勢，相信這方面的論文對於想要了解臺灣教師教育制度及政策的讀者先進，會有一定的幫助。

　　書中論文在原本發表之際，有多篇都和其他學者或博士生聯名發表，包括陳盛賢、林政逸、葉川榮及許筱君，感謝他們在撰寫的時候，或者幫助提供資料，或者協助撰寫初稿，或者參與討論，而能夠完成各篇論文。他們都是優秀的青年學者，未來研究潛力無限，相信將來可以成為學術將材。本書彙整之際，也徵求他們的同意，感謝他們的支持，在各章後面也列出論文原來出處，再請大家參考。

　　本書在答應黃政傑校長共同撰寫系列叢書以後，已經時隔多年，實在深感歉意。此次終於得以整理出版，要特別感謝黃校長之鞭策與鼓勵，在初稿完成後，他仔細閱讀稿件，且提出詳細之審閱意見，再經筆者依其意見修改而成，在此要特別感謝他的指導，得使本書更加完善，另外，也要感謝五南圖書出版公司願意協助出版。

　　2013 年由教育部發布的《師資培育白皮書》，是由筆者擔任臺中教育大學校長時期，接受教育部委託，組合一群學者專家共同撰寫完成，白皮書代表當時馬政府時代的教師教育政策主軸。內文提到臺灣師資培育的核心價值是「師道、責任、精緻、永續」，師資培育的理想圖像是「具備教育愛、專業力、執行力的新時代良師」，而師資培育的願景是「培育新時代良師以發展高品質教育」，這是很明確的教師教育政策，是臺灣未來可以認真推動的，希望不要受到政黨輪替影響而有所改變。

　　在國際化以及 AI 革命的時代，社會變遷非常快速，且由於青少年成長環境改變了，未來教師的基本素養也會不一樣，所以師資培育的相關課程、教師檢定、實習、教師甄試及教師專業發展都必須一體化配套改革，才能培養更具專業能力的優質老師。目前世界各國都為了加強教師教育的專業性以及發揮教師的角色功能，而致力於教師教育政策的改革，臺灣當然也無法避免，期望這本書的出版能在這個領域上提供棉薄之力，也請各界先進給予指正。

楊思偉

於南華大樓學慧樓

2018.06.12

目　錄

貳　制度及政策現況

參　主要國家教師教育制度的啓示

第十二章　美英法德日與中國大陸教師教育模式比較

壹

歷史發展

第一章

師範教育的博雅精神

近代最早的師範學校，是於1794年在法國建立的巴黎高等師範學校（法語：École Normale Supérieure de Paris）；其中的法語：Normale，來自拉丁語：norma，本義爲規範、模範之意，巴黎高等師範學校的建校者，希望這間學校成爲教育規範的來源。該校由拿破崙創立，至今仍是一般人可望不可及的貴族大學。義大利頂尖高校比薩高等師範（Scuola Nomale Superiore di Pisa）在全世界享有盛名。美國在1839年成立第一所師範學校（State Normal School），開美國公立師範教育以及全國州立師範教育體系之先河，至1930-1940年間總共有200所左右；至1950年，美國師範學院發展至巔峰（郭虹宇，2010；王海平，2008）。

在中國古典文獻中，師範最早出現於漢朝揚雄編著的《揚子法言》：「師者，人之模範也。」另外，師範兩字首見於《後漢書・卷五四・楊震傳》：「師範之功，昭於內外。」《北史・卷四一・揚播傳・論曰》也提到：「恭德愼行，爲世師範。」師範雖然在古代沒有被用於命名學校，但從前面引用的文獻可以看出，作爲專有名詞之用，師範這用語應該是起源於中國（wiki百科，2018）。但是文獻發現，後來在日本各傳統武術流派中，大致稱武術老師爲師範（しはん）。其後在明治維新期間，於1872年日本建立第一所師範學校——東京高等師範學校，將英語：Normal School譯爲師範學校，是第一次使用師範學校之名稱。而師範學校這個譯名，在清朝末年傳入中國。戊戌變法時，梁啓超在《京師大學堂章程》中，提出應該設立師範學堂的構想：「欲革舊習，興智學，必以立師範學堂爲第一義。」這是首次在中國提出建立師範學校的構想。1897年4月8日，南洋公學師範院借上海徐家匯民房一所，正式開學上課，成爲中國歷史上第一所師範學校（臺師大數位校史館FB專頁，2018；wiki百科，2018）。

隨著社會快速變遷，各國師範校院部分改名爲教育學院或大學，傳統的師範教育也在各國呈現不同之發展狀況，臺灣也在1994年由「師範教育」改爲「師資培育」，而其他國家也改爲「教師教育」這用語，儘管如此，但師資培育中的根本精神仍在以師範教育爲其本質爲佳，且師範教育之中心乃是博雅教育，本文基於這樣的理念，將重點放在師範教育的博雅教育加以敘述。

　　「師範教育的博雅精神」看似一個理所當然的主題，卻蘊含著弔詭與矛盾，但也充滿了教師教育未來的發展內涵與方向。17世紀末法國基督教兄弟會（Christadelphians）的拉薩爾（Jean Baptiste de La Salle, 1651-1719）在銳姆斯（Rheims）的地方創立短期私人性質的教師訓練機構，用以培育教會學校所需的教師，並推動免費的平民教育。德國（日耳曼）的弗蘭克（August Hermann Francke, 1663-1727）1697年在哈勒（Halle）創辦教員養成所（Seminarium Proeceptorium），也是為了培育神學院學生來教導孤兒與平民，此類宗教性質的師資培育機構開啓近代師資培育的先河，也由此可知師範教育的起源與平民教育有關。

　　博雅教育（liberal education）起源於古希臘時代的自由人教育，自由人藉由博雅教育產生理性思辨，進而參與城邦的公共事務。20世紀以前的博雅教育深受兩個概念的影響，一個是希臘城邦與亞里斯多德（Aristotle）所謂的「自由人的教育」，另一個則是19世紀英國紐曼（John Henry Newman, 1801-1890）的「心智鍛鍊教育」。亞里斯多德認為教育應該是「自由而高貴」的，只有擁有閒暇和一定財富，無需為謀生而奔波的自由人才能獲得。自由公民的教育知識配合古羅馬時期的「自由人技藝」（liberal arts），在中世紀形成了「七藝」。強調與精神文化相通的七藝，在18世紀與英國的紳士教育結合，後來紐曼在《大學理念》（The Idea of a University）一書中便認為大學教育是一種博雅教育，大學應該藉由文學與科學，進行習性與心智（intellectual）的鍛鍊。此種大學教育應該是博雅教育的主張，深獲西方教育界認同，所以前芝加哥大學校長赫欽斯（Robert Maynard Hutchins, 1899-1977）認為整個博雅教育是西方文明的特色，而西方教育的傳統就是博雅教育的傳統，由此可知博雅教育的起源是一種中上階級的教育。

　　博雅教育雖然起源於中上階級，但是隨著哈伯瑪斯（Jürgen Habermas, 1929- ）所言的「現代性的計畫」（project of modernity），博雅教育涉入了人文傾向的「非聖化」（desacralization）與啓蒙傾向的「理性化」（rationalization）（劉潤忠譯，1990），韋伯（Weber）亦早已指明現代社會的根本核心就是「理性化」，也是一個「解除迷障的世界」（disenchantment of the world）。康德（Kant）在〈何謂啟蒙〉（What is Enlight-enment?）提到「啟蒙運動就是人類脫離自己所加之於自己的不成熟狀態」，而要成熟的方式就是要「有勇氣運用自己的理智」，所以啟蒙就是「人以理性不斷地自我教育與成長」（何兆武譯，1990），再者上述紐曼將博雅教育視為心智的培育（cultivation of intellect），與道德教育和宗教教育有所不同，此時博雅教育也不再只是為自由人而設計的教育，而是一種「解放思想」（liberating the mind）教育，原本只是自由人才能享有的教育，改變成只要有教育，人就可以開展理性與追求成長。

　　師範教育起源於平民教育的興起，而博雅教育卻是根源於中上階級的，兩者的發展應有所不同，但是隨著師範教育由中等教育發展為高等教育，以提升中小學的教師素質時，師範教育不僅在於培育師範生教導讀寫算等基本能力，更應培育師範生成為具有轉化社會結構的知識分子，此時具有反思性（reflexive）的師培生接受博雅教育的薰陶便成為一種必需。由於博雅教育的解放思想特質，讓師範教育的內涵得以提升，原本師範教育與博雅教育起源的弔詭與矛盾，反而充實了師範教育的發展內涵與方向，本文即以此觀點闡述，先說明博雅教育的本質與改變，再建構出博雅精神在師範教育中的意義所在。

壹、博雅教育的本質與改變

　　「博雅教育」如果從「博雅」（liberal）一詞的拉丁文「*liber*」探究可知，「*liber*」具有特別的社會意涵，專指特別階層的「自由人」（free-men），是「與自由人有關的」（relating to freemen）或「可享有自由的」（fitted for freedom），有別於不自由的其他人。自由人擁有閒暇與財富，也有社會地位，才可以有學習文法、藝術、物理、天文的權利，也因為廣博的學習，而有較寬廣的視野，與較高的涵養，所以此字具有「寬宏大量」之意。中世紀時代，「liberal」自由人意涵與神本社會相互衝突，而被賦予貶抑之意，但是到了18世紀以後的啟蒙時代，「liberal」具有「開明的」（open-minded）與「非傳統的」（unorthodox）的意義，又開始讓思想開放的主題獲得重視。從「liberal」一詞的探究可知，原本表示「自

由人」的意義開展成「寬宏大量」、「開明」與「非傳統的」之意，而廣博學習與寬宏的自由人教育即是博雅教育的本質。以下試從博雅教育的發展歷程來看其本質與改變：

一、廣博學習的博雅教育

古希臘的「自由人教育」原本僅服務於貴族，藉由文法、修辭、音樂、數學、科學等科目讓貴族子弟熟知貴族文化。希臘哲學家柏拉圖（Plato）《理想國》（*The Republic*）中，認為哲學王從小開始接受詩歌、戲劇、文學、演奏、體育與生活教育等的培育，成年後再學習數學、幾何、天文、音樂等學科教育，30歲以後還要學會辯證法，開展理想世界的觀點。Aristotle修正辯證法成為「邏輯」，配合當時對雄辯術的重視，希臘化時代以後「文法」與「修辭」成為重要學科，成為中世紀以後的三藝（trivium），而原有的數學、幾何、天文、音樂則成為四藝（quadrivium），合稱七藝，藉此培育人的廣博通達的智慧，這也成為中世紀大學核心課程，用以培育神職人員與政治菁英；此時由於學習的領域廣博，以哲學概念為核心，牽涉到文學、藝術與科學，所以乃是一種通才教育。

二、思想解放的博雅教育

羅馬時代哲學家辛尼卡（Seneca）開始將博雅教育原本是「自由人的教育」轉變成「使人自由的教育」，強調藉由博雅教育讓人建立理性，擁有「共同概念」（common notions），享有自由的心靈，追求真理，可以主宰自己的想法，對所處的社會環境進行批判。此時博雅教育除了政治性的貴族教育外，增添了精神性的理性教育，而這也成為後來博雅教育開展啓蒙理性，獲得思想解放的基礎。18世紀的啓蒙運動與民主思潮，打破教育只是為少數人服務的想法，平民接受教育，讓每個人都能開展理性，此時如同「liberal」字詞意涵的改變一樣，教育成為一種在約定俗成中解放思想的教育。接受教育啓蒙者，不侷限於知識內容的效用性（utility），透過理性運作與心智鍛鍊，解除蒙蔽與偏狹，進而開拓嶄新視野，此時博雅教育是一種思想解放的教育。

三、優雅品格的博雅教育

17世紀的英國重視「文雅觀念」（politeness），以紳士（gentle-man）教育為主的禮儀教導、社交方式影響博雅教育的發展。洛克（John Locke）在《教育漫話》（*Some Thoughts Concerning Education*）一書中曾提到，教育就是要以品德（virtue）、智慧（wisdom）、教養（breeding）及學識（learning）等四個層面來培養有禮、聰智、洞察世事的紳士。基於紳士教育的理念，英國的大學傳統理念乃是以培養具有教養的紳士為目的，大學是紳士「性格養成」（character formation）的教學單位，培養出有教養心智、精緻品味、正直道德、冷靜思維的紳士才是大學教育的本質，此時博雅教育是一種精緻雅趣的品格教育。

四、通達事理的博雅教育

19世紀上述博雅教育學者紐曼面對傳統大學價值的日趨式微，科學革命以後，人文與宗教教育被各種新興專業研究取代，實用價值高的專業教育愈來愈取得優勢地位，原本培育健全心靈與理性思維的理念逐漸在消退中。紐曼所認為的博雅教育應該是「心智鍛鍊的教育」，強調以普遍知識（universal knowledge）來讓學生擁有批判心智（the mind that is able to criticize）、健全的見識及事理判斷力，此種能力勝過任何學科或專業的學習，此時博雅教育是一種通達事理的教育。

五、相對於專業教育的通識教育

「大學」一詞的英語為（university），詞根「universe」是普遍、整體之意，這意味著大學的學習並非侷限於某一項專業而已，更是一種全人教育的推動，但是面對大學教育的職業化，博雅教育在古希臘時代的通才教育理念，又被重新提出討論。20世紀以後的博雅教育在美國大學理念的影響下，強調專業教育之外需要有「通識教育」（general education），這是因為各科系都有培育工程、會計、醫學、商業等專業教育（professional education），用以對應社會工作職場所需的專業技能，重視本身的專業知識，但是一個專家可能失去觀照整體社會的能力，不僅落入工具理性的困境，也讓視野偏狹造成專業判斷的「建樹不見林」，而有錯誤的判斷。

因此，博雅教育所重視的廣博學習理念，正可修正此專業謬誤。此時原本「大學教育就是博雅教育」的概念，轉變成「博雅教育（通識教育）是大學教育的一環」。

上述前芝加哥大學校長赫欽斯提倡以西方經典作品（Great Books of Western World）來實施博雅教育，博雅教育要讓所有的人成為智慧人，尋求超脫世俗羈絆，所以教育的主要目的並非「產生人力」而是「培育為人」，教育哲學家馬力坦（Jacques Maritain）說：「教育不是訓練動物，人的教育是人的醒悟」，這說明著教育是要培育思考習慣與思考重要事務的能力，但是目前的博雅教育如果僅侷限於修正專業主義的缺失，僅為增加學習視野，忽略過去博雅教育曾經蘊含的思想解放、優雅品格、通達事理的三項內涵，則博雅教育就枉費這兩千多年的發展。

貳、師範教育的本質與改變

唐朝韓愈承繼師表模範的觀念，提出「以一身立教，而為師於百千萬年間，其身亡而教存」的主張，所以在傳統觀念中，為人師表者不僅要有深厚的學養，其為人治事，亦應表率群倫，為年輕一輩的楷模。不過有關「師範」一詞乃是近代日本進行現代化之際，學習法國師範教育制度時所創之詞。前述拉薩爾創立教師訓練機構，開啟近代師資培育的先河。1833年法國通過《基佐法案》（Guizot's Law of 1833），積極發展初等教育，並確立法國初等師範制度與學區制度，成為歐洲當時較為完善的師範教育制度。以下從師範教育的發展起源來看其本質與改變（陳盛賢，2008）。

一、起源於慈善所需的師範教育

17世紀末法國拉薩爾（La Salle）和德國弗蘭克（Francke）所創立的師資培育機構都與協助平民、孤兒有關，而英國所發起的慈善學校（Charity School）運動，則是將教育貧苦學童視為慈善事業的重要任務，18世紀後期與19世紀初，美國亦興起此運動。由於當時國民教育為慈善性質，所以不論國民教育或是師範教育，多由地方宗教或私人團體興辦。

二、起源於精神建設所需的師範教育

18世紀普魯士的腓特烈大帝（Frederick the Great）認為「學校怎樣，國家就怎樣」，如此的思想讓他成為德國初等教育的奠基者，這也造成德國「國家至上」的教育理念，自此之後各國的國民教育在國家主義的推動下逐漸發展。美國哥倫比亞大學雷斯納（Edward H. Reisner）教授1922年在《1789年後國家主義與教育》（*Nationalism and Education since 1789*）一書中提到，民族國家主義因為法國大革命與拿破崙征戰而獲得蔓延與發展，後來從1850年到1870年這二十年的時間，是西方世界建立民族國家的時期。19世紀初斐希特（Johann Gottlieb Fichte），面對法國拿破崙對德國的入侵，提出《告德意志國民書》（*Addresses to the German Nation*），認為必須以道德培養為主的國民教育來挽救德意志民族。當時瑞士的裴斯塔洛齊（Johann Heinrich Pestalozzi）認為教育的中心問題在於形成人的道德，而愛的教育是其道德教育的本質核心，斐希特認為轉化此種道德教育就是一種愛國教育，此後普魯士政府選派青年才俊至裴斯塔洛齊的學校學習，回國後以裴斯塔洛齊的道德教育思維與斐希特的愛國教育理念，培育初等教育師資。德國的復興與國民教育有關，所以在1870年以後，各國受到德國的影響，也深切地推動國民教育與師範教育制度。

三、起源於社會發展所需的師範教育

美國在19世紀以後，開始積極開拓西部，也快速產生工業化與都市化，因而而產生許多社會問題，為因應社會發展的需求，曼恩（Horace Mann）等教育改革者於是大聲呼籲建立公共學校系統，美國在19世紀推動公立學校運動，讓辦理初等公共教育成為政府的責任，從而得到公款的資助，使得美國公共教育發展蓬勃。美國的「師範學校之父」卡特（James G. Carter）認為私立性質的師範學校無法滿足教育發展的需求，因而主張建立公立的師資培訓機構，建立公立師範教育的體系。曼恩在參訪普魯士教育後，呼籲美國國民教育應仿德國方式，並於1839年在麻州建立起美國第一所師範學校，此後各州紛紛效仿陸續建立師範學校。

英國到了20世紀初期，由於初等教育日漸普及，並在1902年英國國會

頒布《巴爾福法案》（Balfour Act），強調各地方教育當局要提供或協助發展中等教育學校，一些大學開始附設師範教育機構，以滿足社會對教師的需求。

中國師範教育的發展，乃是在甲午戰爭後，學習日本而建立。日本於1868年明治維新開始，不過其推動國民教育制度的速度，是當時全世界最積極的國家，1871年成立文部省掌管全國教育事務，參考歐美教育制度，並對日本教育現狀調查，開始仿效法國教育制度，1872年8月頒布新的《學制》，以強迫與普及的原則來推動義務教育，仿效法國師範學校（les écoles normales）來培養小學師資，所以先開辦東京師範學校，後續又逐步設立此類性質學校。1886年開始公布各種學校令，其中包含了《師範學校令》，以及《小學校令》、《中學校令》、《帝國大學令》、《諸學校通則》，這些學校令建立日本各級學校制度法規，也確立其國家主義的教育性質。

1896年梁啓超提出「師範論」，提到「故欲革舊習，興智學，必以立師範學堂爲第一義」，1897年盛宣懷創辦南洋公學時設立了師範院，以公費制來培育國民教育人才。1904年清政府頒布《奏定學堂章程》，強調「現在興學，第一苦乏教員，故師範學堂最宜先辦」，爲了富國強兵而辦學，也爲了提高民智而辦學，當時中國師範學校便在國家建設與社會發展中逐一興辦。

許多師範學校原本是中等教育性質，隨著國民教育年限延長，中等教育與高等教育的普及化，師範學校已逐漸發展至高等教育教育，師範教育也不再只是學會教讀寫算的專業訓練，而已提升其教育專業的層級。

參、師範教育的新發展方向──具有博雅精神的師範生

目前合理的教育發展，已逐漸脫離偏狹的國家主義，人民接受教育也不再是一種慈善工作，而是一種權利的獲得；此外，教育不僅是爲了社會發展，更可以開展個人意義與價值，參與全體的社會文化生活，師範教育也因應上述的變化而更新。

自1921年學制改革時，有人質疑師範教育的需求性，後來也有一些人

認爲師範教育不用存在，只要是大學畢業生就可以擔任老師，只要「學高即可爲師」。1966年聯合國教科文組織（UNESCO）提出「關於教師地位的建議」（Recommendation Concerning the Status of Teachers）認爲「教學應被視爲專業」（teaching should be regarded as a profession），自此尋求教師職業專業化運動被視爲師資培育中的主要核心課題（UNESCO, 1966），在截至目前的發展過程可分成兩大類，一是建立教師專業的學術標準，一是提高教師培育的層次到大學階段。不過這也引發了師範校院與一般大學對於「師範性」與「學術性」的衝突。

直到現在，仍有許多論著認爲「教育不是一項專業」，「師範教育」不可算是一項具有「大學性質」的學術，所以才會有師範性與學術性的衝突。試想，從培育一位律師來看，會有「法律性」與「學術性」的衝突嗎？從培育一位醫師來看，會有「醫療性」與「學術性」的衝突嗎？日本學者佐藤學認爲教師專業是英文的professional（專業者），而不是specialist（實務者），是以「實踐性知識論」（practical epistemology）爲基礎，超越單純的技術熟練，是「反思性實踐家」（reflective practitioner）（佐藤學，2015）。

如果「反思性」與「實踐性」是教師專業所在，即可知師範教育未來的新發展趨向，就是培育出具有博雅精神的師範生，一位具有廣博學習、開放思想、通達事理、優雅品格的師範生，才可能積極反思教育經驗，實踐轉化社會結構的志業。以下分別說明如下四點：

一、廣博學習奠定反思性思考的基礎

唐朝韓愈認爲「師者，所以傳道、授業、解惑者也」，其中，傳道所指的乃是價值觀的啓發；授業，是學問知識、技巧的習得，是生活智能的開展，學習結果的成功與挫敗，對學生的學習成就感影響甚鉅；解惑則指疑慮之排解、澄清、判斷與決策，這涉及到如何因應生命的挑戰，包括職業選擇、生涯規劃、家庭、感情等。因此，一位教師應是可以協助學生價值觀啓發、生活智能開展與因應生命挑戰的貴人，而這項「修己成人」的歷程，唯有「反思性實踐家」一方面進行反思性思考，一方面教學相長，

所以廣博學習才能掌握社會多元的價值觀，並奠定專業知能與人生導引的
能力。

二、開放思想拓展反思性思考的視野

宋朝蘇軾的〈題西林壁〉：「橫看成嶺側成峰，遠近高低各不同。
不識廬山眞面目，只緣身在此山中。」說明了各項事物，應該從不同的角
度去觀照，才能獲得眞正的本質。師範教育的「師範性」與「學術性」的
衝突或許可以從更開放的角度去看，學術性不一定是純粹認知性的，專業
也並非一定是技術性的，此時師範教育從「反思性實踐家」更可獲得眞正
的本質，所以解放思想、拓展視野後的師範生，也才能將教育工作看得更
透澈。

三、通達事理以求眞正的實踐知識論

南宋朱熹認爲：「窮究事物道理，致使知性通達至極」，這是因爲致
知之道，在於即事觀理，領略眞正的智慧。師範生應以批判理性、健全的
見識及事理判斷力，超脫部分的一隅之見，追求司馬遷所希冀的「究天人
之際，通古今之變，成一家之言」。

四、優雅品格承繼師範之風

博雅教育所說的紳士品格來自於中古世紀的騎士精神，不過，倘能更
爲擴大爲儒家文化的士人品格，則是更爲良善。教師應該有「言爲士則，
行爲世範，登車攬轡，有澄清天下之志」的理想，也要有「學爲人師，行
爲世範」之信念。所以曾子曰：「士不可以不弘毅，任重而道遠。仁以爲
己任，不亦重乎？死而後已，不亦遠乎？」道盡中華文化傳統對於堅毅宏
遠的教師品格之期待。

肆、結語

「育才造士，爲國之本」，博雅教育不僅在大學教育非常重要，在
師資培育課程中更是重要。而博雅教育不僅在於廣博學習，也在於開放思
想、優雅品格、通達事理，具有博雅精神的師範生，將可兼具「經師」與

「人師」的要求，而可以達到「以安邦國，以寧萬民，以懷賓客」的理想，發揮安定邦國、教育民眾、導正民風的責任，落實「良師興國」的古訓。

參考文獻

王海平（2008）。試論師範院校校名的英譯——以normal university說起。**懷化學院學報，27**(5)，105-106。

何兆武（譯）（1990）。I. Kant著。何謂啟蒙。載於**歷史理性批判文集**（頁22）。中國北京：商務印書館。

佐藤學（2015）。**專門家として教師を育てる**。東京：岩波書店。

陳盛賢（2008）。十二年國民教育之政策論述。國立臺灣師範大學教育學系博士論文，未出版，臺北市。

郭虹宇（2010）。「師範」英譯追根溯源。**中國科技術語，2010**(5)，46-49。

劉潤忠（譯）（1990）。Thomas F. O'Dea著。**宗教社會學**（*The sociology of religion*）。中國北京：中國社會科學出版社。

臺師大數位校史館FB專頁。2018年4月7日取自http://www.facebook.com/nt-nuhistory。

UNESCO (1966). *Recommendation concerning the status of teachers*. Paris: UNESCO.

wiki百科，2018年4月7日取自https://zh.wikipedia.org/wiki/%E5%B8%AB%E7%AF%84%E5%AD%B8%E6%A0%A1

本文出自楊思偉、陳盛賢（2009年12月）。師範教育的博雅精神。發表於**海峽兩岸師範教育與博雅精神研討會**，大陸湛江師範學院。

第二章

師範校院發展與變遷

壹、前言

　　中華民國歷史已經百年，學校教育發展也經過百年。臺灣因為1945年回歸國民政府時期，教育相關制度重新展開，因此教育若從二次大戰以後開始計算，也有六十年歷史。有關師資培育之歷史，若從中國大陸主軸分析，可追溯至清末開始發展師範教育，即1897年（清光緒23年）上海南洋公學內設師範院，是我國現代化師資培育之啟端；若從臺灣歷史主軸分析，可追溯至荷蘭統治時期，但較正式之萌芽與發展，則仍是在日治時期。臺灣在日治時期之1896年，日本政府於臺北士林芝山嚴開訓速成的教員講習所，培育臺灣各地小學校、公學校的教師、校長及國語傳習所所長與教師，同年臺灣總督府亦設國語學校師範部，此乃臺灣開始現代化師資培育之開始。然後二次大戰結束，經由戰後初期之整理期，基本延續國民政府在大陸時期於1932年制訂之《師範學校法》，也採取公費培育制度，後來制定《師範教育法》，1979年《師範學校法》修訂為《師範教育法》，1994年在新訂為《師資培育法》迄今，從一元化、計畫性、公費制、分發制改為多元化、儲備性、自費制、甄選制，期以多元開放之師資培育理念提升師資專業；而在1994至2005年的十一年間就修改《師資培育法》條文十一次，2006年教育部公布「師資培育政策素質提升方案」，2007年教育部續而規劃「提升教師素質方案」，政策變革劇烈，突顯近年師資培育政策更迭頻繁與分歧。同時，於2005年因為大量培育與少子化雙重影響之下，師範校院分四年降低培育量直到原培育總量之半數，導致師範校院逐步「準綜合大學化」，或政策上逐步要求與一般大學整併，因此師範校院（師範／教育大學）面臨前所未有之重大挑戰。

　　依據《師資培育法》第七條，「師資培育」係指師資職前教育與師資資格檢定兩部分，而過去的「師範教育」用詞，或「師資培育」與「師資培育教育」皆有偏重論究「職前師資培育」之傾向；而近年來，如中國大陸官方在正式公開文件中，多使用「教師教育」一詞（陳學賢，2009）。又如日本亦以「教師教育」一詞含括教師職前培育、教師任用與教師專業發展的內涵，且涵蓋原師範教育所重視之「師範精神」，師資培育教育所

冀求的「教師專業」，與在職教師的「教師終身教育」的理念。不過，本論文因為不涉及論述在職進修階段，所以仍以師資培育之概念為主討論。

其次，臺灣師資培育政策，就學制而言，在小學師資培育制度方面，自師範學校、師範專科學校至師範學院，以至現今之教育大學；中學師資培育制度，較沒有依學歷提升層級之情況，基本上是自師範學院（教育學院）提升至師範大學。而就培育模式而言，基本上是由師範校院之一元制度（閉鎖及計畫式制度），轉型為多元培育制度（開放及儲備制度）；而學生身分部分，也由全部公費制度，轉為以非公費為主之制度。這些政策改變，導致師範校院面臨改革危機，也產生很大之壓力。本論文從師資培育之歷史軌跡中，試著以師範校院（師範／教育大學）之歷史發展主軸，論述師範校院在發展過程中之重大改變，以及在現今發展狀況下，產生了哪些困境；最後並試著找出一些變革之方向，作為師範校院之轉型提供參考。

貳、師範教育政策的發展歷史

臺灣師資培育政策之發展歷史，可推溯自17世紀，在荷蘭占領臺灣時，為了進行殖民主義的奴化教育，創造「新港文字」，強制青少年入學。師資初期由牧師擔任，到後來教師需求量增加，1657年荷蘭駐臺當局在麻豆社成立教師培育學校，招收10到14歲學生30名，此為臺灣師範教育最早辦學形式（庄明水、許明，1994）。

清朝時期，雖建立一些教育行政機構，但臺灣並無專門培育師資的機構（徐南號，1996）。1895年臺灣進入日治時期，日本政府為了推動殖民政策，很早就注意師資培育政策。目前臺灣中小學師資培育發展乃是在日治時期師資培育制度發展基礎下，融入中華民國政府的師資培育規劃，尤其小學師資培育部分更是如此。以下將培育師資變遷歷史分成二次戰前之建立期、戰後整理期、師範一元期及多元培育期四期說明：

一、二次大戰前之建立期

1895年（清光緒21年，日本明治28年）臺灣開始進入日治時期，日本

為強化殖民統治，1896年在臺北士林芝山巖開設速成的教員講習所，培育臺灣各地小學校、公學校的教師、校長及國語傳習所所長與教師，同年臺灣總督府亦設立國語學校師範部，此乃臺灣現代化師資培育之開始。1899年臺灣總督府為了培育公學校師資，分別在臺北大稻埕、彰化文廟、臺南三山國王廟設立臺北師範學校、臺中師範學校、臺南師範學校，開始有專設之師資培育機構，後因公學校設立情形不佳而暫時不需較多師資，旋於1902年停辦臺北與臺中兩校，再於1904年停辦臺南師範學校；直至1919年將國語學校擴充為臺北師範學校，國語學校臺南分校改為臺南師範學校，1923年再復辦臺中師範學校。1939年日本擬推動臺灣的義務教育計畫，於是在1940年增設新竹師範學校與屏東師範學校（李園會，2005），並配合1944年的六年義務教育初步建構起臺灣小學教育的師資培育體系。日治時期師範教育類型與發展大致可再分為三個階段，即「教員講習所」（1896-1902年）、「國語學校師範部」（1896-1919年）、「師範學校」（1899-1945年）分述如下：

(一) 教員講習所

1896年4月在臺北士林芝山巖設立「教員講習所」，可謂臺灣最早的師資培育機構。「教員講習所」自日本招募具小學教師資格，自願來臺從事教育工作五年以上者，受訓半年，課程有臺灣居民教育方案、臺灣普通語言及文章、國語傳習方案、體操、唱歌等科。

(二) 國語學校師範部

依據1896年頒布的《臺灣總督府國語學校規則》，5月在臺北設立「國語學校」，並設置師範部培育國小部師資，其招生對象限日籍學生。「教員講習所」與「國語學校師範部」雖皆為師資培育機構，但前者較為速成，後者較為正式：因此，一般而言，「國語學校師範部」的設立可說是臺灣培育師資教育之起始。另於1942年因中學理科教師缺乏，總督府於臺北高等學校附設臨時教員養成所，培育數學及物理化學科師資，惟僅有一屆畢業生26人，成為我國中學學校師資養成機構之開端（曹仁德、梁忠銘，2002）。

(三) 師範學校

其後，因臺灣初等教育持續發展而需要更多臺籍教師，1899年3月頒布「臺灣總督府師範學校官制」，於中部、北部及南部陸續成立師範學校培育臺籍教師（表2-1），此為臺灣人接受師範學校教育之始。據1944年的統計，當時臺灣3所師範學校的在校生有2,888人，臺籍生約522人，占18%；師範學校教師有186人，其中臺籍教師人數6人，占0.3%（庄明水、許明，1994）。雖然，臺灣師範教育體制，是肇基於日據時期之殖民教育政策需求，姑且不論其殖民政治意義，其對臺灣近代師範教育制度之開創與發展，實有歷史上的意義。

表2-1　臺灣日據時代到光復後之師範學校發展

地區	時間		成立與發展
臺北地區	二戰前	1895年	成立：芝山巖學堂
		1896年	改稱：臺灣總督府國語學校
		1899年	成立：臺灣總督府臺北師範學校
		1902年	停辦
		1920年	復辦：臺灣總督府臺北師範學校
		1927年	分割： 臺北第一師範學校（今臺北市立教育大學的前身，南門校區） 臺北第二師範學校（今國立臺北教育大學的前身，芳蘭校區）
		1943年	合併：臺灣總督府國語學校 南門校區收預科及女子部，芳蘭校區收本科生
	二戰後	1945年	正名：臺灣省立臺北女子師範學校（今臺北市立教育大學）
		1945年	正名：臺灣省立臺北師範學校（今國立臺北教育大學）
臺中地區	二戰前	1899年	成立：臺灣總督府臺中師範學校
		1902年	停辦
		1923年	復辦：臺灣總督府臺中師範學校
		1940年	成立：臺灣總督府新竹師範學校
		1943年	合併：臺灣總督府臺中師範專門學校

表2-1 （續）

地區	時間		成立與發展
臺中 新竹 地區	二戰後	1945年	正名：臺灣省立臺中師範學校（在新竹設立第二部——此即新竹師範學校）
		1946年	正名：臺灣省立新竹師範學校（10月擴充為臺灣省立新竹師範學校）
臺南 屏東 地區	二戰前	1899年	成立：臺灣總督府臺南師範學校
		1904年	停辦
		1918年	設立：臺灣總督府國語學校設立臺南分校
	二戰後	1946年	正名：臺灣省立臺南師範學校（1月設屏東分校，10月屏東分校獨立，改稱臺灣省立屏東師範學校）
		1946年	成立：臺灣省立屏東師範學校
花蓮	二戰後	1947年	成立：臺灣省立花蓮師範學校
臺東	二戰後	1949年	成立：臺灣省立臺東師範學校
高雄	二戰後	1954年	成立：臺灣省立高雄女子師範學校
嘉義	二戰後	1957年	成立：臺灣省嘉義師範學校

資料來源：整理自李園會（2005）

二、戰後整理期（1945-1978年）

我國師範教育體系發展可分為培育中等學校師資和中等特教師資的師範大學體系，以及培育國民學校、幼稚園及初等特教師資的教育大學。師範大學包括國立臺灣師範大學、國立高雄師範大學及國立彰化師範大學，其創立皆以高等教育之師範學院（臺灣師大、高雄師大）或教育學院（彰化師大）為校名，並按發展規模依序更名為師範大學。至於教育大學之發展，則分階段提升，以下整理分析如下：

(一) 小學部分——師範學校時期（1945-1960年）

光復初期，國民政府遷臺（1945至1949年），政治經濟與社會方面呈現不甚穩定狀態，政權移轉失衡，經濟民生困苦，在社會人心不安的社會生態下，師範教育被賦予時代之任務。首先，因當時大陸地區師範學校共有662校，臺灣只有4校，因此為了統一師範學校學制，便沿用1932公布

《師範學校法》，及教育部修正《師範學校規程》，把臺灣師範學校原本屬專科程度降爲和大陸地區師範學校的高中程度，及招收初中畢業生進入，三年畢業後即分發派任。另外因日籍教師返國後的師資荒，擴增師範學校爲此期要務。如表2-1所示，光復初期積極擴增後，截至1949年時，共有8所省立師範學校。光復初期特別重視教育文化的改革，企圖消除日治時代殖民教育的餘毒，強化三民主義教育與民族意識教育。

1950至1960年代，二次世界大戰後，1949年國民政府退守臺灣，宣布戒嚴，中國國民黨以黨領政，透過大眾媒體、教育部門、社會團體等控制，構成嚴謹的威權體制。當時整個教育政策以政黨國家意識爲依歸。黨團進入師範學校，師範學校組織形態、學生學習課程與教學、生活管教等皆須配合反共教育等政策，師範學校培育制度掌控於黨政勢力下，師資培育政策處於較封閉管制之階段（沈翠蓮，2004）。後因政治社會日趨穩定，人民在經濟穩定後，對子女教育關注愈趨重視，師範學校的班級、學生數與教師員額均有增加。1957年時，省立師範學校共有10所（如表2-1所示）。

另外，小學師資培育，在1960年代逐漸提升爲專科層級。首先由臺中師範學校於1960年率先升格爲三專之師範專科，臺北師範慢一年，及臺南師範再慢一年改制。然後更因期望招收更多中學優秀學生進入師範學校，乃於1963年將三專改制爲五年制專科校，果然因爲公費制度和未來工作之保障，吸引了最優秀之初中畢業生進入師資培育體系。

(二) 中學部分——師範學院時期

1945年二次大戰結束時期，因日據時期沒有培養臺灣籍之中學教師，未能因應中學教師之需求，當時教育處乃於1946年在省立臺中農專附設博物師資專修科，省立臺南工專附設數理化師資專修科，招收日治時期師範學校或專門學校本科畢業生，修業兩年，畢業後給予數理科教師資格，這是臺灣地區培育中等學校師資之濫觴（李園會，2005）。其後，爲建立正式培育機構，政府於1946年依據「師範學院學程」，於臺北創設臺灣省立師範學院，同年秋天開始招生，爲臺灣第一所培育中等學校師資之正式學院。後來因規模擴大，1955年改制爲臺灣省立師範大學，1967年又改制爲

國立臺灣師範大學。

1968年因應推動九年義務教育政策，遂於1967年將「省立高雄女子專科師範學校」改制為「臺灣省立高雄師範學院」，開始培育中等學校師資。至於彰化師範大學之發展較慢，其前身為臺灣省中等學校教師研習會，於1970年創立於彰化師範大學白沙山莊現址，1971年擴建為「臺灣省立教育學院」，並附設中等教師研習會，其後逐漸發展至現今之規模。

中學師資培育部分，其實因當時無法完全供應現場所需之師資，其培育管道，一開始就不是封閉的制度。特別是在推動九年義務教育以後，訂頒《國民中學教師儲備及職前訓練辦法》，另訂頒《公立大學及獨立學院設置教育選修科目試行辦法》，於1967年第一學期指定臺灣大學文理學院各學系，政治大學文學院各學系，成功大學文理學院各學系，中興大學中國文學系、化學系、植物學系及應用數學系開設教育選科，先行試辦師資培育。由此可知，中學師資培育來源極為紛雜，不完全由師範校院與教育院系培育，所有大學院校畢業生均可擔任中等學校教師，尤其在九年義務教育推動初期，甚至專科畢業生也可擔任國中教職。之後為了整頓問題，才有明確規範教育科目20學分之要求。

三、師範一元化時期（1979-1993年）

在師範教育制度發展過程中，雖然國民政府於1932年曾經公布《師範教育法》，然而因為內容太簡略，只適用培育小學師資之師範學校（李園會，2005，123）。其後雖經多次教育會議中皆有所討論，但都未能真正諸實現。最後於1979年11月公布《師範教育法》，該法制定後乃確立了師資培育之一元制度，使師範教育之推動得以有所遵循。師範教育法內容，確立了師資培育一元化制度，建立了師範教育之整體體系，並確立了中小學教師分流培育原則、師範生公費制度、教師在職進修制度等。

在這段期間，為提升小學師資學歷至大學制度，1987年全省9所師專改制為師範學院，分別是：臺北市立師範學院、國立臺北師範學院、國立新竹師範學院、國立臺中師院學院、國立屏東師範學院、國立花蓮師範學院、國立嘉義師範學院、國立臺南師範學院及國立臺東師範學院；另外中

學部分，臺灣師範大學、兩所師範學院之師範教育體系合計12所大學（即是稱為師範校院）。這段期間，可說是師範院校之黃金時期，招收之學生非常優質，教師在職進修也非常興盛，大部分教師為了提升自己之學歷，努力參加各種進修教育。

四、多元培育時期（1994年至現今）

　　1979年《師範教育法》公布實施數年後，雖然師資培育有顯著的效益，然而，但因時代的變遷與制度本身的限制，產生許多問題，例如：師資供需失調；職校或國中某些類科師資缺乏；師範生分發困難，難以因才任教；結業生實施輔導未能充分落實；師範生轉業或升學的限制等（李園會，2005）。再者，1994年以前，教育實習為職前教育的一部分，在師範校院結業後，由政府分發且經過一年的教育實習及格後，才能畢業取得合格教師證，由於實習教師占正式教職缺，造成實習流於形式，成果不彰。

　　因為各種因素，師範教育法於1994年改訂為《師資培育法》，自1994年以後，至2005年的十一年間連續修正十一次，其後也陸續修訂。1994年《師資培育法》取代《師範教育法》，走向師資培育多元化，將國內師資培育制度帶入另一新的階段。在這期間，一般大學因應潮流、學生需求及辦學目標，開始快速設立師資培育單位，直至2004年全國師資培育之大學成長至75校，包含9所師範／教育大學，一般大學共有64所，以及僅設師資培育學系之大學（無教育學程）之2校。此後為了因應儲備教師過多與少子女化問題，教育部一方面管控師資培育數量，一方面藉由師資培育評鑑，讓辦學績效未符目標之師資培育之大學退場，而許多師資培育之大學亦考量選讀師資培育課程學生大量減少情形，紛紛停辦師資培育學程，迄至2009年為止，師資培育之大學減至54校，師範大學3所、教育大學5所及一般大學46所。實際減少了包括與國立東華大學整合後的原國立花蓮教育大學，與30所設有師資培育中心之一般大學，亦即設有師資培育中心之一般大學減少了許多，不過目前師資培育大學之校數仍較1994年高出甚多。《師資培育法》有以下幾項特色（李園會，2005；伍振鷟、黃士嘉，2002；林靜宜，2009）：

(一) 師資培育管道多元化：除了師範校院繼續得以培育師資外，一般大學經申請並獲教育部核准即可設立教育學程中心培育未來師資。

(二) 建立教師資格檢定及證照制度：依據《師資培育法》規定，初檢及複檢是成為合格教師的必經歷程，即修畢教育學程課程並參與6個月教育實習後，再經過教師資格檢定考試及格，才能取得教師證照。師資培育因而走向專業化之發展。

(三) 公自費制度並行：以自費為主，並兼採公費與提供獎助學金的方式實施。公費生以就讀師資類科不足之學系或畢業後自願到偏遠或特殊地區學校服務之學生為原則。

(四) 儲備制師資培育方式：《師資培育法》採儲備式培育方式，希望培育大量具有資格的教師，並藉由市場機能調整師資供需。

(五) 分流與合流式並行：師範大學可設小學學程，培育國小師資，而師範學院亦可設置中學學程，培育中學師資。

(六) 加強教育實習輔導：教育實習是師資培育重要的環節，具有導入教育的功能。此時期規定教育實習的範圍包含教育實習、導師實習和行政實習，明訂職前教育之重要歷程。

另外因為1994年師資培育變更為多元師資培育制度等因素，各師範校院為提升學校競爭力，師範學校紛紛轉型發展，在這期間，2000年嘉義師範學院改制為國立嘉義大學、2003年國立臺東師範學院改制為國立臺東大學、2004年國立臺南師範學院改制為國立臺南大學，朝向綜合大學發展，2005年師範學院改名為教育大學，2008年8月花蓮師範學院與東華大學整合；至此，專責培育國民小學、幼稚園師資之教育大學，僅剩5所大學，師範大學、教育大學之師範體系從12所減至8所大學。其轉型結果可參見表2-2。

表2-2　師範／教育大學轉型發展一覽表

校名	隸屬地方：省立、市立				隸屬中央：國立	
	高中教育（3年）	專科教育（5年）	高等教育		高等教育	
	師範學校	師範專科學校（5年）	學院	大學	學院	大學
國立臺灣師範大學			1946年成立臺灣省立師範學院	1955年改名臺灣省立師範大學		1968年改名國立臺灣師範大學
國立彰化師範大學			1971年成立臺灣省立教育學院		1980年改名國立臺灣教育學院	1989年改名國立彰化師範大學
國立高雄師範大學			1967年成立臺灣省立高雄師範學院		1980年改名國立高雄師範學院	1989年改名國立高雄師範大學
臺北市立教育大學	1945年正名為臺灣省立臺北女子師範學校	1964年改名臺灣省立臺北女子師範專科學校 1967年改名臺北市立女子師範專科學校 1979年改名臺北市立師範專科學校	1987年改名臺北市立師範學院	2005年改名臺北市立教育大學		2013年8月與臺北市立體育學院合併成臺北市立大學
國立臺北教育大學	1945年正名臺灣省立臺北師範學校	1961年改名臺灣省立臺北師範專科學校	1987年改名臺灣省立臺北師範學院		1991年改名國立臺北師範學院	2005年改名國立臺北教育大學
國立臺中教育大學	1945年正名為臺灣省立臺中師範學校	1960年改名臺灣省立臺中師範專科學校	1987年改名臺灣省立臺中師範學院		1991年改名國立臺中師範學院	2005年改名國立臺中教育大學

表2-2 （續）

國立新竹教育大學	1946年正名為臺灣省立新竹師範學校	1965年改名臺灣省立新竹師範專科學校	1987年改名臺灣省立新竹師範學院		1991年改名國立新竹師範學院 2005年改名國立新竹教育大學	2016年11月與國立清華大學合併，改稱「南大校區」
國立屏東教育大學	1946年正名為臺灣省立屏東師範學校	1965年改名臺灣省立屏東師範專科學校	1987年改名臺灣省立屏東師範學院		1991年改名國立屏東師範學院 2005年改名國立屏東教育大學	2014年8月與國立屏東商業技術學院合併成屏東大學
國立臺南大學	1946年正名為臺灣省立臺南師範學校	1962年改名臺灣省立臺南師範專科學校	1987年改名臺灣省立臺南師範學院		1991年改名國立臺南師範學院	2004年改名國立臺南大學
東華大學美崙校區國立花蓮教育大學	1947年成立臺灣省立花蓮師範學校	1964年改名臺灣省立花蓮師範專科學校	1987年改名臺灣省立花蓮師範學院			2005年改名國立花蓮教育大學 2008年併入東華大學成為美崙校區
國立臺東大學	1948年成立臺灣省立臺東師範學校	1967年改名臺灣省立臺東師範專科學校	1987年改名臺灣省立臺東師範學院		1991年改名國立臺東師範學院	2003年改名國立臺東大學
國立嘉義大學	1957年成立臺灣省立嘉義師範學校	1966年改名臺灣省立嘉義師範專科學校	1987年改名臺灣省立嘉義師範學院		1991年改名國立嘉義師範學院	2000年與國立嘉義技術學院兩校整合而成國立嘉義大學

資料來源：各校網站校史（2018）；李園會（2005）

參、多元師資培育問題

師資培育多元化政策，如果和前期師範一元制度比較，其主要政策改變包含如以自費爲原則、培育主體未特別關注師範校院之發展、尚未關注多元制度下之專業規範機制，以及偏重知識及學科培育，缺乏態度與情意之培育。扼要論之，經過二十餘年的發展，除了師範／教育大學以外，當各大學紛紛設置教育學程時，一方面雖然爲師資培育及教育學術研究，增加儲備師資總量與許多研究成果；但是另一方面也因爲在少子化的影響下，讓師資培育的發展蒙上隱憂，尤其是自費化後無法吸引優秀人才擔任教師、多元化未能配合專業條件管控、儲備制與市場化未能形成中堅穩定力量的調控、師資培育資源未能系統整合，這些問題造成師資培育領域許多影響，以下舉其要者分成四項說明之：

一、無法吸引優秀人才擔任教師

日治時期鼓勵臺灣優秀者就讀可擔任公學校老師的「師範學校」，這讓師範學校的畢業生皆成爲了社會菁英，多數家境不佳的優秀人才都以投考師範學校爲首選（汪知亭，1959；吳文星，1983）；國民政府遷臺後，延續在大陸時期之制度，仍採師範學校的公費制，讓臺灣的師資培育體系，繼續可以吸納許多清寒的優秀人才，且達成社會流動之重要功能，這在各國師資培育體系中是相當特殊的。不過，當師培制度與公費制度失去連結，加上受到少子女化影響，讓教職缺額大爲減少，從小學學程畢業生開始，目前也影響至中學學程及其他類別學程，因就業困難，所以無法招到較多優秀學生投入教師行列，讓未來的師資素質下降，進而影響教育品質。再者，因爲招生不足，教育學程紛紛停辦，或轉型爲教育相關科系，或成立教育學院，這對師資培育及各相關大學之發展，也造成相當衝擊與影響。

二、師範校院逐漸失去中堅主流力量

師範校院在2000年以後開始轉型，朝向「非全部師資培育」大學調整。其中3所師範大學逐漸轉型爲以師培爲主的綜合大學，而嘉義、臺東

及臺南等3所師院陸續改制為綜合大學。2005年5所師範學院改制為教育大學，除被要求轉型或整合之外，並因就業漸形困難，乃轉型發展各類非師資培育系所。目前雖實施多元開放儲備制度，但專業標準本位尚未建立，師資培育多由大學自主，如無疆多頭馬車，各自奔跑，失去主軸（李麗玲、陳益興、郭淑芳、陳盛賢、楊思偉、連啓瑞、黃坤龍、林詠淳，2009）；而此時的師範校院也在轉型發展中，逐漸發揮中堅穩定力量與典範傳承的功能。

三、缺乏研議培育課程相關的教師專業標準

目前我國各階段師資培育課程皆訂有包含普通課程、專門課程、教育專業課程及教育實習教育實習，這些課程針對中等學校、國民小學、幼稚園及特殊教育學校（班）師資類科之需要，分別規劃與訂定。但在師範校院提升學歷層級時，並沒有同時注意有關教師專業標準之問題，欠缺教師專業標準之檢核機制，也沒有對師範校院課程之綱要及運作機制做較多之規劃，因此無法有效同時提升教師之專業水準。

四、欠缺培育師道文化及素養

近十餘年來的社會變遷，加上中小學師資培育制度的改變，有違教育專業倫理事件的衝擊等，影響了社會大眾對於教師的認知與觀感。教師言行失常、管教不當、親師或師生互動不良等案例，在在影響了社會民眾對教師的認知與觀感，損及教師的社會形象，也牽動師生與親師的關係，教師的榮譽感也因而下降。

肆、師範校院培育師資之特色分析

從上述有關我國師資培育制度之變遷歷史，尤其聚焦於師範校院時，如果同時再與他國師資培育制度進行比較，可以發現幾項議題進行分析。

一、就師資培育主體位階而言，小學師資培育機構逐步轉型提升至大學水準

從上述分析，很清楚可以看到，小學師資培育之機構，由相當高中層

級之師範學校，提升至三專或五專之專科時期，再提升至師範學院時期，最後是教育大學時期；而中學師資之培育機構，則無提升培育機構層級問題，因為一開始培育，基本上就在大學層級進行，只有師範大學及教育學院名稱之問題。而小學師資培育機構會在層級上有所向上提升，其原因雖然很多，但主要包括外在各級教育入學率之提高與向上位移、國民整體學歷之提升，以及提升師資培育專業化理念之影響因素所致。但在這些提升期間，因為時空因素，並沒有特意強調機構是否要轉型或綜合化之問題，這與其他國家相比，顯然有其特殊性，也突顯師範校院制度在臺灣地區之特殊功能與重要性。

二、**就培育制度而言，中學由多元至一元再至多元；小學培育制度則一直以師範學校為主，再轉為多元培育**

就培育制度來看，由封閉制改為開放制，或說由一元改為多元，顯然是包括美國或日本等國在內，基本的改革趨勢與經驗，而且通常都會認為多元方向才是應有之作法。但在臺灣，由於戰亂與戒嚴之故，在師資培育部分，可能都視為精神國防之一部分，所以並沒有做快速之制度改變，但正也因為如此，以師範校院作為培育之主體，與傳統重視師道，以尊師重教作為主要社會價值，也成為臺灣師資培育之重要信念。目前培育制度轉為多元培育，當然有其社會變遷因素，以及世界發展趨勢之重要元素，因此以目前來看，以多元培育之方式應是不能逆轉之趨勢，但是如何讓師範院校再次發揮其重要功能，也是可以思考之方向。

三、**就培育課程而言，中學以學系培育為主，小學則由學程轉為學系培育**

目前因為中等學校課程之實施，是以科任教師為主配置；而小學部分，則仍以包班方式為主進行人士配置與教學。因此就培育與致用一體之之概念而言，中等學校教師部分以學系為主培育，似乎也算合理，但仍有培育之師資較缺乏教育專業知能之問題。至於小學部分，則在機構轉型為師範學院及教育大學時，學生歸屬於學系，而且在師資培育體制方面，並沒有針對運作進行適度之強化，因此此時在學系培育時，就產生無法培育

包班能力之問題，相對於大陸仍以小學師資培育學程為主運作，或日本及韓國也類似以「小學養成學程」運作方式進行，顯然臺灣之運作機制是值得檢討的。

四、有關師範校院轉型問題缺乏整體考量

師範校院就這個時點而言，走向以師資培育為主之準綜合大學化，也有其不得不然之苦衷。但在整個轉型過程中，即在2000年前後，政府主導師範校院整合曾經是一個政策趨勢，其中也有一點點成果，而目前有些校院可說仍在進行中。檢討這項政策之形成，雖然是經一些相關會議討論後形成，但整體而言，較缺乏完整之檢討與規劃，也是不可否認之事實。師範校院在現今高等院校中，應仍有其特殊角色與功能，所以不宜隨意讓其消失，也是必須堅持之立場，未來教育部終將有師資培育及藝術教育司之成立，當有助於師範校院之發展。

五、中小學分開培育是主要方式

從歷史發展角度來看，由於戰後中小學師資分流培育之結果，雖然在《師資培育法》公布後，也鼓勵中小學合流培育，但因為各種主客觀因素，並沒有促成中小學合流培育，這對師資培育機構而言，乃產生不同程度之影響，也對中小學課程實施一貫性規劃造成了影響。分開培育之例子，鄰近之韓國也有類似之制度，但比臺灣更加嚴謹，基本上仍維持小學師資培育採取封閉式之作法，原則上不開放給一般大學培育，這是非常特殊之案例，其他國家大致是以合流培育為主。

六、師範校院內部治理與運作機制改革缺乏變革

師範校院正如前面之分析，在仍是公費招生之時代，受到過多之保護，所以形成師範校院例如重視教學不重視研究、強調生活教育不重視學科能力，以及缺乏自我改善機制之問題。亦即從第二次大戰結束，不僅是在其後的整理期，或師範校院一元制度時期，或到2000年前後為止，都是師範校院成為天之驕子、黃金發展之時期，但也因為這樣，師範校院無法形成內部自省機制，沒有在各種條件較佳之時間，進行各種變革之活動，

因此導致在2005年以後，當畢業生就業市場，緊縮至最低點時難以因應，這些問題甚至包括治理方式及運作機制。因此面對未來之嚴峻考驗，師範校院應該做更多之變革，才足以保有永續發展之可能性。

伍、結語——趨勢與建議

目前臺灣地區剩下師範大學三所，教育大學兩所，未來可能仍會有變動。而師範大學大致已經轉成綜合型大學，但仍以培育教師為主；兩所教育大學亦有類似情況，綜觀師範／教育大學之師培人數約占大學部學生數之40%左右，因此面對未來發展方面需要重新定位。本節分成就師資培育整體觀點與針對師範校院個別觀點，分別提出兩項意見論述之：

一、師資培育之未來趨勢

(一) 以教師教育概念帶動師培發展之變革

師資培育系統化、一體化或職涯發展之整體發展概念，絕對是現代最重要之培育模式。正如上文所述，也就是為了整合職前、實習導入以及在職進修之一貫體系，將「師資培育」用語改稱為「教師教育」，發展教師教育學之學術，設置相關之研究機構，都是未來應該發展之方式。另外，未來師範校院及師資培育機構在師培量大量減少之時，應以在職進修為主進行發展，以發揮包括地方輔導及協助教師專業發展之功能，應該是師範校院可以著力之重要方向。

(二) 應該進入第五期專業培育發展期之改革

現今社會變遷實在太快，為了達成教師應有之功能，早期對於教師要求如聖人之聖職論觀點有些矯情，但如西方觀點之勞動者論，卻又不適用於東方社會，因此專業者觀點應該是未來之趨勢；其次，對於教師專業之需求，也因為教學對象之學生世代改變實在太大，因此新時代教師應該擁有之能力也迥異於以前，所以重視教師專業課程、重視學科知能及多元解決問題之能力，都是未來教師應有之圖像，加上量少質精之培育主軸，這就是在第四期多元培育期之後，應進入第五期，所謂「專業培育發展期」之應有認識與作法。

二、師範校院之改革趨勢

(一) 加強師範校院之變革論述

目前師範校院處於相對不利之地位，在外在主客觀因素影響下，被迫走向準綜合化之方向，這雖然有其不得不為之苦衷，但是在走向師培與非師培雙軌運作之現況下，如何將師培任務繼續維持及強化，是師範校院應該深自論證之議題。其他如要與一般校院做區隔之「主流論」觀點，走向綜合大學之「轉型論」或「綜合大學論」，在雙軌課程進行下，如何發展「雙專業論」或「雙結構論」，另外師範校院如何保有競爭優勢之「優勢論」或「特色論」，都是可以加以研究的重要議題。國內以師範校院為主之學會或教授群，可以在這方面參考各國經驗，進行更多之研究。

(二) 研議培育模式碩士化之可能

目前師範校院正面臨最嚴苛之考驗，甚至牽涉到存在價值之考驗，因此有關思考未來出路，特別是如何培育量少質優之教師，如何運用制度改革、培育模式改革，以及學歷提升至碩士化之改革方式，摸索出更佳培育模式，應該是未來該努力之重點。以芬蘭碩士培育研究型師資之經驗，加上當前家長獲得碩士之比率正在提高，因此提升教師學歷至碩士層級，也是不得不思考之趨勢。但問題是如何在碩士層級培養大眾期待之師資，例如2+2+2之方式，或4+2之方式，或單獨碩士2年制之方式進行，孰者較優？孰者可為中小學校培育更優質之師資？是一個重要問題，臺中教育大學曾經嘗試實驗4+2培育模式，試著將小學師資培育提升至碩士層級，可惜未能完成整體之實驗，上述都是應該盡快研究之重要議題。

(三) 率先進行大學部培育課程與模式之改革

大學課程運作，有其一般之規則，也有其相對之限制。今日師培課程之運作，在師範校院也產生了困境，導致運作模式和一般大學逐漸接近，難以突顯師範校院原有培育課程之特色與優點，值得深入檢討，並做更多之改革，特別是培育優質之師道文化，是傳統文化中最傲人之部分，必須繼續維繫且發揚光大，以為社會培養更多有愛心有熱忱之教師。臺灣師大2018年1月成立「師資培育學院」，是一個重要之里程碑，期望其將師範校院培育優良師資之理想能夠落實。

參考文獻

伍振鷟、黃士嘉（2002）。臺灣地區師範教育政策之發展（1945-2001）。載於中華民國師範教育學會主編，**各國小學師資培育**（頁1-22）。臺北：師大書苑。

庄明水、許明（1994）。**臺灣教育簡史**。福建教育出版社。

吳文星（1983）。**日據時期臺灣師範教育之研究**。國立臺灣師範大學歷史研究所碩士論文，未出版，臺北市。

李園會（2005）。**臺灣師範教育史**。臺北：南天。

李麗玲、陳益興、郭淑芳、陳盛賢、楊思偉、連啟端、黃坤龍、林詠淳（2009）。**師資培育政策回顧與展望**。國家教育研究院籌備處研究計畫成果報告（NAER-97-08-C-1-01-07-2-07）。臺北：國家教育研究院籌備處。

汪知亭（1978）。**臺灣教育史料新編**。臺北：臺灣商務印書館。

沈翠蓮（2004）。**臺灣小學師資培育使**，臺北：五南。

林靜宜（2009）。**臺灣光復後師資培育制度之研究**。國立暨南國際大學教育政策與行政學系碩士論文，未出版，南投縣。

師範教育學會主編，**師資培育的政策與檢討**（頁1-29）。臺北：學富。

徐南號（1996）。**臺灣教育史**。臺北：師大書苑。

曹仁德、梁忠銘（2002）。臺灣師資培育制度變遷之考察──師範校院與教育院系所培育機構的變革。**臺東師院學報**，**13**（下），211-240。

陳學賢（2009）。海峽兩岸國小師資培育政策之回顧與展望。載於中華民國師範教育學會主編，**師資培育的危機與轉機**。臺北：五南。

本文出自楊思偉、陳盛賢、林政逸（2011年11月）。我國師資培育政策變遷之分析──以師範校院為主。**百年教育的回顧──傳承與創新學術研討會**，國立臺灣師範大學。

第三章

教師教育制度變革

　　回顧師資培育制度的百年發展，1897年（清光緒23年）上海南洋公學內設師範院是中國現代化師資培育之啓端，而臺灣在日治時期之1896年，日本政府於臺北士林芝山巖開訓速成的教員講習所，培育臺灣各地小學校、公學校的教師、校長及國語傳習所所長、教師，另外同年臺灣總督府亦設國語學校師範部，此乃臺灣開始現代化師資培育之開始。經過百餘年的發展，師資培育制度在日治時期末建立起小學的師資培育體系，實施九年國民教育之後1970年也發展出中學的師資培育體系，1979年以後形成師範教育爲主的一元化與計畫制培育，1994年再改變爲多元化與儲備制。以下從師資培育制度之變革發展、當前的問題，以及未來的發展動向，來展望新時代的師資培育制度。

壹、教師教育制度之變革

　　中國的教師教育制度自1897年開始迄今，可劃分爲四個時期：清光緒23年（1897）至1948年之創始期，1950至1978年之發展期，1978至1994年之一元化時期，1994年迄今之多元化時期。本文因牽涉中華民國歷史發展，以及臺灣歷經日本統治時期等歷史，所以在敘述時會從清朝開始，兩者都會討論，1945年再回到中華民國時期至今，而教師教育制度前期以師範制度爲主，1994年後再擴大至開放多元時期。

一、創始期

　　清末受到中日甲午戰爭慘敗的刺激，積極從事教育改革，梁啓超著〈論師範〉，指出國家發展在於興學，而興學乃在於培育教師爲先，繼而張之洞、盛宣懷的教育改革理念和設置師範學堂的事功表現，對於中國教師教育制度的開展是一大助力。光緒23年盛宣懷認爲「師道立則善人多，故西國學堂必探原於師範」，故奏請在上海創辦南洋公學，設置「師範院」，分上、中、下三院培育南洋公學之師資，續有1898年京師大學堂分設師範齋，惟此皆舉隅辦理（伍振鷟、黃士嘉，2002；陳伯璋，1991；楊亮功，1967；解惠婷，2002）。

　　國家有體系地實施教師教育制度，則始於光緒28年（1902年）張百熙

奏頒《欽定學堂章程》（壬寅學制），規定師範館與大學預科同等，培育中學師資，師範學校與中學堂同等，培育小學師資，此為國家現代化正式教師教育學制之肇始，亦發展為中小學二級制之教師教育體系，惟未能真正施行。此後光緒29年（1903年）修改《欽定學堂章程》，頒布《奏定學堂章程》（癸卯學制）；奏定學堂章程頒布後，各地籌設師範學堂，始為正式全國設立教師教育機構。

1922年教育部再公布《學制系統案》，採六三三制，以「師範大學」與「師範專修科」培育中學師資，而「六年一貫制師範學校」、「單設後二年或三年之師範學校」、「高中師範科」、「相當年期之師範學校或師範講習所」等四類培育小學師資，此時「師範」亦為高中教育之普通、農、工、家事等之一科，開啓中學合併師範之端。

1928年一次全國教育會議，主張「師範學校得單獨設置」，同年通過《中華民國學校系統及整理師範教育制度案》，後於1932年公布《師範學校法》，確立師範教育學制，讓師範學校脫離中學而單獨設立，並採用公費制，畢業後指定地點分發。1933年公布《師範學校規程》與《職業科教師登記訓練辦法大綱》，設立高級與初級等兩級職業學科師資訓練班。

1935年修正《師範學校規程》，規定各省可依該省情形劃分為若干師範學區，每區得設師範學校與女子師範學校各一所，此為中央規定省市分區設立師範學校之始（王煥琛，1989；陳伯璋，1991）。至於高等師範方面，當時只有北平師範大學一所，其餘皆是大學中的教育學院或是教育學系。

1938年公布《師範學院規程》，讓師範學院可單獨設立，此時全國的教師教育由師範學校、師範學院與師範大學負責，1944年行政院公布《全國師範學校學生公費待遇實施辦法》，進一步規定師範生全部公費。1945年與1946年師範校院校數、班級數與學生數快速增加，比1937年中日戰爭爆發前之情形稍好。

由於臺灣之教師教育發展，有關中小學教師教育發展乃在日治時期教師教育基礎下，融入國民政府的教師教育規劃，尤其是小學教師教育部分，因此亦需簡要說明日治時期的教師教育情形。1895年（清光緒22年，

日本明治29年）臺灣開始進入日治時期，日本爲強化殖民統治之效力，1896年在臺北士林芝山巖開訓速成的教員講習所，培育臺灣各地小學校、公學校的教師、校長及國語傳習所所長、教師，同年臺灣總督府亦設國語學校師範部，此乃臺灣開始現代化教師教育之開始。

1899年臺灣總督府爲了培育公學校師資，分別在臺北大稻埕、彰化文廟、臺南三山國王廟設立臺北師範學校、臺中師範學校、臺南師範學校，開始有專設之教師教育機構，後因公學校設立情形不佳而暫時不需較多師資，旋於1902年停辦臺北與臺中兩校，再於1904年停辦臺南師範學校；其後，由國語學校繼續培育教師，直至1919年將國語學校再擴充爲臺北師範學校，國語學校臺南分校改爲臺南師範學校，1923年再建臺中師範學校。1939年日本擬推動臺灣的義務教育計畫，於是在1940年增設新竹師範學校與屏東師範學校，並配合1944年的六年義務教育，初步建構起臺灣小學教育的教師教育體系。

二、發展期

第二次世界大戰後，原先教師教育機構改隸中華民國政府並予更制，國民政府接收時期，將原本屬專科層級之部分師範學校，降格爲高中層級之師範學校，1947年另考量臺灣東部教師教育所需，再增設花蓮師範學校與臺東師範學校。國民政府將師範教育視爲國家精神國防的重要工作，認爲「國防第一，師範爲先」，所以反映在實施上的重點爲：重視民族教育精神、國語文之訓練、學術兼顧、知能並重，培養有爲有守能爲國家建設奠基的專業人員（陳伯璋，1991）。

1954年爲發展南部女子師範教育，增設高雄女子師範學校，1957年爲滿足當時小學師資的需求及嘉雲地區小學教學輔導的需要，再增設嘉義師範學校（徐南號，1996），自此，有關過去培育小學師資之師範學校體系形成，並逐漸形成各地方教育輔導區域，由於師範學校的大量擴充，大幅地改善國民學校師資素質。

根據1954年教育部頒布「提高國民學校師資素質方案」，乃於1960年首將臺中師範學校改制爲三年制師範專科學校，招收高中、高職或師範學

校的畢業生，在校修業二年，實習一年。臺北與臺南兩校亦隨之改制。三年制雖將師範教育提升到專科程度，但是招來諸多批評：諸如在校修業年限過短，不足以培養師範生專業之精神；此外三年制專招收高中畢業生，學生真正目的常是準備報考大學，而不願擔任國小教師。

　　1962年第四次全國教育會議，有五個提案主張將三年制師範專科學校，改為五年制師範專科學校，予以五年之專業教育。因此，1963年已改為三專的臺北、臺中、臺南三校，同時改為五年制師專，其他學校於1976年全部改制完畢。五年制師專招收初中的畢業生，修業年限五年，是當時世界各國師資專業訓練期最長的國家。

　　在中學教師教育部分，1946年在臺灣設立省立臺灣師範學院，是臺灣第一所培育中學師資的專門機構，1955年、1967年再改制為臺灣省立師範大學、國立臺灣師範大學，且因為1968年需要大量的師資以推動九年國教，1967年將高雄女師改為臺灣省立高雄師範學院，指定臺大、成大、政大與中興開設教育學分，1971年成立臺灣省立教育學院，以增加中等教育師資量，此時亦形成中學師資之培育體系。

三、一元化時期

　　1979年10月《師範教育法》於立法院三讀通過，同時決議將《師範學校法》予以廢止。《師範教育法》正式立法確立教師教育一元化，規定「師資培育由政府設立之師範大學、師範學院及師範專科學校實施」，另有公立教育學院及公立大學教育學系學生準用該規定，所以1955年起政治大學教育系亦負責部分中學教師教育的任務，此時3所師範大學以及政治大學教育學系培育中學師資，9所師專培育小學師資，合計13校，是臺灣當時的中小學教師教育機構。

　　其次《師範教育法施行細則》第四條：「本法第四條第三項所稱『有計畫之招生』，由各師範校、院視各省（市）地區中、小學各學科師資需要數量，擬訂招生名額，函報或層報教育部核定之。」確立此時期採取「一元化」、「計畫制」、「封閉式」和「公費制度」的教師教育方式，《師範教育法》公布施行後，教師教育逐漸成為完整封閉體系，包括師範

專科學校、師範大學、師範學院、公立大學教育學院系以及其研究所（伍振鷟、黃士嘉，2002；解惠婷，2002）。不過，在1979年頒布《師範教育法》之前，事實上教師教育制度已經儼然成形，是一封閉中仍有一些彈性之制度，蓋因當時臺灣仍處戒嚴時期，政治影響教師教育制度之情況依然非常明顯，所以一元化之制度應從何時開始計算，仍有討論空間，其差異只在法令依據之差異罷了。

1975年第五次全國教育會議中，與會學者提議將國民小學師資提高到大學程度，即逐漸將五年制師專改制為師範學院，當時考量師專改為國立後，質疑是否能發揮原有輔導地方國小的功能，使得該提議作罷。直至1987年政府才一舉將9所師專改制為師範學院。改制後的師範學院招收高中畢業生，此時也開始以學系方式培育小學師資；而且師範學院畢業的小學教師規定薪級與中學教師相同。另外，各師範學院都得設進修部，現職的國民小學教師都可以取得大學畢業資格（林靜宜，2009；徐南號，1996；陳伯璋，1991；王煥琛，1989）。

一元化時期之教師教育特色（伍振鷟、黃士嘉，2002；李園會，2001；林靜宜，2009）：

(一) 確立一元化教師教育：根據《師範教育法》第二條第一項規定：「師範教育由政府設立之師範大學、師範學院及師範專科學校實施之。」確立師範教育實施之單一機構，保障師範校院師範生的任教機會。

(二) 確立公費制度：《師範教育法》第十五條規定：「師範校、院學生在校肄業期間免繳學費，並以給予公費為原則。」此條文明定師範生予以公費之原則。在第十七條規定公費生畢業後的服務年限，至少應與其受領公費的年數相同，在規定服務年限內，不得從事教育以外的工作或升學。公費生於修業期滿成績及格者，由教育行政機關分發實習與服務。

(三) 中小學教師分校培育的原則：《師範教育法》第三條規定：「師範大學、師範學院以培養中等學校或國民小學教師及其他教育專業人員為目的……師範專科學校以培養國民小學、幼稚園校師及其他教育專業人員為目的。」此條文確立中小學教師分校培育之原則。

(四) 實習輔導制度之建立：《師範教育法》第十二條規定：「師範專

科學校分二年制及五年制：二年制者，修業年限二年；五年制者，修業年限五年；均另加實習一年。」各校院依據相關法令建立「實習輔導制度」，是此時期另一項特色。

(五) **計畫式教師教育方式**：依據每年教師需求量的推估，作計畫式的招生及培育師資。

(六) **明訂教師在職進修義務**：《師範教育法》公布後，則明文規定教師有進修之義務，並頒布《中小學教師在職進修研究辦法》，使教師在職進修有較完整明確的規定。各師範校院與各省市廳局教師研習中心均積極辦理教師在職進修，對提升教師素質、增進教師專業知能大有助益。

四、多元化時期

1994年公布《師資培育法》，為我國教師教育制度百年的重大變革。1979年《師範教育法》公布實施數年後，雖對教師教育工作有顯著的效益，然而，因時代的變遷與制度本身的限制，產生許多問題：師資供需失調、職校或國中某些類科師資缺乏、師範生分發難以因才任教、結業生實習輔導未能充分落實、師範生轉業或升學的限制等（李園會，2001）。再則，在1994年以前，教育實習為職前教育的一部分，在師範校院結業後，由政府分發且經過一年的教育實習及格後，才能畢業取得合格教師證，由於實習教師占正式教職缺，造成實習流於形式，成果不彰。

一元化、計畫制的教師教育制度受到質疑與討論，為因應培育多元開放社會的師資，教育部乃開始研擬《師範教育法修正草案》，數次召開相關研商會議，最後於1994年2月立法院三讀通過，將原本的《師範教育法》修改為《師資培育法》，由一元化改為多元化培育方式。

教師教育法有以下幾項特色（李園會，2001；伍振鷟、黃士嘉，2002；林靜宜，2009）：

(一) **教師教育機構多元化**：除了師範校院繼續得以培育師資外，一般大學經申請並獲教育部核准即可設立教育學程中心培育師資生。

(二) **建立教師資格檢定制度**：依據《師資培育法》規定，初檢與複檢是成為合格教師的必經歷程，即修畢教育學程課程並參與6個月教育實習

後，再經過教師資格檢定考試及格。對師資素質品質管制，建立教師證照制度，走向專業化之發展。

(三) 推行公自費雙軌制：以自費為主，並兼採公費與提供獎助學金的方式實施。公費生以就讀師資類科不足之學系或畢業後自願到偏遠或特殊地區學校服務之學生為原則。將原以公費為主的制度，改由市場供需決定的自費為主，公費生則因具有特殊任務，僅係輔助性質。

(四) 儲備制教師教育模式：《師範教育法》採計畫式的培育方式，《師資培育法》採儲備式培育方式，希望培育大量具有資格的教師，並藉由市場機能調整師資供需，亦即供給大於需求。

(五) 分流與合流式並行教師教育：師範大學可設小學學程，培育國小師資，而師範學院亦可設置中學學程，培育中學師資。

(六) 加強教育實習輔導：教育實習是教師教育重要環節，具有導入教育的功能。但《師範教育法》僅規定公費生結業後需另加實習一年，自費生則無此限制。《師資培育法》要求，無論公、自費生，只要欲成為合格教師即需實習一年。而教師教育機構之實習輔導單位，辦理學生實習之相關輔導工作。此時期規定教育實習的範圍包含教育實習、導師實習和行政實習，明訂職前教育之重要歷程。

教育部於2002年修正公布《師資培育法》第八條規定：「修習師資職前教育課程者，含其本學系之修業期限以四年為原則，並另加教育實習課程半年。」此規定將教育實習縮短為半年並將其納入職前教育課程中。原《高級中等以下學校及幼稚園教師資格檢定及教育實習辦法》於2003年廢止，另修正《師資培育法》第十一條：「大學畢業依第九條第四項或前條第一項規定取得修畢師資職前教育證明書者，參加教師資格檢定通過後，由中央主管機關發給教師證書。……」又2005年公布《師資培育之大學辦理教育實習作業原則》以為教育實習之依據。現行之教育實習一般稱為新制教育實習，師資生於進行教育實習課程之前，需先取得教育實習證，再進行為期半年的教育實習，在實習期間，師資生的身分為實習學生，政府不再負擔實習津貼，甚至學校可斟酌向實習生收取教育實習所需之學分費；經過半年實習後，成績及格者，取得教師職前證書，並以此證書參加

教師資格檢定，通過檢定者方能取得教師證書，以便獲得參加教師甄試之資格。

　　綜合上述，1994年《師資培育法》取代《師範教育法》，走向師資培育多元化，爲臺灣教師教育制度帶入另一新的階段。在這期間，一般大學因應潮流、學生需求及辦學目標，開始快速設立教師教育單位，直至2004年臺灣教師教育之大學成長至75校，包含9所師範／教育大學，一般大學64所，以及僅設師資培育學系之大學（無教育學程）之2校（致遠管理學院、亞洲大學）。此後因應儲備教師過多與少子女化問題，教育部一方面管控師資培育數量，一方面藉由教師教育評鑑，讓辦學績效未符目標之師資培育之大學退場，而許多教師教育之大學亦因考量選讀師資培育課程學生大量減少的情形，紛紛停辦師資培育學程，迄至2009年爲止，師資培育之大學減至54校，師範大學3所、教育大學5所及一般大學46所。實際減少了包括與國立東華大學整合後的原國立花蓮教育大學，與30所設有師資培育中心之一般大學，亦即設有師資培育中心之一般大學減少了許多，不過目前教師教育大學之校數仍較1994年前高出甚多。

貳、當前之教師教育問題

　　教師教育多元化經過三十餘年的發展，各大學紛紛設置教育學程，爲教師教育及教育學術研究，增加儲備師資與許多研究成果，但是也在少子女化的影響下，讓教師教育的發展蒙上隱憂，尤其是多元化未能配合專業條件管控、儲備制與市場化未能有中堅穩定力量的調控、教師教育資源未能系統整合也無法吸引適量的優秀人才擔任教師等問題。

一、無法吸引適量的優秀人才擔任教師職務

　　日治時期鼓勵臺灣優秀者就讀當公學校老師的「師範學校」及培養醫護人才的「醫學校」，這讓師範學校與醫學校的畢業生皆成爲了社會菁英，且由於醫學校的公費名額甚少，多數家境不佳的優秀人才都以投考師範學校爲首選（汪知亭，1978；吳文星，1983），日本治臺時期的殖民統治，藉由公費制讓多數臺籍清寒且優秀者進入教師教育體系。國民政府選

臺後，仍採師範學校的公費制，讓臺灣的教師教育體系繼續可以吸納許多清寒的優秀人才，這在各國的教師教育體系中是相當特殊的。不過，當師範制度與公費制度失去連結，又受到少子女化影響讓教職缺額大為減少，從小學學程開始，目前也影響至中學學程及其他類別學程，因就業困難，所以無法招到較多優秀學生進入師資生行列，許多優秀人才面對短暫幾年沒有工作機會的情形，怯於選讀教育學程，讓未來的師資素質下降，進而影響教育品質。再者因為招生不足，教育學程紛紛停辦，或轉型為教育相關系所，或成立教育學院，這對教師教育及各相關大學之發展，也造成相當衝擊與影響。

二、形成校園內教師結構斷層

現職教師在少子女化趨勢下，都可能因併校減班而成為超額教師。依教育部編印《師資培育統計年報》資料顯示，國小教師甄選自2006年以來總錄取率在3%左右，中學教師的錄取率也僅10%，整體錄取率以2008年為例，僅6.11%，相較2004年以前超過50%以上的任職情形，有相當大的差距，教職一位難求導致我國教師教育整體士氣受到相當衝擊。

各地方政府近年來多不舉辦國小教師甄試，這是因為少子女化所帶來的超額教師過多，不過這並非是最嚴重的問題，最嚴重的危機是由於缺乏新教師投入，無法形成教師的新陳代謝，導致教師平均年齡老化，校園內無法產生不同世代教師間的教學經驗傳承，而讓校園文化也發生斷層。

三、師範校院喪失中堅穩定力量

師範校院在2000年以後開始轉型，朝向「非全部師資培育」大學調整。其中3所師範大學逐漸轉型為以師培為主的綜合大學，而嘉義、臺東及臺南等3所師院陸續改制成為綜合大學。2005年6所師範學院改制為教育大學，除被要求轉型或整合之外，並因就業漸形困難，乃轉型發展各類非師資培育系所。2013年臺北市立教育大學和體育學院整併，改名臺北市立大學，2014年屏東教育大學和屏東商業技術學院合併，新竹教大和清華大學合併，只剩臺北和臺中兩所教育大學，目前雖實施多元開放儲備制度，但專業標準本位尚未建立，師資培育多由大學自主，如無韁多頭馬車，

各自奔跑，失去主軸（李麗玲、陳益興、郭淑芳、陳盛賢、楊思偉、連啓瑞、黃坤龍、林詠淳，2009），而此時的師範校院也在轉型發展中，逐漸中堅穩力與典範傳承的功能。

四、教師教育行政過於分散帶來教師教育的危機

教師教育行政之規劃與執行工作，過去一直與中小學教育之規劃歸併在同一單位，從普通司、普通教育司、普通教育處、中等教育司皆是如此，此後隨著教師教育業務的複雜化，教師教育工作便分散於中等教育司（整體教師教育政策規劃）、高等教育司（2008年1月起師範／教育大學改隸至高教司）、技職教育司（職業教育師資）、國教司（在職教師進修與國教輔導團等）、中部辦公室（教師證照發放等）、教研會（教師專業發展評鑑等）、特教小組（特教師資）等單位，在相關業務職權上相互重疊無法釐清，沒有明確的分工權責分配，大幅減低組織運作之效能，更帶來教師教育的危機。

五、缺乏教師專業標準引領教師職前課程和專業發展活動

目前我國各階段教師教育課程皆訂有包含普通課程、專門課程、教育專業課程及教育實習，這些課程針對中等學校、國民小學、幼稚園及特殊教育學校（班）師資類科之需要，分別規劃與訂定。惟目前欠缺教師專業標準之檢核機制，而無法建立適切導引依據。另外，教師專業發展亦如此，欠缺專業標準及分級制度。2015年雖公布教師專業標準指引，但仍需重新規劃配套措施。

教師專業發展之實施，首要之務即建構教師專業標準以為教師專業發展之鵠的。這一點，在美國、英國、澳州等先進國家近十多年來皆已完成全國性的教師專業標準，其中以美國在1986年所成立的「全美教學專業標準委員會」（National Board for Professional Teaching Standards，簡稱NBPTS）最具有代表性。NBPTS的成立宗旨在促進教學專業化，其主要任務有二：其一，為有成就的教師的知識及其表現，建立一套高而嚴格的標準；其二，發展全國性、自願性的教師認證制度，來肯定傑出資深教師，並激勵全國教師達成其所設定的標準。

六、師道文化式微教師地位下降

近十餘年來的社會變遷，加上中小學教師教育制度的改變、有違教育專業倫理事件的衝擊等，影響了社會大眾對於教師的認知與觀感。教師言行失常、管教不當、親師或師生互動不良等案例再再影響了社會大眾對教師的觀感，損及教師的社會形象，也牽動師生與親師的關係。而包括大學教授，教師社群在專業化的努力成果往往也因一些負面的事件而受到抵銷，教師的榮譽感及社會地位也因而下降。

參、教師教育之發展動向與展望

回顧臺灣教師教育政策自1994年重新將《師範教育法》改為《師資培育法》，由一元計畫制改為多元儲備制，希冀透過多元儲備及競爭機制，提供中小學充裕之優質師資來源。惟我國開放多元教師教育管道後，教師教育逐漸有窄化為市場導向的趨勢，兼具人師及經師涵養課程較少，但社會以教育為志業之良師需求殷切。其次受少子女化衝擊，新進教師需求減少，師資生就任教職機會大幅緊縮，影響教師教育士氣及優秀人才投入教職意願。另外，部分教師未符合社會期待，時有體罰、教學不力等不適任個案，嚴重影響社會對教師的觀感，尊師重道與師道文化亟待重塑。

教師是培養國家未來優秀人才之關鍵角色，社會十分關注教師專業素養與表現，然由於資訊科技帶來的學習形態變化及知識更新加速，教師專業之養成非僅靠職前教育階段即能達成，因此必須透過教師在不同生涯階段持續專業成長與終身學習，始能因應教學現場新的挑戰與需求，回應社會的期待。

此外，偏遠地區及教育弱勢族群的師資素養，亦為教師教育面臨的重要課題。偏遠地區地理條件不利及教師員額的限制，導致各縣市國民中小學之偏遠學校或小校，為減緩學生外流之困境，優先聘齊國、英、數、理、社等領域教師，而緩聘其他領域教師，致使部分領域（例如：藝術與人文、綜合活動）長期缺乏教師，配課情形嚴重，影響偏遠地區學子受教權益。再者，新移民子女教育、原住民教育及特殊教育等弱勢族群教育皆突顯了教育M型化的現象。因此，如何透過職前培育及在職進修強化教師

之多元文化理念、特殊教育知能及弱勢關懷涵養，使每個孩子都能適性展才，落實公平正義之精神，是待努力處。

最後，人口高齡化、雙薪家庭及重視休閒活動之生活趨勢已是現行社會的特徵，如何連結教師教育，提供社會所需之幼兒照顧、成人教育及休閒運動的師資，將是未來新興課題。

面臨挑戰的教師教育及教師專業發展，應朝向優質精緻方向規劃，以教師專業標準為核心理念，建立專業永續之教師教育政策系統模型，精進教師素質，孕化以教育為志業的良師，爰透過下列具體策略，開創教師教育革新另一黃金十年。

一、擘劃教師教育藍圖，引領教師教育發展

理想教師圖像係教師教育及教師專業發展政策規劃及執行之圭臬，透過明確揭櫫教師應有「傳道授業解惑、良師典範、傳承創新」的圖像，研訂《師資培育白皮書》，以提升教師教育之大學素質及暢通師資生就業機會，並參考先進國家成功經驗及落實社會公平正義相關作為為主軸，規劃推動教師職前培育、進用、專業發展、退撫、獎優汰劣等具體作為，並輔以修正《師資培育法》、《教師法》及《教育人員任用條例》等相關法規，健全並落實執行教師教育及教師專業發展政策，培養以教育為志業的良師。

二、推展優質適量政策，確保師資素質

適當的教師教育數量是優質教師教育的基礎，藉由推動「師資培育數量調控計畫」，完善師資供需評估，暢通就業進路。其次，精進教師教育歷程，強化師資生之特殊教育、多元文化及弱勢關懷等知能，透過成立國家層級教師專業標準及表現指標專案小組，規劃推動師資職前培育及在職教師專業表現檢核基準。再者，協助師資培育之大學與中小學建立夥伴關係，推動專業發展學校（professional development school, PDS），達成「教育實習最佳臨床場域、中小學創新經營、教師創意教學、學生創價學習」。並透過大學校院師資培育評鑑、師資培育精緻大學等措施，確保教師教育品質。最後，推動各類教師獎優活動，肯定教師工作價值，形塑尊

師重道文化。

三、推動教師專業發展法制化，確保教師專業素質

配合教師專業標準及生涯發展，培育終身學習之現代教師，修法賦予教師進修、進階及評鑑等教師專業發展法源依據，確立教師專業成長之權利與義務。其次，依據教師生涯發展階段，規劃專業進修課程，促使進修內容符應教學現場需求。再者，建構以教師為主體之多元進修模式，透過強化教師本位自我導向專業進修、推動學校本位及區域聯盟進修機制、發展教師專業學習社群及專業組織等支持系統，輔以教師專業成長之諮詢輔導機制，營造教師專業發展永續制度，形塑教師終身學習氛圍。最後，推動教師品質保證機制，導引教師專業發展，激勵教師士氣，落實教師專業精神，藉由系統性及制度化的專業發展及評鑑回饋機制，進而改善、精進及促進優質教師專業成長的永續發展。

「國家的未來在教育，教育的品質在良師」，教師素質是養成學生成就的最重要基礎，教師素質的高低攸關教育成敗。未來應以傳統文化中「傳道、授業、解惑」的人師、經師模範為基礎，推動社會的傳承與創新，培育出能理解新時代學生心理及回應社會變遷需求之教師為理想圖像，期望透過高素質之教師育成高品質之人力資源，作為厚植國家競爭力之良方。

參考文獻

王煥琛（1989）。我國小學師資培育制度發展與趨向。載於中華民國師範教育學會主編，**各國小學師資培育**（頁1-22）。臺北：師大書苑。

伍振鷟、黃士嘉（2002）。臺灣地區師範教育政策之發展（1945-2001）。載於中華民國師範教育學會主編，**師資培育的政策與檢討**（頁1-29）。臺北：學富。

吳文星（1983）。**日據時期臺灣師範教育之研究**。國立臺灣師範大學歷史研究所碩士論文，未出版，臺北市。

吳武典、楊思偉、周愚文、吳清山、高薰芳、符碧眞、陳木金、方永泉、陳
　　盛賢（2005）。**師資培育政策建議書**。教育部委託中華民國教育學會研
　　究。

吳清基、黃乃熒、吳武典、李大偉、周淑卿、林育瑋、高新建、黃譯瑩
　　（2007）。**各師資類科教師專業標準結案報告**。教育部委託中華民國師
　　範教育學會。

李園會（2001）。**臺灣師範教育史**。臺北：南天。

李麗玲、陳益興、郭淑芳、陳盛賢、楊思偉、連啓瑞、黃坤龍、林詠淳
　　（2009）。**師資培育政策回顧與展望**。國家教育研究院籌備處研究計畫
　　成果報告（NAER-97-08-C-1-01-07-2-07）。臺北：國家教育研究院籌備
　　處。

汪知亭（1978）。**臺灣教育史料新編**。臺北：臺灣商務印書館。

林靜宜（2009）。**臺灣光復後師資培育制度之研究**。國立暨南國際大學教育
　　政策與行政學系碩士論文。

徐南號（1996）。**臺灣教育史**。臺北：師大書苑。

陳伯璋（1991）。我國師範教育政策與制度之發展與檢討，載於教育部中等
　　教育司主編，**世界各主要國家師資培育制度比較研究**（頁141-161）。臺
　　北：正中書局。

彭煥勝主編（2009）。**臺灣教育史**。高雄：麗文。

楊亮功（1967）。我國師範教育之沿革及其進展。載於：中國教育學會主
　　編，**師範教育研究**（頁1-15）。臺北：正中書局。

解惠婷（2002）。**臺灣國小師資培育制度與其課程演變之研究**。臺東師範大
　　學教育研究所碩士論文。

鄭玉卿、程瑋昱（2000）。師範教育制度。載於林天佑等主編，**臺灣教育探
　　源**（頁60-61）。臺北：國立教育資料館。

本文出自楊思偉、陳盛賢（2011）。臺灣師資培育制度之變革與未來動向。
載於中華民國師範教育學會（主編），**我國師資培育百年回顧與展望**（頁
1-20）。臺北：五南。

第四章

日本殖民時期師範教育史
公文檔案

壹、前言：殖民時期教育制度之變遷

日本自1895至1945年將臺灣作爲殖民地統治，推動同化教育和皇民化教育。有關殖民地時代的教育發展，依據臺灣學者吳文星（1983）的看法將其分爲三期，亦即，第一期—實驗期（1895-1918）、第二期—發展期（1919-1936）、第三期—強化期（1937-1945）等三期。1895年（明治28年）7月，臺灣總督府任命第一代學務部長伊澤修二擔任教育政策的規劃者，從那時候起開始展開日本殖民地時代的教育。總督府在同年度，於臺北芝山巖設置民政局學務部推動日本語教育。其後雖然發生學務部部員被殺事件，但總督府仍繼續推動教育政策，次年在臺灣全部地方設置了國語傳習所等措施，努力擴充教育機構。1898年國語傳習所改制爲公學校（李園會，1997；2001）當時有關臺灣的初等和中等教育制度，是將臺灣人和日本人區隔進行的。日本人的初等中等教育，適用於和日本相同的教育法令，設置了小學校及中學校；而臺灣人的制度經由1919年公布臺灣教育令，設置了公學校及高等普通學校讓臺灣人就讀（吳文星，1983）。1922年新頒布臺灣教育令，有關中等教育階段的改革，廢止原有高等普通學校，進行和中學校整合，臺灣人和日本人改成共學制。同時在初等教育部分也將「內地人」、「本島人」這種以民族做區分的制度廢止，改以「常用日本語的兒童」就讀小學校，「不常用日本語的兒童」進入公學校就學的制度。

1937年爆發中日戰爭後，日本政府再次改變了在臺灣的教育方針。1941年3月再度修訂臺灣教育令，統合小學校、蕃人公學校及公學校的制度，統一就讀國民學校（一部分仍是蕃童教育所）。因此除了特殊的原住民的教育以外，日本殖民政府運用中央或地方財政運作學校，無論是內地人或本島人，自8歲以上到14歲未滿的學童，一律接受6年制的義務教育，所以在臺灣的教育就更普及了。

臺灣人的就學率雖然緩慢增加，但因爲1943年實施義務教育而快速上升，1944年的臺灣國民學校設置了944所，就學兒童數共876,000人（包含女子），臺灣人兒童的就學率達到71.17%，日本的兒童超過90%，就世界

而言，是達成了非常高的就學率。其提升的情形如表4-1所示。

　　順便一提的是，以前臺灣談到日本殖民地的事情，都以「日據時期」或「日本殖民時期」的用語，但到1990年代，在課程大綱中改成使用「日治時期」的稱呼，那是一項比較大的改變。而至目前爲止，仍是這樣的用語。

表4-1　日本殖民時期臺灣兒童就學率

年代	1904年	1909年	1914年	1920年	1925年	1930年	1935年	1940年	1944年
臺灣人學童	3.8%	5.5%	9.1%	25.1%	27.2%	33.1%	41.5%	57.6%	71.3%
日本人學童	67.7%	90.9%	94.1%	98.0%	98.3%	98.8%	99.3%	99.6%	99.6%

資料來源：《臺灣省51年來統計提要》
　　　　　http://twstudy.iis.sinica.edu.tw/twstatistic50/

　　日本統治期間，在臺灣的高等教育，最初是以日本人爲對象，臺灣人接受高等教育的機會受到很多限制，但後來也逐步放寬擴大臺灣人接受高等教育的機會。

貳、殖民時期師範制度之變遷

　　日本統治時，爲了配合殖民地控制，教育制度隨著殖民地政策的變遷也做了多次的改變。教師培育政策從最初依據伊澤氏的提案，至1895年就開始逐步推出師培政策。如同表4-2和圖4-1所顯示的，1896年起在國語學校開始培育日本人的教師。其後，因爲初等教育的入學者逐漸增加之故，就很快於1899年設立三所師範學校，1902年因公學校的發展沒有想像中快速，先停辦兩所師範學校（臺北和臺中），1904年再停辦臺南師範學校，因此教師培育的場所自那時起至1919年爲止，移轉到國語學校辦理。1919年隨著《臺灣教育令》的公布，師範教育也受到強調，乃重新獨立設置師

範學校，隨著《臺灣總督府師範學校規則》和《臺灣總督府師範學校官制》的公布，臺南師範學校（1919）、臺北師範學校（1920）、臺中師範學校（1923），陸續再次設立，1927年再設置臺北第二師範學校。至1943年為止一般教育制度有幾次變革，教師培育制度也有幾次變革。

表4-2　師範學校的變遷(1)（1896-1943）

國語學校（1896-1919）
臺北師範學校（1899-1902）→臺北師範學校（1920-1927）→臺北第一師範學校（1927-1943）
臺北第二師範學校（1927-1943）
臺南師範學校（1899-1904）→臺南師範學校（1919-1943）
臺中師範學校（1899-1902）→臺中師範學校（1923-1943）
新竹師範學校（1940-1943）→臺中師範學校預科（1943-1945）
屏東師範學校（1940-1943）→臺南師範學校預科（1943-1945）

資料來源：作者作成

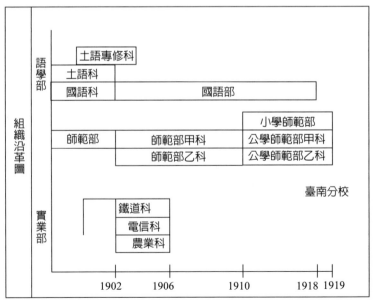

圖4-1　國語學校的變遷

資料來源：《臺灣教育沿革誌》，頁575-603；謝明如（2007），頁38

　　進而，在戰爭時期，1943年起師範學校改成培育國民學校教師，屬於官立專科學校程度的教育機構。師範學校中也分別設置本科和預科，本科是中學校或高等女學校畢業生就讀，預科是國民學校高等科畢業生，以及中學校或高等女學校修讀兩年的畢業生就讀。此時臺灣的師範學校已比照日本國內，由6年制延長爲7年制，已屬於專科學校。當時有關師範學校的情況如表4-3所示。

表4-3　師範學校的變遷(2)（1943-1945）

臺北師範學校〔本科→國立臺北教育大學、預科（女子部）→臺北市立教育大學〕
臺中師範學校（本科→國立臺中教育大學、預科→新竹教育大學）
臺南師範學校（本科→國立臺南師範學院、預科→屏東教育大學）

資料來源：作者作成

　　另外如表4-4所示，戰前的師範學校在第二次世界大戰結束後，回歸中華民國政府，將戰前已成爲專科層級師範學校，先降爲師範學校（後期中等教育階段），其後再將師範學校升格爲師範專科學校，又升格爲師範學院，現在改成教育大學或一般大學。

表4-4　現在的大學名

戰後初期的學校名（1949）	現在的大學名（2017）
臺北師範學校（本科）	國立臺北教育大學
臺北師範學校（女子部）	臺北市立大學
臺中師範學校（本科）	國立臺中教育大學
臺中師範學校（預科）	國立清華大學新竹師範學院
臺南師範學校（本科）	國立臺南大學
臺南師範學校（預科）	國立屏東大學

資料來源：作者作成

參、殖民時期日本相關資料保存與搜尋方式

　　日本殖民時期的相關資料，在臺灣可以說基本上沒有被保存得很好，但是勉強地說，也算仍保存了一些。本文所敘述的是有關在日本統治時期（1895-1945），由臺灣總督府圖書館及臺北帝國大學圖書館等所收藏的，目前由臺灣各個機構所接續保存的文件。其中以日本語的資料為主，因為分類之故，也包含很多中文的資料和歐文的資料；另外，大部分資料是在臺灣印行的，但也有一部分是在日本和歐美各國所出版的資料，主題包括政治、經濟、文學、歷史、科學技術、教育等各方面。

　　近年來各機構進行了這方面資料的調查蒐集和目錄的整理，也有一些機構將資料電子化，以下就這一些保存的場所和查閱的方法進行說明。

一、綜合目錄的保存場所

　　日本舊籍臺灣文獻聯合目錄（國立臺灣圖書館）（http://192.192.13.206/cgi-bin/gs/wgsweb.cgi?o=dccw）

　　這是國立臺灣圖書館所管理的綜合目錄資料庫，包括中央研究院文史哲研究所圖書館、國立臺灣圖書館、國立臺灣大學圖書館等24個機構所收藏，1949年以前印刷的日本語資料中，有關臺灣學及臺灣史為主約23,000冊書籍及雜誌的資訊。在這資料庫所收藏的只是上述24個參加機構收藏的日本相關資料的一部分而已，另外書名也有一些錯誤等，因此使用時要多加注意。

二、主要收藏機構

　　有關收藏日本相關資料的機構，如表4-5所示。在這裡以收藏件數比較多的機構及和教育有關的機構為主，舉出11個機構的收藏狀況，也說明電子化資料的閱覽方式。

三、日本殖民地時期與臺灣有關的相關文獻

　　臺灣總督府所編輯的檔案，主要放在國史館臺灣文獻館和中央研究院臺灣研究所公開，也有一部分做成「總督府檔案專題翻譯」、「臺灣總督府檔案主題選篇」等方式。由國史館臺灣文獻館翻譯成中文的資料也公

表4-5　臺灣主要收藏機構名單

機關名	日本相關資料的收藏件數	主要收藏領域	電子化資料的現況
國立臺灣圖書館	圖書和雜誌計10萬冊以上	臺灣近代史及東南亞史	・日治時期圖書全文影像系統 ⇒收錄圖書及年鑑類等約23,000件。 ・日治時期期刊全文影像系統 ⇒雜誌約400標題下收錄的新聞約3萬件、地圖約1,700件、相片約1萬件。
中央研究院臺灣史研究所	圖書5萬冊以上和文書類資料	總督府關係資料	・臺灣總督府職員錄系統 ⇒日本統治期的總督府等的職員錄數位資料。 ・臺灣研究古籍資料庫 ⇒圖書約3,000冊、雜誌100種。
國立公共資訊圖書館	圖書、雜誌、官報等約23,000冊	文學・歷史相關資料	數位典藏服務網 ⇒圖書約5,600冊。
國立臺灣大學中央圖書館	圖書約2萬冊雜誌319個標題・17,000冊	日本人研究者的手稿及漢籍資料	深化臺灣研究核心文獻典藏數位化計畫 ⇒收錄伊能嘉矩手稿、田代文庫等。
國立臺灣大學社會科學院辜振甫先生記念圖書館	圖書約8萬冊	政治・經濟相關資料	臺灣日治時期統計資料庫 ⇒統計資料101標題共收錄684冊。可以個別新聞事件檢索。
國立臺灣師範大學圖書館	圖書約11,000冊	教育領域	無
國立成功大學圖書館	圖書約8,700冊	自然科學領域	無
國立臺南大學圖書館	圖書約6,000冊	教育・歷史領域	日治時代日文珍本數位典藏計畫 ⇒收錄被認為特別具有價值的資料59冊。
臺南市立圖書館	圖書及已經製本完成的新聞等約16,000冊	臺灣學	臺灣記憶（臺灣國家圖書館） ⇒「臺南市立圖書館館藏日文舊籍」收錄圖書2,194件。然而限定在館內才可閱覽全文，從館外只能就書誌資訊及目次資訊閱覽・檢索。
國立臺北教育大學圖書館	特色館藏約7,000冊	教育・自然科學等分野	其中一部分資料有電子化。

表4-5 （續）

機關名	日本相關資料的收藏件數	主要收藏領域	電子化資料的現況
國立臺中教育大學圖書館	圖書2,175冊	教育・自然科學等領域	無

資料來源：依據〈臺湾所在的植民地期日本関係資料的調べ方〉的資料，作者重新製表。
https://rnavi.ndl.go.jp/research_guide/entry/theme-asia-116.php

開出版。例如《日治時期師範教育史料選編》（許錫慶，2016）已經出版，其封面如圖4-2。

圖4-2 《日治時期師範教育史料選編》

(一) 國史館臺灣文獻館

設有館藏史料查詢系統（http://ds3.th.gov.tw/ds3/index.php）

這是國史館臺灣文獻館電子化公文檔案，典藏臺灣總督府相關的檔案，只要登入就可以閱讀全文的主要資料庫；其中有以下的資料庫：

(1) 臺灣總督府檔案（http://ds3.th.gov.tw/ds3/app000/）。這是由臺灣總督府所編輯的檔案，約有28萬件。

(2) 臺灣總督府專賣局檔案（http://ds3.th.gov.tw/ds3/app001/）。是有關管轄香菸、鴉片、樟腦等專賣事業的專賣局相關的資料，約有10萬件。

(3) 另外臺灣總督府（官）報、典藏專賣局局報、臺灣鹽業檔案、臺灣拓殖株式會社（只可檢索）等資料檔案群也有公開。另外有關臺灣總督府檔案，也有編輯目錄的書籍出版。

(4) 由中京大學社會科學研究所、國史館臺灣文獻館監修，中京大學社會科學研究所臺灣總督府文書目錄編纂委員會編輯《臺灣總督府文書目錄》的作業也尚在進行中，目前明治時期27卷以及大正

時期全部14期都已經出版，如圖4-3
所示。

(二) 中央研究院臺灣史研究所

臺灣史檔案資源系統（http://tais.
ith.sinica.edu.tw）

這是該所收藏的公文檔案資料，包
括個人文書、民間文書、機關檔案，共有
100種以上的資料檔案群。如果註冊以後通
過審查，也可以閱讀全文的圖像。在臺灣
總督府相關資料中包含「臺灣總督府時期
林業檔案」、「臺灣總督府公文類纂」、
「臺灣總督府臺南廳公文書」等。

(三) 國立臺灣大學

日治法院檔案資料庫（http://tccra.lib.ntu.edu.tw/）

主要是日治法院檔案資料庫，主要收藏臺北、新竹、嘉義地方法院的
文件，約有5,600冊，可以檢索及閱讀全文，要使用該資料之際必須提出
申請。

圖4-3　《臺灣總督府文書
目錄》

肆、有關教育與師範學校相關公文檔案之分析

有關日本殖民地時期，雖然整體教育相關的資料比較多，而師範學校
相關的資料只是其中的一部分。因此，以下將從上面的資料中選出重要的
典藏項目做一個說明（吳文星，1993）。

一、總督府的公文書

臺灣總督府的公文書在1945年日本戰敗時，由中華民國政府接收，現
在保存在臺灣南投縣中興新村之臺灣省文獻委員會，並且對外公開閱覽。
文獻委員會在1948年由臺灣省政府所設置及管轄，2001年1月因為行政機
構的改革，改隸屬於總統府的國史館。臺灣總督府收藏之文書到1987年臺
灣解除戒嚴令以前，是國家機密檔案並沒有對外公開。而臺灣總督府檔案

是屬於日本外部殖民統治機構臺灣總督府的行政公文，對於研究日本殖民地領域是最重要的基礎史料，同時也是日本近代文書學最重要的公文書檔案（檜山幸夫，年代不明）。

　　國史館臺灣文獻館所收藏的《臺灣總督府公文類纂》是由當時臺灣總督府文書課所保管和整理的。內容是自1895年5月開始到1945年10月為止的公文檔案共有12,358冊，其中屬於永久保存公文類纂共7,372冊，依照項目分類編輯而成。其中在教育學術分類中包括總歸、學制、學校、教員生徒、教員檢定、圖書（教科書）等（吳文星，1993）。有關師範學校的相關公文檔案也收藏在那些資料中，目前也對外開放，以關鍵詞可以進行檔案搜尋；另外，也可利用中京大學整理的目錄書籍進行查詢，該目錄書籍做了許多校正的工作，以補足原檔案因收藏過程中所導致之錯誤等。當然，師範學校相關的資料也包含其中。另外，有關教育之相關典藏檔案尚有以下各種彙集的文獻：

(1) 《臺灣總督府民政事務成果摘要》一年一冊（1895-1942）

(2) 《臺灣總督府學校事務年報》（1903-1937）

(3) 《臺灣總督府學校事務法規》（1896-1902）

(4) 《臺灣學校事務要覽》（1915-1919）

(5) 《臺灣學事一覽》（1923-1943）

(6) 《臺灣的學校教育》（1930-1938）

(7) 《臺灣的教育》（1930-1941）

(8) 《文教的施設》（1932）

(9) 《臺灣社會教育概要》（1929-1936）

(10) 《臺灣的社會教育》（1938-1942）

(11) 《臺灣總督府府報》（1903-1937）每週出刊2-3次、（1896, 8, 20-1942, 3, 31）

(12) 《臺灣史料》（1895-1919）

(13) 《臺灣省51年來統計摘要》（臺灣行政長官公署統計室編纂、1946、中國語）

二、地方史

　　這是由日本統治時期官廳所編纂的地方誌，約有40種，其中包含全臺歷史、縣廳史、郡史、街庄史4個種類。其他另有《重要紀事》《概覽》等約200餘種。其中也含有教育相關資料。

三、新聞和雜誌

　　報紙方面，可以利用的包括《臺灣新報》、《臺灣日報》、《臺灣日日新報》、《臺灣民報》、《臺灣新民報》、《臺南新報》等。雜誌方面包括《臺灣協會會報》、《臺灣時報》、《臺灣教育會雜誌》、《臺灣教育》、《第一教育》、《臺灣青年》、《臺灣》等，大致都有重刻出版或已經電子化。

四、師範學校校友會誌

　　目前保存在國立臺灣圖書館中為多，例如：(1)《臺灣總督府國語學校校友會雜誌》1-25（1899-1909）；(2)臺北第二師範學校校友會編集《芳蘭》10-13、15（1937-1940、1942）；(3)臺北第一師範學校校友會編集《麗育學報》24-29、15（1937-1942）等。

(一) 各階段學校公文書和出版物

　　例如各學校的學籍簿、教職員名簿、學校沿革、學事關係規則、教授細目和教案等都是重要的參考資料。然而各師範學校中所保存的公文書，在戰後這些年來，已經因為不同主管機構，以及各種理由，或是散失掉，或是已經被燒燬等，幾乎已經沒有任何保存了，正如上述除了保存一些書籍外，其他公文檔案都已經不復存在，令人深覺遺憾。

(二) 個人自傳或文集

　　個人自傳或文集目前發現之數量不多，但該類資料對於研究仍有補足之作用，所以仍宜多蒐集，且進行研究時也應可參考。

(三) 小結

　　依照上面所敘述，雖是以全部教育相關資料為主介紹，但師範學校的檔案只是其中一部分，至目前為止，將總督府公文書中有關師範學校的資料抽出並編纂成書的只有一本（許錫慶，2016）。該書也只是收入了一部

分公文文件的影本而已，書籍的封面如圖4-2所示。

伍、有關師範學校研究成果的分析

最近以「日本殖民地師範學校或師範教育」等關鍵詞進入資料庫搜尋時，可以找到相關書籍有23本、碩士論文有3本、學術論文有12件，總共39件。內容包含較廣，主要的主題是師範教育制度、沿革和歷史、教學和訓育、教科書研究、學科研究，以及師範學校的學生手冊、學籍簿等資料，另外也有社會領導菁英研究或女子教育史研究等。

各種出版物和論文整理如下：

■ 書籍

1. 臺北師範學院（1996）。**滋蘭集——北師壹百週年紀念文錄**。臺北：國立臺北師範學院。【師範學校史】

2. 臺東師範學院（1998）。**東師五十年週年紀念冊**。臺東：臺東師範學院。【師範學校史】

3. 臺南師範學校（1922）。**臺灣總督府臺南師範學校生徒必攜**。臺南：臺南師範學校。【生徒必攜】

4. 臺南師範學校（年代不詳）。**臺灣總督府臺南師範學校要覽**。臺南：臺南師範學校。【師範學校史】

5. 臺南師範學校（年代不詳）。**臺灣總督府臺南師範學校講習科明細簿**。臺南：臺南師範學校。【講習科明細簿】

6. 臺南師範學校同窗會編（1998）。**あああわが母校臺南師範（上）（下）冊**。日本：臺南師範同窗會。【師範學校史】

7. 臺南師範學學校（年代不詳）。**臺灣總督府臺南師範學校沿革史**。臺南：臺南師範學校。【師範學校史】

8. 臺灣總督府臺南師範學校（1940）。**臺灣總督府臺南師範學校昭和十五年（1940）女子講習科學籍簿**。臺南：臺灣總督府臺南師範學校。【女子講習科學籍簿】

9. 吳文星（1983）。**日據時期臺灣師範教育之研究**。國立臺灣師範

大學歷史研究所專刊，8。【師範教育】

10.李園會（1993）。**國立臺中師範學院校史初編**。臺北：五南。【師範學校史】

11.李園會（1997）。**日據時代臺灣師範教育制度**。臺北：南天出版社。【制度】

12.李園會（1997）。**日據時期臺中師範學校之歷史**。臺北：五南。【師範學校史】

13.李園會（2001）。**日據時期臺灣師範教育史**。臺北：南天出版社。【沿革】

14.沈翠蓮（2004）。**臺灣小學師資培育史**。臺北：五南。【沿革】

15.屏東師範專科學校（1986）。**屏師四十年**。屏東：屏東師範專科學校。【師範學校史】

16.屏東師範學院（1956）。**屏師十年**。屏東：屏東師範學院。【師範學校史】

17.屏東師範學院（1994）。**屏師校史初編**。屏東：屏東師範學院。【師範學校史】

18.國立臺中師範學院（1993）。**校史初編**。臺中：國立臺中師範學校。【師範學校史】

19.張清榮（主編）（1998）。**南師一百年**。臺南：國立臺南師範學校。【師範學校教育史】

20.新竹師範學院（1990）。**竹師五十年**。新竹：新竹師範學院。【師範學校史】

21.蔡禎雄（1998）。**日據時代臺灣師範學校體育發展史**。臺北：師大書苑。【沿革】

22.鄭政誠（2010）。**南臺灣的師培搖籃──殖民地時期的臺南師範學校研究（1919-1945）**。臺北：博揚文化事業。【師範學校史】

23.鄭潤澤（1991）。**日治時代中師校史**。【學校史】

■碩士論文

1. 吳文星（1979）。**日據時期臺灣師範教育之研究**。國立臺灣師範大學歷史研究所碩士論文。【社會領導階層】【殖民教育】【殖民政治】【社會文化變遷】【同化政策】

2. 孫芝君（1997）。**日治時期臺灣師範學校音樂教育之研究**。國立臺灣師範大學音樂研究所碩士論文。【音樂教育的引入及其在國語學校的實施】【師範音樂教育的變遷與推移（1919-1936）】【戰爭與師範音樂教育（1937-1945）】【課程、教材與教學】【師範學校的音樂師資】【師範生與臺灣專業音樂人才的發展】

3. 謝明如（2007）。**日治時期臺灣總督府國語學校之研究**。國立臺灣師範大學歷史學系碩士論文。【國語學校】

■期刊論文

1. 方林（1995）。日據時期臺北師範學校的美術教育1900-1920（上）。**美育**，**59**，34-38。【美術】

2. 方林（1995）。日據時期臺北師範學校的美術教育1900-1920（下）。**美育**，**61**，29-38。【美術】

3. 作者不詳（年代不詳）。師範入學的困難。**臺灣民報**，307號，767-768。

4. 吳文星（1980）。日據時期之臺灣師範教育——教學與訓育。**歷史學報**，**8**，251-312。【教學】【訓育】

5. 吳文星（1998）。日治時期舊制臺南師範學校之探討（1899-1904）。**臺灣文獻史料整理研究學術研討會論文集**，401-419，南投：臺灣省文獻委員會。【師範學校史】

6. 吳文星（2000）。日治時期舊制臺中師範學校之探討（1899-1902）。**臺灣文獻史料整理研究學術研討會論文集**，401-419，南投：臺灣省文獻委員會。【師範學校史】

7. 宋清榮（1999）。臺中師範學校日治時期的體育教學與運動競賽。**中師體育**，**1**，17-24。【體育教學】【運動競賽】

8. 李園會（1995）。日據時期國語學校師範部的教育。**初等教育研究集刊**，**3**，1-15。【教育】

9. 陳正治（1995）。本校的國師時期。**春風化雨100年——臺北市立師範學校建校百周年紀念專刊**，183-195。【師範學校時期】

10.彭煥勝（2011）。我國小學師資培育政策的百年回顧與前瞻。**市北教育學刊**，**39**，79-102。【日治時期師範教育】

11.葉碧苓（2012）。日治時期臺中師範學校書法教育。**臺灣美術學刊**，**2012**(3)，4。【書法教育】

12.蔡禎雄（1994）。日據時代臺灣師範學校體育的變遷。**體育學校**，**17**，1-10。【體育】

　　有關上面敘述的書籍或論文中，可以說有一些具體的研究成果，而其中以學者吳文星有關臺灣在殖民地時期師範學校的研究最為有名，他可以說是研究成果最豐富的學者。他的碩士論文（1983）——《日據時期臺灣師範教育之研究》可說是至今為止有關師範教育最佳的著作。吳文星氏其後又發表〈日治時期舊制臺南師範學校之探討（1899-1904）〉（吳文星，1998），以及〈日治時期舊制臺中師範學校之探討（1899-1902）〉（吳文星，2000）等，也是非常受到重視的論文。其次，有關國語學校研究的論文中，謝明如（2007）所發表的《日治時期臺灣總督府國語學校之研究》也可以說是一篇相當不錯的論文。另外一位學者李園會氏對於師範制度和師範學校的研究，著力甚多，出版多冊的書籍，在某一段時期作為一份基本研究是具有相當意義的，但因為大致是利用以公文書為主的著作，缺乏參考其他雜誌或校友會等的資料，這是他的著作中較不足之處，有關這部分受到一些同領域學者的不同回響。

陸、結論與建議

　　依照上面所敘述的內容，可以提出以下的結論與建議：

1. 有關日本殖民地時期和臺灣有關的公文檔案，目前以在「國史館臺灣文獻館」所收藏的資料最為豐富，加上該資料已經公開及電

子化，對於公開閱覽可以說是非常方便。

2. 繼承各師範傳統的教育大學中，有關日本殖民地時期的圖書與教科書雖然有一些保存，但公文書的部分都幾乎沒有保存了。

3. 有關整理文獻的目錄，日本和臺灣的相關學者或機構都繼續在進行中，期待未來若能有更進一步的整理成果發表的話，將更有助於相關研究。

4. 有關研究師範學校部分，除了利用公文書之外，若能多加利用校友會、雜誌等資料也是非常必要的。

5. 有關研究師範學校的成果方面，可以說並不是非常豐碩。在臺灣方面期望吸引更多青年學者參與該項研究，這是尚待努力的事項。

參考文獻

吳文星（1983）。日據時期臺灣師範教育之研究。國立臺灣師範大學歷史研究所專刊，8。

吳文星（1993）。日據時期臺灣教育史料及其研究之評介。臺灣史田野研究通訊，第26期。

李園會（1997）。日據時代臺灣師範教育制度。臺北：南天出版社。

李園會（1997）。日據時期臺中師範學校之歷史。臺北：五南。

李園會（2001）。日據時期臺灣師範教育史。臺北：南天出版社。

謝明如（2007）。日治時期臺灣總督府國語學校之研究。國立臺灣師範大學歷史學系碩士論文。

許錫慶（2016）。日治時期師範教育史料選編。南投：國史館臺灣文獻館出版。

臺灣行政長官公署統計室編纂（1946）。臺灣省51年來統計提要。2019年2月10日取自http://twstudy.iis.sinica.edu.tw/twstatistic50/

日本國立國会図書館（2016）。臺湾所在の植民地期日本関係資料の調べ

方。2019年2月10日取自https://rnavi.ndl.go.jp/research_guide/entry/theme-asia-116.php

檜山幸夫（2011）。臺湾総督府文書の史料論抜粋。https://www16.atwiki.jp/pipopipo555jp/pages/2011.html

本文出自楊思偉（2017）臺灣有關公文檔案保存與研究的現況與課題——以日本殖民時期師範教育史爲主。2017.11.18，東京學藝大學國際研討會「師範學校公文書現狀與問題——面向20世紀東亞教育」（原文以日文發表）。

制度及政策現況

第五章

精緻教師教育策略

壹、精緻教師教育的三個上位概念

貳、精緻教師教育的策略

參、結語

　　自1994年將《師範教育法》修正為《師資培育法》後，教師教育政策從一元化、計畫性、公費制、分發制，轉型為多元化、儲備性、自費制、甄選制，以符應民主開放的社會發展。教師教育管道由原來師範校院培育擴增至設有教育院、系、所之大學校院及設有教育學程之大學校院，多元開放後帶來教師教育重大的挑戰，教育部為培育優質師資確立教師教育專業本位核心理念，並推動優質適量之教師教育政策，就師資養成、教育實習、資格檢定、教師甄選及教師專業成長等面向精進，形成精緻教師教育理念，以促進教師教育專業化，穩固教師教育永續發展機制。

　　有關精緻教師教育作法之探討與策略，筆者認為宜先建立三個上位概念：形塑儒士精神的師道、建立教師專業標準本位及秉持教師教育三e原則〔教育（education）、實務教學經驗（experience）與標準本位的認證檢測（examination）〕，再來論究「發展教師特質衡鑑與師資生遴選輔導機制」及「強化師資職前必備潛在課程內涵」，以下簡要說明之。

壹、精緻教師教育的三個上位概念

一、形塑儒士精神的師道

　　我國社會的核心價值是一種儒士精神，這是源於儒家文化而來，儒士精神者是人文主義信念的創造者、傳播者和鼓吹者。我們勉勵個人「夙夜強學以待問，懷忠信以待舉，力行以待取」，並願意「聞善以相告也，見善以相示也，爵位相先也」，而這些都是身為教師所欲達成的師道人格，是此韓愈的〈師說〉提到「師者，所以傳道、授業、解惑也」，據以傳承儒家文化，用以「育才造士，為國之本」。

　　形塑儒士精神的重點有二：一為「士志於道[1]」，次為「人能弘道[2]」。淑世是孔子理想，人本主義的孔子將「道」視為人生的發展目標，不過「人」才是實踐理想的主動力量，而儒士精神即是一種「言為士則，行為世範，登車攬轡，有澄清天下之志」之淑世理想。教育一人，至

1　子曰：士志於道，而恥惡衣惡食者，未足與議也。
2　子曰：人能弘道，非道弘人。

少可導引獨善其身；教育群眾，而有風行草偃之舉；教育全國，則有安邦定國之懷，所以形塑儒士精神的師道，乃與「良師興國」爲同義語。

　　2010年8月29日第八次全國教育會議之「師資培育與專業發展」的第一議題即爲「孕化教育志業良師，形塑師道專業典範」，此乃認識到社會多元發展與變遷快速，教師專業形象與實質未能因應改變，傳統尊師重道與師道文化尚待重整之現況而來。前教育部部長郭爲藩認爲：「爲人師表者不僅要有深厚的學養，其爲人治事，亦應表率群倫，爲年輕一輩的楷模。」而東亞儒家文化圈具有尊師重道的理念，且基於「能爲師，才能爲人長；能爲人長，才能爲人君」的理念，此環境下，《資治通鑑》雖說：「經師易遇，人師難遭」，但是要求教師「言爲士則，行爲世範，登車攬轡，有澄清天下之志」的理想，成爲社會普遍之期盼，因此荀子說：「四海之內若一家，通達之屬，莫不從服，夫是之謂人師」，清朝的教師也「必選經明行修足爲多士模範者，以禮聘請」（《清會典事例》），教師成爲道德楷模和學問權威的代名詞。因此，教師的角色不僅要有「經師」，更要有「人師」，以成爲社會的楷模人才，而此即爲師道；志於師道，弘揚師道，乃爲新時代的儒士，新時代的知識人（intellectual）。

　　良師即是「經師」／「人師」，荀子說：「夫師，以身爲正儀而貴自安者也」，揚雄據此明確地提出：「師者，人之模範」，韓愈闡明爲：「以一身立教，而爲師於百千萬年間，其身亡而教存」。造就良師應該是政府教育政策的首要課題，也是每一位教師必須努力以赴的自我期許與實踐。我國古代大師的教學，並不限於傳授學問，而著重於修身處事和待人接物的道理。《禮記·文王世子》提到「師也者，教之以事而喻諸德者也」，其中「教之以事」只是過程，「喻諸德者」才是目的，因此陶行知先生說：「先生不應該專教書，他的責任是教人做人；學生不應該專讀書，他的責任是學習人生之道。」所以教師不僅要傳授學生書本上的知識，更要教學生如何治事、接物、立身、濟世，必須兼古人所謂「經師」、「人師」的條件，始克善盡教師的職責。

　　綜上，形塑儒士精神的師道即是「志於師道，弘揚師道」，成爲新時代的儒士／知識人。而此師道即是傳道、授業、解惑者。其中，傳道所指

的乃是價值觀的啓發；授業，是學問知識、技巧的習得，是生活智能的開展，學習結果的成功與挫敗，對學生的學習成就感影響甚鉅；解惑則指疑慮之排解、澄清、判斷與決策，這涉及到如何因應生命的挑戰，包括職業選擇、生涯規劃、家庭、感情等。因此，一位教師應是可以協助學生價值觀啓發、生活智能開展與因應生命挑戰的貴人。

二、建立教師專業標準本位

前臺灣師大吳武典教授認爲「訂定專業標準本位的師資培育計畫」乃是目前教師教育的重點工作，他認爲，教師專業需要哪些標準？必須依此標準進行師培課程設計，貫穿整個職前培育、實習、檢定、甄選、專業發展，乃至教師評鑑，這樣才能管控教師素質。很多西方國家都設定有教師專業標準，例如美國，雖然教師很缺乏，但因爲有專業標準的管控，所以「缺而不濫」。臺灣是師資來源不缺，而素質逐漸爛矣；師資生的入口素質逐年下降，中間又缺乏專業標準的管控，培養出優質老師的難度愈來愈高了（吳武典，2010）。

2004年教育部委託中華民國師範教育學會，當時吳武典理事長擔任主持人，與楊思偉、周愚文、吳清山、高薰芳、符碧眞、陳木金、方永泉、陳盛賢組成小組，係以「教師專業標準本位」爲核心理念，依據師資養成、教育實習、資格檢定、教師甄選及教師專業成長等五個層面，研擬具體策略和目標導向之行動方案，提出「師資培育政策建議書」，教育部依據此內容，於95年2月23日臺中（二）字第0950026850號公布「師資培育素質提升方案」，這是推動多元化教師教育政策十二年後，第一次完整性的教師教育改革方案；三年後教育部鑒於師資環境的變化，又於98年9月9日臺中（二）字第0980155995號函發布「中小學教師素質提升方案」。

1986年美國卡內基教育和經濟論壇（Carnegie Forum on Education and the Economy）、霍姆斯小組（Holmes Group）相繼發表了《以21世紀的教師裝備起來的國家》（*A Nation Prepared: Teachers for the 21st Century*）、《明日之教師》（*Tomorrow's Teachers*）兩個報告，確立教師的專業發展是教師教育教育改革的主軸。1989-1992年，經濟合作與發展組織

（OECD）相繼發表了一系列有關教師及教師專業化改革的研究報告，如《教師培訓》、《學校品質》、《今日之教師》、《教師品質》等。1996年，聯合國教科文組織召開的第45屆國際教育大會，提出「在提高教師地位的整體政策中，專業化是最有前途的中長期策略」。

　　教師教育的本質乃為培育具足教師圖像、教師專業特性的任務，其實現端賴有一套標準，依據其理念、價值，對應教育的本質、教育的發展，運用教育方法，擬定教師從事教育工作應有的專業知識、技能與態度，並建立一套專業準則、專業標準，據以規劃培育師資課程、導引教師專業表現；依此觀察各階段法制，皆明訂師資培育課程應包括普通課程、專門課程、教育專業課程及教育實習，前揭課程應針對中等學校、國民小學、幼稚園及特殊教育學校（班）師資類科之需要，分別規劃、分別訂定。規定以師資培育課程作為培育教師圖像、養成教師專業特性之核心；至於培育課程規劃、教師進修規劃所應依據之教師專業標準，法無明訂，尚須教育學術研究充實，但目前我國尚未建立，又觀察世界各先進國家皆建立完善教師專業標準，作為提升教師專業素質政策規劃，爰教育部中教司於2006年委託研究完成：(1)建立各師資類科教師共同專業標準；(2)建立各師資類科教師個別專業標準（吳清基、黃乃熒、吳武典、李大偉、周淑卿、林育瑋、高新建、黃譯瑩，2006）[3]。可從以下五方面加以說明：

　　(一) 教師專業基本素養：透過教師的專業知識與素養，以發揮潛移默化的力量，引導與啟發學生學習的興趣，並鞏固教育的根基。

　　(二) 敬業精神與態度：秉承教育專業理念，遵守教育專業倫理規範，願意為學生的學習與成長投入心力與時間，並以客觀、開明、積極的心態與相關人員進行合作，以為學生謀求最大的福祉。

　　(三) 課程設計與教學：以教師專業及基本理論知識進行課程設計、教

3　轉引自李麗玲、陳益興、郭淑芳、陳盛賢、楊思偉、連啓瑞、黃坤龍、林詠淳（2009）。師資培育政策回顧與展望。國家教育研究院籌備處研究計畫成果報告（NAER-97-08-C-1-01-07-2-07）。臺北市：國家教育研究院籌備處。

學實施、學科知識及教學評量之發展與整合，以協助學生獲致學習成就。

(四) 班級經營與輔導：成功的班級經營有賴於教師善用輔導知能及良好有效的管理方式，形成有利於學習的班級氛圍，並對於學生的生活與學習問題進行了解與協助，以達到優質的教學成效。

(五) 研究發展與進修：教師持續致力於專業自我成長與終身學習，並從教學經驗中進行反省，以維持教育工作的動力並因應多元與變遷的教育環境。

三、秉持教師教育三e原則

中小學優質師資的培育需以師資生廣博的人文素養為基礎，強化其專業的知能與態度方能達成。教師教育歷程中須融入多元的活動，以引導師資生逐步學習精進。國內外學者均指出，專業之教師須具備領域內容知識（content knowledge）、教育學知識（pedagogical knowledge, PK）、領域教學知識（pedagogical content knowledge, PCK）及實務知識（practical knowledge）等。教師教育課程不但要協助師資生習得這些知識，更要能協助其轉化為專業的表現。綜合而言，欲協助師資生在教師教育的過程中發展教育專業知識，豐富教育專業經驗，並涵育正確的教育專業態度與價值，教育人員需要融入不同活動類型，運用多元的活動加以引導，讓學生在活動體驗、分享討論、觀察反思等經驗成長，配合前述教師專業標準本位理念之檢測，方能形塑教育專業的知能[4]（教育部，2010）。因此以統整式的教育學程，建立起教育與學科專業（education）、實務教學經驗（experience）與標準本位的認證檢測（examination）的三e原則來培育高素質教師，而有關之精進教師教育課程之內涵方法如下：

1. 以經典名著、典籍之研讀、分享等活動建立師資生廣博的人文基礎及核心能力。
2. 建構領域內容知識與教學知識交錯整合的學習經驗：改變當前領域內容知識與教學知識的學習分立的課程分科形式，將該二者做

4　第八次全國教育會議中心議題柒「師資培育與專業發展」之論述稿。

適度的整合交融，以使內容知識與教學方法能整合與應用。

3. 強化教育專業課程理論探討與實務體驗之間的整合：教育專業課程各學科的探討除了需要將教育專業知識系統化，以協助師資生掌握基礎的教育學知識，作為教育專業發展的基礎之外，更應納入不同形式的活動（包括體驗感受、反思活動；個人理解的分享與討論等）以引導師資生進行學習。

4. 透過實習課程的漸次安排發展師資生教學實務的知能：在教師教育的職前階段應強化實習課程的安排，透過參觀見習、試教、實習等逐步引入，強化理論與實務整合，並多運用真實的事件以協助師資生發展教學情境的理解。另外，亦可透過不同的活動強化師資生的批判性反省與知識的整合。

貳、精緻教師教育的策略

形成形塑儒士精神的師道、建立教師專業標準本位、秉持教師教育三e原則概念後，精緻教師教育的策略宜從「嚴格選才、專業育才、積極薦才」等三個策略加整合，以下從「發展教師特質衡鑑」、「師資生遴選輔導機制」及「強化師資職前必備潛在課程內涵」等三項工作來闡述此策略。這是筆者擔任教育大學校長時，依照相關研究成果，所具體思考與推動之相關作為。

一、教師特質衡鑑

(一) 教師意向測驗建議採取多元評量方式實施。必須同時採取「生涯興趣量表」、「面談口試」、「紙筆測驗」、「能力測驗」、「各班導師意見調查」等多元管道，並參酌申請者的「先前服務表現」，藉由充分的佐證資料，進行多方檢核查證，才能有效篩選出適合修讀教育學程的學生。

(二) 「公費生」的遴選，建議加強意向測驗（即「意願」、「能力」與「特質」等三個層面）的評估檢核，以嚴格選才方式篩選出真正具備優良教師特質的人才，再給予卓越的教師教育。目前，以大學學測或指考成

績最高分來決定「公費生」人選的方式，難免會出現「公費生不想當老師」或「不適合當老師」的情形，似乎有調整改進的必要。

(三) 在師資生或學程生的遴選上，建議運用意向測驗（即「意願」、「能力」與「特質」等三個層面）的評估結果，將明顯不適合成為教師者（例如情緒極不穩定、溝通表達有障礙、不喜歡人際活動者等），先行淘汰。一方面確保未來師資的素質，另一方面，避免浪費人力去製造本來就不適合當老師的儲備教師。

二、師資生遴選與輔導機制

健全的教師教育是一種長期發展的連續歷程，它包含三個階段，即：大學院校學習階段（準備教育）、實習階段（導入教育）及實際任教階段（在職教育），其中大學院校學習階段（準備教育）正是教師教育過程中居於起承的重要關鍵，這段時間的學習，奠定日後對教育工作的信念及態度。因此在此重要階段，遴選合適學生進入教師教育課程，同時對於進入修習教師教育課程學生進行深入的輔導，使其成為新世代良師。

分析主要先進國家師資生遴選模式，以及國內教師教育大學辦理小學及中學教育學程相關遴選辦法發現，師資生遴選過程一般會考慮下列幾項要素：學業表現、人格特質、溝通技能、學習意願與任教意願。因此規劃遴選模式時即考量以上因素，希冀藉由詳盡遴選程序規劃，遴選出對教育理念有一定認知且具有良好德行的學生。而各項程序設置與遴選工具的利用，均是為了能從眾多學生中遴選出較具潛力成為理想教師的學生，透過各項師資養成課程與實務訓練，期盼這些學生未來能成為有效能的教師。

然而遴選模式規劃，同時考量到未來教師職場缺額日益減少，若是遴選過程即以重重嚴格關卡篩選，恐影響學生修習師資培育課程意願；同時也假設優良、適任的好老師未必一開始就是天生賦予，反而靠後天的培育與輔導也可培育出優良教師，因而在遴選模式規劃上主要還是以一些基本能力、操行與學業成績及面試（思路清楚、表達流暢）即可。最重要的規劃理念還是希望師資培育大學能多提供試探機會，儘早讓學生接觸真實的教育現場，提供欲選讀師資培育課程學生自我反省是否對教師工作有興趣

與能力。

　　師資生輔導模式規劃目標主要有：(1)藉由指導教授（輔導教師）協助，強化師資生發展，以及維持其專業態度；(2)建立師資生彼此合作成長方式，破除教學是「孤立」狀況的迷思。

　　依據上述目標，本研究規劃輔導模式時，乃基於以下假設：(1)師資生彼此應相互合作，共同學習成長；(2)師資生對於教學工作有強烈意願，願意承諾尋求專業成長；(3)師資生一貫的表現，是專業成長的最終目標；(4)師資生亦是一般大學學生，其他非以師資培育為主之活動及輔導機制，大學校院應有建置，而師資生也同時接受該輔導機制之管理與輔導。因此師資發展輔導模式，以培養師資生成為經師、人師為主要目標。以下以中小學師資生遴選與輔導為例：

(一) 遴選模式

　　為遴選優質學生參與小學及中學教師工作，本研究規劃教育學程遴選模式主要分成以下六項程序：

1. 預修課程（建議師範校院採用）：鼓勵想從事教職之學生，先行修習有關教職之相關學科，以了解教師需擁有的專業知能，並試探是否有興趣從事教職工作。

2. 申請門檻
(1)申請者必須在該系或該班前50%，或學生必須在大學指考或學測PR50以上，研究生不設限。
(2)操行成績80分以上。

3. 自省：對於想從事教職之學生，可填具教師生涯自陳量表，以了解是否有興趣從事教職工作。

4. 參加師資生遴選活動團隊（建議師範校院採用）：師資培育機構可進行安排如參訪弱勢者機構、參觀學校教師教學，或進行教師教學研討與報告等活動，提供想參加師資生遴選之學生了解教育現場實況，以確認教職之意願。

5. 組成遴選委員會：決定甄選項目以及各項目配分比率。

6. 進行甄選作業：甄選作業應該包括筆試（筆試可參考下列考科

或以其他方式辦理）、口試與意向測驗。

(1)筆試建議參考項目：教育綜合測驗、國語文測驗、基礎數學測驗、英文能力測驗。

(2)口試建議參考項目：人格特質、溝通表達能力（含問題解決、創造思考能力）、教育時事的了解、修習意願、任教意願、態度儀表。

(3)意向測驗方面：著重人格特質方面的了解。

(二) 輔導模式

師資生遴選完成後，如何藉由適當的輔導機制讓師資生在修習教育學程的過程中，培養師資生成為人師與經師典範的新世代教師，是本研究規劃輔導模式考量的重點。現分別針對輔導運作過程、輔導內容、輔導與評鑑工具與方式以及檢核機制說明如下：

1. 發展輔導系統運作過程

以師資生25至40名為原則，設置一名輔導教師。每學期初輔導教師與師資生共同針對輔導內容擬定成長計畫，於學期末進行成長計畫檢視。每學期輔導過程分成四階段進行（循環進行）：

(1)第一階段—擬定成長計畫：由師資生擬定成長計畫，並與輔導教師進行討論。

(2)第二階段—綜合診斷調查：由師資生自我檢視及同儕師資生檢視成長計畫之實際成果。

(3)第三階段—重點診斷調查：由輔導教師針對師資生擬定之成長計畫進行實際成果檢視。

(4)第四階段—改進努力：由輔導教師檢視成長計畫是否改善缺失。

2. 輔導內容：主要係以培養師資生成為人師與經師為主。

(1)人文關懷學習（人師）

師資生學期操行成績需達80分以上，而主要輔導內涵係以師資生品德、願意投入時間與精力奉獻教育社群、擁有人文藝術素養，以及建立良好生活常規為輔導重點。詳細內容如下：

①一般師資培育大學師資生於畢業前至少要從事志工服務50小時

（其中至少25小時需在小學服務）；而師範校院師資生則是每學
期1次。

②與師資生同儕每學期完成1項與小學的攜手計畫活動。

③每學期至少參加一項藝文活動，並提交心得報告。

④另建議師範校院，若條件允許（若無具備條件則可不強迫），可
要求並進行觀察與評比，長期生活習慣不佳者，則需退出師資生
培育。

(2) 教學學習（經師）

師資生每學期學業平均成績需達70分以上，主要輔導內涵則以展現課
程設計與教學能力，以及經典共讀為主。詳細內容如下：

①從修習教育學程的第二學期開始，每學期至少到小學進行教學實習
4小時，並做成觀察紀錄報告；而師範校院師資生則為每學期3次。

②每學期至少參加1次教學實務研習活動。

③學程修習過半後，至少連續兩學期各完成80分鐘（中學90分鐘）之
教學活動設計，並實際進行教學活動。

④採共讀方式，每學期至少閱讀教育經典及其他領域經典各1本；而
師範校院師資生則為每學期各2本。

3. 輔導工具與方式

為了解師資生是否完成相關輔導內容，可藉由學習檔案、師資生自我
報告表、同儕觀察報告表、輔導教師觀察報告表，進行檢核。

4. 最終檢核機制

每學期皆應針對師資生是否完成輔導內容進行檢核，若無法完成，則
逐行淘汰。師資生完成人師與經師的輔導內容後，師資培育機構才安排師
資生進入教學現場進行為期半年之教育實習。

三、強化師資職前必備潛在課程內涵

荀子於〈勸學篇〉提到：「蓬生麻中，不扶而直；白沙在涅，與之俱
黑。」因此，學校環境氣氛的潛在課程會長期薰陶學生。1968年美國教育
社會學家傑克遜（Jackson）在《教室生活》（*Life in Classrooms*）一書中

輔導流程

設置生活輔導教師及輔導內容

檢核機制

組框為基本型（師範校院、師資培育中心）
細框者為精進型（師範校院）

輔導與檢核

學期初擬訂成長計畫 → 自我省思同儕評鑑 → 輔導教師重點診斷 → 評核成長改善情形

遴選

預修課程：教育相關課程

門檻：學測或指考PR50以上，或是該系、班學業成績前50%；操行成績80分以上

自省：填具教師生涯自陳量表

參加教職相關活動
1. 參訪弱勢者機構
2. 參觀學校教師教學
3. 進行教師教學研討與報告

甄選：
組成甄選委員會
（決定甄選項目及比率）
1. 進行筆試、口試遴選初測驗
2. 參加教師意向測驗
3. 各校可參考再加上資料審查

公布錄取名單

人文關懷學習－人師
1. 修畢教育學程前，至少要做志工服務50小時（具中至少25小時需在小學服務）
   ※ 師範校院為每學期1次
2. 與師資生同儕每學期完成1項與小學的攜手計畫活動
3. 每學期至少參加一項藝文活動，並促進交心得報告
4. 學期操行成績需達80分以上
5. 每學期完成學習檔案

生活輔導學習－經師
1. 每位輔導資生，都需要進入團體住宿生活至少1年
2. 團體住宿生活進行評比，長期生活習慣不佳者需退出師資生培育

教學學習－經師
1. 每學期至少到小學進行教學實習4小時，並做成觀察紀錄報告
   （此從修畢教育學程的第二學期開始）
   ※ 師範校院為每學期3次
2. 每學期至少參加1次教學實務研習活動
3. 學程修畢過半後，至少連續兩學期各完成80分鐘之教學活動設計，並實際進行教學活動
4. 採共讀方式，每學期至少閱讀兩教育經典及其他領域經典各1本
   ※ 師範校院為每學期2本
5. 學期學業平均需達70分
6. 每學期完成學習檔案

完成輔導內容（註：每學期末）
達輔導規準，則可逆行淘汰次

修畢教育學程

完成輔導內容 → 完成 → 參加教育實習 → 取得修畢師資職前教育證明書

未完成 → 不予安排教育實習

圖5-1 小學教師遴選與輔導模式

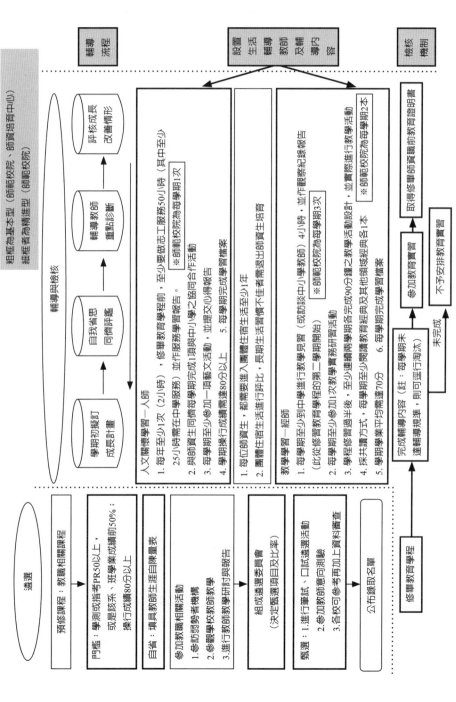

圖5-2　中學教師遴選與輔導模式

首先提出「潛在課程」（hidden curriculum）的概念，學生除了從正式課程獲取學習成果外，亦可從學校生活的經驗中獲得了態度、動機、價值觀和其他心理狀態的發展。優質的學校校園環境對學生表現有很深的影響，隱藏於學校建築文化中的潛在課程，不容忽視，可以激勵學習和教學，提供成長和發展的情境，並創造教學的實際成果（Jackson, 1968）。

有關師資培育環境應可讓一位學生自然而然地成為一位博雅專業人，這無所不在的潛在課程教育，讓學生進行心智鍛鍊，不扶而直地不斷往上發展，陶冶專業與品格。

除了前述的師資生輔導措施外（如志工服務等），以國立臺中教育大學為例，有以下五項措施可以參考：

(一) 建立「師道‧詩道」文化區

國立臺中教育大學為具百年歷史傳統之師資培育機構，歷年來培育出多位文壇與藝術界傑出人才，如洪醒夫、岩上、廖莫白、瓦歷斯‧諾幹、掌杉及陳義芝等著名詩人及文學家；藝術藝文界如林之助、呂佛庭、簡嘉助、鄭善禧及張淑美等名畫家及書法家；還有更多位師鐸獎得主，體現行為示範之積極態度，為該校建立極佳師培典範。然而，在社會快速變遷中師培多元化與家庭少子化，衝擊著師資培育機構及師培生的熱情與使命感，人師價值需要被重塑，師培生的使命感需要再培養，始能以良師之姿擔當未來師職。故該計畫擬藉由「師道‧詩道」設置活動之規劃，廣邀全校師生參與，重溫良師典範之師道精神，形塑為人師者之使命感。

(二) 開闢教學式校史室 —— 臺灣師範教育演進史的教學場域

運用原有臺中教育大學行政大樓的二樓舊教室闢為校史室，規劃為書籍文物收藏空間及校史主題展示空間。包括大事紀暨歷任院校長展廳、中教大人校園回憶展廳、特展廳、文物典藏廳等三大架構，以期脈絡分明地標示出八十五年來的歷史足跡，呈現出臺灣師範教育演進史的教學場域。

(三) 規劃設計國民教育源流廳 —— 臺灣國民教育演進史與教材史的教學場域

1895年滿清政府與日本簽訂「馬關條約」後，臺灣全島及澎湖列島割讓與日本，開始日本對臺灣的半世紀殖民統治。在殖民期間經歷忽視教育

的「建立殖民政權階段」，強調內臺共學的「進行同化教育階段」，與配合戰爭需求的「推動皇民化教育階段」，該校為日本治臺時期的臺灣總督府臺中師範學校，故有關國民教育制度的演變資料，該校保有許多第一手資料與課本教材，這些資料目前已經在求真樓具有初步雛形，可以進一步規劃成為該校臺灣國民教育演進史與教材史的教學場域。

(四) 處處畫廊，處處美感

該校美術系師生的創作作品甚多，而收藏的藝術畫作亦多，該校在各會議室與公共空間規劃出畫作展示空間，讓臺中教育大學每個校園空間都有美感藝術品的存在，而這處處美感的教育，即可在潛移默化中薰陶出每位學生的藝術欣賞能力，成為影響力最大的藝術賞析課程。

(五) 推動品德達人活動

1. 藉由「菁英獎的選拔」、「大學先生、小姐選拔競賽」與「形象大使的培育計畫」，促使學生經由典範目標風迷、模仿、學習，而促使同學朝品德優化方向發展。

2. 推動一宿舍區域為「健康宿舍區」，鼓勵學生住校，搭配宿舍環境品質的改善及宿舍生活公約（如晚上12：30熄燈、斷網路）的訂定及實施，養成住宿生良好之生活習慣。

3. 由生輔組編劇，並請幾位同學擔任短片角色，製作進退禮儀、教室禮儀、電梯禮儀、服裝儀容、電話禮儀等宣導短片，於校園電視牆播放，灌輸學生正確及適當禮儀，在潛移默化的過程裡，落實於日常生活中。

藉由關懷服務與品德活動可以強化師資職前必備潛在課程能量，期待師資生具有「九思」能力[5]——視思明，聽思聰，色思溫，貌思恭，言思

5　此出於《論語・季氏篇第十六》，也就是孔子說：君子有九種要用心思考的事：看得明確，不可絲毫模糊；聽得清楚，不能夠含混；臉色溫和，不可顯得嚴厲難看；容貌要謙恭有禮，不可驕傲、輕忽他人；言語要忠厚誠懇，沒有虛假；做事認真負責，不可懈怠懶惰；有疑惑要想辦法求教，不可以得過且過；生氣的時候要想到後果災難，不可意氣用事；遇見可以取得的利益時，要想想是不是合義理。

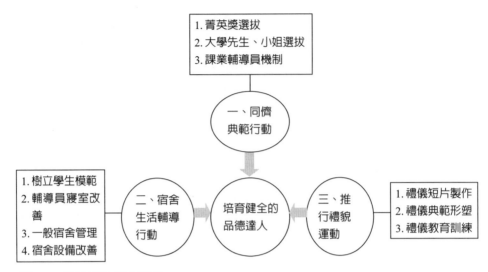

圖5-3　推動品德達人活動

忠，事思敬，疑思問，忿思難，見得思義，以協助師資生建立「儒士精神
的師道」。

參、結語

　　以上策略是臺中教育大學在2006至2014年之間，致力推動「精緻師培
政策」的教師教育改革作法，其中推動許多具體措施，以促使師資生自入
學起，以至畢業為止，能成為量少質精的教師種子。上述的內容，已經在
教師教育作法中落實，相信可以為小學師資培育培養更多優質之教師。

參考文獻

吳武典（2010年6月）。對於師範大學爭取重點師培大學的期許。**國立臺灣
師範大學師資培育與就業輔導處電子報**。取自http://tecs.otecs.ntnu.edu.
tw/ntnutecs/images/customerFile/psls/change_e-paper2006-2012/201006.pdf

吳清基、黃乃熒、吳武典、李大偉、周淑卿、林育瑋、高新建、黃譯瑩

（2006）。**各師資類科教師專業標準之研究**。教育部中教司委託中華民國師範教育學會研究之專案報告。

李麗玲、陳益興、郭淑芳、陳盛賢、楊思偉、連啓瑞、黃坤龍、林詠淳（2009）。**師資培育政策回顧與展望**。國家教育研究院籌備處研究計畫成果報告（NAER-97-08-C-1-01-07-2-07）。臺北：國家教育研究院籌備處。

教育部（2010）。第八次全國教育會議中心議題柒「師資培育與專業發展」之論述稿。臺北：教育部。

Jackson, P. W. (1968). *Life in classrooms*. New York: Holt, Rinehart and Winston.

本文出自楊思偉（2010）。精緻師資培育作法之探討與策略。「**師資培育之大學主管聯席會議**」論文集（頁75-86）。臺中：國立臺中教育大學。

第六章

二十餘年來多元化培育分析

壹、前言

　　教師是教育政策之推動者，教師素質是奠定學生學習成就的最重要基礎，是教育革新成功與否的關鍵（教育部，2012a），而師培政策會改變教師之素質，因此師資培育政策在我國始終受到高度的重視。而臺灣師資培育政策之發展，從法制面來看，分析相關法規之修訂變遷，是一個重要之研究重點。而我國師資培育政策之主要依據法規──《師資培育法》，在1994年由原有之《師範教育法》改訂完成後，距今已有二十餘年，二十年代表一個個體自孩童至成人階段，就制度而言，也應是進到成熟之階段，因此在這時候做一次總的檢討，應是恰當之時機。

　　本文擬以分析二十餘年來師資培育之政策為主軸進行探究，以《師資培育法》公布為分界點，首先，簡單敘述師資培育法公布前之師資培育政策演進脈絡；其次，以《師資培育法》公布以後之政策演進為主分析，了解我國師資培育政策發展脈絡與問題點，然後針對現行政策之問題提出討論與建議，以供未來政策發展之參考。由於作者在這階段曾經也是政策之觀察者、實踐者兼政策規劃者之角色，因此本文將以文獻分析，兼以個人所見所聞之觀點加以整理，並為這一時期師培政策之發展脈絡，提供一些見證及可供參考之芻見。

貳、二十餘年來師資培育政策發展脈絡

　　本節將以師資培育法公布為分界點，分析相關政策演進之脈絡，但重點仍是放在其後之政策發展為主分析。

一、師資培育政策之發展重點

(一) 1994年《師資培育法》後之政策發展

　　隨著臺灣政經環境之變遷，特別是1987年解除戒嚴後，受到政治民主化之影響下，一元化的師資培育制度開始受到質疑，特別是在野黨為了突破當時的威權體制，認為必須由改變師資培育制度切入，因此透過立法院之立法流程，將《師範教育法》於1994年改訂為《師資培育法》，改變了以師範校院為主之師資培育制度，開啟了臺灣師資培育的多元化時期。

最顯著的改變在於以師資培育之用語取代師範教育之用語，另促使師資培育管道多元化，除師範類大學或學院外，一般大學經教育部核准後可設立教育學程中心培育師資。在此多元化階段的師資培育法有下列幾點政策重點，包含六項（李園會，2001；伍振鷟、黃士嘉，2002）：

1. 師資培育管道多元化，各大學經申請並獲教育部核准即可設立教育學程中心培育師資生。
2. 推行師資生公自費制度並行，但以自費為主，公費生以就讀師資類科不足之學系或畢業後自願到偏遠或特殊地區學校服務之學生為原則。
3. 分流與合流式並行師資培育：師範大學可設小學學程，培育國小師資，而師範學院亦可設置中學學程，培育中學師資。
4. 採儲備式培育方式，培育大量具有資格的教師，並藉由市場機能調整師資供需。
5. 加強教育實習輔導：《師範教育法》僅規定公費生結業後需另加實習一年，自費生則無此限制。1994年《師資培育法》則要求，無論公、自費生，欲成為合格教師即需實習一年。而師資培育機構之實習輔導單位，辦理學生實習之相關輔導工作。此時期規定教育實習的範圍包含教育實習、導師實習和行政實習，清楚明訂職前教育之重要歷程與內涵。
6. 成立師資培育審議委員會，審議師資培育相關政策。

教育部依《師資培育法》第四條第二項規定訂定之規定，於2003年發布《師資培育審議委員會設置辦法》（教育部，2012d），開始運作師資培育審議委員會之業務。該委員會置委員21人至27人，其中一人為主任委員，由部長指派次長兼任，其餘委員由部長就本部各單位代表、本部所屬機關代表、師資培育之大學代表、教師代表及社會公正人士中派（聘）兼之。委員任期二年，期滿得續聘之。審議事項包括：「一、關於師資培育政策之建議及諮詢事項。二、關於師資培育計畫及重要發展方案之審議事項。三、關於師範校院變更及停辦之審議事項。四、關於師資培育相關學系認定之審議事項。五、關於大學設立師資培育中心之審議事項。六、關

於師資培育教育專業課程之審議事項。七、關於持國外學歷修畢師資職前教育課程認定標準之審議事項。八、關於師資培育評鑑及輔導之審議事項。九、其他有關師資培育之審議事項。」對於師培政策之規劃與討論獲得一些具體成果。

(二) 2003年修訂《師資培育法》後之師資培育政策發展

《師資培育法》歷經十多次之修訂後，2003年做了一次較大之修訂，先於2002年修正公布《師資培育法》第八條規定：「修習師資職前教育課程者，含其本學系之修業期限以四年為原則，並另加教育實習課程半年。」此規定將教育實習縮短為半年，並將其納入職前教育課程中，由大學端負責該事務。原《高級中等以下學校及幼稚園教師資格檢定及教育實習辦法》於2003年廢止，另修正《師資培育法》第十一條：「大學畢業依第九條第四項或前條第一項規定取得修畢師資職前教育證明書者，參加教師資格檢定通過後由中央主管機關發給教師證書……。」又於2005年公布《師資培育之大學辦理教育實習作業原則》，以作為教育實習之法令依據。其後之教育實習一般稱為新制教育實習，師資生於進行教育實習課程之前，需先取得教育實習證，再由培育之大學協助，分送至中小學進行為期半年的教育實習。在實習期間，師資生的身分為「實習學生」，仍保有學生之相關權益與保險，另政府不再提供實習津貼，且同意大學可向實習生收取教育實習所需之學分費；經過半年實習後，成績及格者，取得教師職前證書，並以此證書參加教師資格檢定，其後之教師檢定，必須參加教育部辦理之實質檢定考試，原則上測驗四個科目，通過檢定者方能取得教師證書，才獲得參加教師甄試之資格（李園會，2001；伍振鷟、黃士嘉，2002；許筱君，2005；楊思偉、陳盛賢，2012b）。

2003年以後有較大幅度的修正，課程實施等授權各師資培育機構的情形減少，採取較多的核定制精神，亦即原本採取鬆綁放權之政策，再因相關推動結果產生一些弊病，重新回到給予規範之政策途徑。其政策變化主要有以下四項（吳武典、楊思偉、周愚文、吳清山、高薰芳、符碧真、陳木金、方永泉、陳盛賢，2005；李麗玲、陳益興、郭淑芳、陳盛賢、楊思偉、連啓瑞、黃坤龍，2009）：

1. 再次回到確保教學品質之職前師資培育課程

1994年師資培育課程的訂定採國定課程制，由教育部公布師培課程相關規定，規範教育專業課程之課程架構及專門課程之對照表，大學須提出課程實施計畫（包括教育專業和專門課程表），經由教育部核定後才能實施。其結果因當時曾有大學爭取大學課程自主之運動，主張大學課程乃是大學學術自主之範圍之爭論，因而有部分大學認為若在師培課程規定採取核定制，疑有干涉大學課程自主之問題，於是透過遊說方式，1997年由立法委員提議修正《師資培育法》，認為大學有辦學自主及負責態度，爰修訂《師資培育法》「專門科目，由師資培育機構自行認定之」。不過，由於師資培育機構良莠不齊，未能認真實施培育課程者常有案例，經相關學者與社會大眾質疑後，教育部復於2003年修法，導回1994年之課程核定方式，即師資職前教育之課程，由師資培育之大學規劃後，需報請中央主管機關核定後才實施，因此師資培育課程從課程核定方式至鬆綁自主又回至課程核定制。

2. 建立完整合規定的教師資格檢定制度

1994年取得教師證書的過程，只要修畢教育學分，完成實習，提出相關書面證明，即代表分別通過初檢、複檢，可說檢定方式流於形式。直到2003年以後，修正為發給修畢師資職前教育課程證明書及落實實質的教師檢定考試，從實習完畢即可取得教師證改為須經過檢定考試。依據《師資培育法》規定，初檢與複檢是成為合格教師的必經歷程，即修畢教育學程課程並參與6個月教育實習後，再經過教師資格檢定考試及格才算完成。此次政策落實作法，有助於師資素質品質管制，更能建立教師證照制度，走向專業化之發展。

3. 縮短教育實習時間成為半年，並從有實習津貼到繳交學分費

1994年《師資培育法》頒布，明確規範及落實一年全程教育實習，政府為減經政策變動之阻力，乃編列預算發給教育實習津貼每月8,000元，2002年因為經濟不景氣及政府預算拮据，已經無法負擔大筆的教育實習津貼，且因實習教師增加許多，包括學校現場都覺得難以負荷，同時社會興

論有要求縮短教育實習期間之討論，因而教育部順勢推動改爲半年；另因爲培育大學端也認爲派遣實習指導教授需負擔許多費用，因此也改由實習生要繳交學分費，負擔實習相關費用，此項政策之改變，可謂非常重大。

4. 限縮師資培育的對象與任務，排除教師以外之教育人員

過去《師範教育法》所規範的對象有三，一是中等學校、國民小學、幼稚園及特殊教育學校（班）各類科師資；二是從事教育行政、學校行政、心理輔導及社會教育等教育專業人員；三是在職教師，以中小學學生爲核心，將與師資培育及專業發展相關人員皆包含在內，範圍較爲宏觀。但是2003年以後，修正《師資培育法》破除以前之廣義概念，刪除培育其他教育專業人員及教師在職進修之相關規定，《師資培育法》規範之培育制度僅包含教師職前培育工作，包括職前教育、實習與檢定爲止，此種限縮考量也有其盲點，無法將教師專業成長之階段納入整體規劃。

(三) 2006年以後之師培政策

師資培育多元化後，國內師資培育機構與師資生數量急速增加，在就業市場上形成了嚴重的供需失調現象，2005年甚至有準教師集體上街頭遊行，一時「流浪教師」（儲備教師）議題成爲社會重大議題。而師資生除了在量的快速擴充造成之問題外，在師資素質管控上也出現參差不齊的現象。教育部於2004年委託中華民國師範教育學會進行《師資培育政策建議書》之研究案，在此基礎上，於2006年公告「師資培育素質提升方案」（教育部，2006），進行爲期四年的推動期程，以「專業化」、「優質化」爲主要方向，在目標上確立了立基於「教師專業標準本位」之師資培育政策，以落實「優質適量、保優汰劣」策略，並兼顧師資職前培育及在職進修之整全一貫作爲，用以改善與提升師資的「質」與「量」。

1. 2006年推動「師資培育素質提升方案」

2006年師培改革方案定有五大層面九項行動方案，包含師資養成、教育實習、資格檢定、教師甄選及教師專業成長等五個層面之內涵如下：

(1) 師資養成：建立標準本位師資培育政策、協助師範／教育大學轉型發展、規範師資培育之大學績效評鑑與進退場機制。

(2) 教育實習：增強教育實習效能。

(3)資格檢定：健全教師資格檢定制度。

(4)教師甄選：建置師資人力供需資料系統與督導機制。

(5)教師專業成長：提高高級中等以下學校師資學歷、強化教師專業
能力、推動表揚優良教師與淘汰不適任教師機制。

2. 2009年推動「中小學教師素質方案」

2009年，受到行政院指示，教育部規劃公布了《中小學教師素質方
案》，奠基在先前「師資培育素質提升方案」（教育部，2009）的基礎
上，以「優質適量、專業發展、精進效能」爲主要目標，提出五大方案層
面，十大方案重點，25項執行策略，自2009年起推動至2012年爲期四年。
2009年師培改革方案依據師資培育、教師進用、教師專業、教師退撫、獎
優汰劣五個層面，組合師資養成、教育實習及檢定、教師甄選、兼任代理
代課、偏遠師資、進修及進階、評鑑、退休及福利、獎優汰劣等十大重
點；另教育部爲有效推動方案，特別將提升偏遠及離島地區教師素質、精
進教師進修制度、確立量少質精師資培育政策及促進教師專業成長機制等
四項策略作爲方案核心推動項目。以師資培育、教師進用、教師專業、教
師退撫、獎優汰劣等五個層面，歸納2009年師培改革方案的整體重點項目
如下：

(1)師資培育：確立優質適量師資培育政策、建立師資培育數量調控
規準、精進公費師資生培育制度、發展重點師資培育大學制度、
增強教育實習效能、檢定考試加考專門科目。

(2)教師進用：提升偏遠及離島地區教師素質、推動巡迴及共聘教師
計畫、研議國小教師加註專長制度、完備中小學教師支援人員制
度。

(3)教師專業：精進教師進修制度、促進教師專業成長機制、建立三
級教師進修體系。

(4)教師退撫：積極回應公私立學校教師退休問題。

(5)獎優汰劣：處理教師不適任問題，獎勵優良教師之辛勞。

綜觀上述五個層面之十項重點項目，有關第一層面師資培育部分，
建立師資培育數量調控規準、精進公費師資生培育制度、強化教育實習效

能、檢定考試加考專門科目（只做了小學加考數學科）大致落實了。惟發展重點師資培育大學制度上沒有落實。第二層面除了研議國小教師加註專長制度陸續進行外，其他部分並未有具體推動。第三層面除了促進教師專業成長機制，逐步擴大教師專業發展評鑑外，其他並未看到成效。第四層面有關私立學校教師退撫問題大致解決，第五層面有關獎勵優良教師也有一些成果。至於有關兩次政策之比較如表6-1所示，可見在政策面上，教育部也做了滾動式的政策修正：

表6-1 兩次師資培育政策方案比較

方案名稱		2006年師培改革方案	2009年師培改革方案
		師資培育素質提升方案	中小學教師素質提升方案
主要目標		1.因應多元師培政策後的專業化 2.師資培育與教師專業的優質化	1.因應少子化對師資培育的衝擊 2.促進教師生涯專業成長 3.解決城鄉師資素質落差
師資培育	師資養成	1.建立標準本位師資培育政策 2.協助師範／教育大學轉型發展 3.規範師資培育大學績效評鑑與進退場機制	1.確立優質適量師資培育政策 2.精進公費師資生培育制度 3.發展重點師資培育大學制度 4.建立師資培育數量調控規準
	教育實習	強化教育實習效能	1.檢討教育實習與檢定流程 2.推動教育實習輔導教師及實習機構認證制度
	資格檢定	健全教師資格檢定制度	檢定考試加考專門科目
教師進用		建置師資人力供需資料系統與督導機制	1.研議國小教師加註專長制度 2.完備中小學教師支援人員制度 3.提升偏遠及離島地區教師素質 4.推動巡迴及共聘教師計畫
教師專業	專業成長	1.提高高級中等以下學校師資學歷 2.增強教師專業能力	1.精進教師進修制度 2.建立三級教師進修體系 3.促進教師專業成長機制 4.推動教師專業發展評鑑及進階制度
	獎優汰劣	推動表揚優良教師與淘汰不適任教師機制	擴大獎優面向及精進汰劣法令
教師退撫		無	新增

資料來源：作者整理

3. 師培減量與師培評鑑政策

基於許多普通大學、科技大學及技術學院增設教育學程培育師資，造成大量儲備教師之出現，教育部於2004年首次公布「師資培育數量規劃方案」，要求傳統師範校院以2004學年度培育量作爲基準，強制規劃三年內（2006學年度）至少減少大學部師培量達50%以上，並開始建立師資培育評鑑規準，將依評鑑結果核減教育學程招生名額，且逐年核減學士後教育學分班及其名額。2005年教育部首次公告大學校院師資培育評鑑結果，2005年度評爲一等者，維持原培育量；評爲二等者，次年減量20%，並於次年接受複評；若評爲三等者，自次學年度起停止辦理，進行培育之退場機制。2007年也將師資培育學系納入評鑑對象。

另外，教育部於2005年開始公布《中華民國師資統計年報》，詳細統計包括培育至退休各環節之詳細數字，因此得以有效控制相關師資之人數，2012年繼續推動「師資培育數量第二階段規劃方案」，依照統計，2014學年度核定師資生招生名額是8,088名，比最高峰之2004學年度21,805名，減少62.9%。另再依照統計年報，2013學年度，核定培育量爲8,330名，同年通過教師檢定者爲5,136名，同年度通過教師甄試者爲4,287人，可見培育量大致穩定控制中。

(四) 2011年師資培育與藝術教育司成立後之政策發展

1. 師資培育及藝術教育司之設立

如前所述，師資培育及藝術教育司在教育部精簡組織之大方向下，仍能新設該司誠屬不易。在協商過程中，曾有不同意見，但最後據聞是在吳清基部長之堅持下，才得以保住設置，雖然後來和藝術教育業務結合，無法專設機構仍有點遺憾。該司設置三科，兩科主要負責師培和在職進修兩項大業務，第三科則是主管藝術教育部分。另外早在2003年教部就頒布《教育部資培育審議委員會設置辦法》（以下簡稱師審會），開始運作師培決策與監督相關機制。

2. 《中華民國教育報告書》之政策

在2010年第八次全國教育會議後，教育部於2011年公布了《中華民國教育報告書》，以作爲未來十年的教育藍圖；而在師資培育政策上，確立

了以精緻特色師資培育政策爲發展主軸，提出四項發展策略（教育部，
2011a）：

(1)擘劃師資培育藍圖，引領師資培育發展。

(2)創設「師資規劃及培育司」（當時之政策建議），統合師資培育
業務。

(3)推展師資培育優質適量，確保師資素質。

(4)推動教師專業發展法制化，確立教師專業地位。

除了上述四個發展策略之外，另再提出了師資培育與專業發展之重大
課題，在具體的行動方案中包含了「精緻師資培育素質方案」以及「優質
教師專業發展方案」，主要推動的政策重點摘述如下：(1)在組織上成立
專責單位研訂師資培育白皮書，並整合中央、地方政府、師資培育大學及
中小學等單位共同培育優秀師資，並挹注相關經費進行師資培育；(2)在
教師專業上研訂教師專業標準及教師專業表現指標，以落實師資生衡鑑與
輔導機制，推動教師品質保證機制、教師評鑑制度，並發展教師專業成長
支持系統與生涯發展進修體系等；(3)在培育上強化職前培育、培用合作
與在職進修的培育制度，從法制面、甄選面、課程面及輔導面進行調整，
落實師資培用機制，提升教師競爭力與專業力。

3. 《中華民國師資培育白皮書》之政策

經過長久之醞釀與籌劃，配合《教育部組織法》之修正，2011年教育
部在立法院政治協商下，做了很大的修調，正式設立「師資培育及藝術
教育司」，統籌規劃執行師資培育與藝術教育相關政策，教育部在精簡組
織大方向下，仍然得以設置專責單位負責師資培育業務，實屬不易之事。
其後依據《中華民國教育報告書》有關師資培育行動方案之具體措施之一
（教育部，2011a）：「研訂師資培育白皮書，作爲師資規劃及培育司業
務推動藍本，精緻規劃推動優質卓越師資培育政策」，於2012年委請專家
學者組成撰稿團隊，共同撰擬公布了《中華民國師資培育白皮書》，作爲
我國未來黃金十年師資培育的重要政策藍圖（楊思偉，2015）。依《中華
民國師資培育白皮書》的政策藍圖定義，又可將此白皮書稱爲「（ICP）
（愛師培）全方位優質師資培育政策書」（教育部，2012a），乃是奠基

於以往相關師資培育政策方案為基礎，以「培育新時代良師以發展高品質教育」作為願景，提出了「師道、責任、精緻、永續」為核心價值，並以培育具「教育愛、專業力、執行力」的新時代良師之教師圖像，提出四大面向、九項發展策略、28項行動方案，以達到職前培育、導入輔導、在職進修與專業發展等的政策落實。《師資培育白皮書》撰寫時重要的政策規劃取向如下（楊思偉、陳盛賢，2012a）：

(1)師資培育的面向不僅是師資職前教育，而是包含師資職前教育與教師在職專業發展。

(2)師資培育的範疇不僅是培育老師，也包含相關的專業支持體系。

(3)師資培育的培育機構不僅是師資培育大學，也要包含中小學及幼兒園的培用網絡。

(4)師資培育的內容不僅提供教育專業學分，更要協助師資生發展師道品德，並強化學科教學能力。

(5)師資培育的對象不單是高級中學以下教師，也包含大學教師以及學校教育的相關專業者，例如：學校行政人員、課後照顧服務人員等。

(6)師資培育的思維不是單一面向的關注，是以系統化與整體化的結構規劃。

至於其28項行動方向包括以下內容，目前師資藝教司也大致依循其內容逐步落實政策：

(1)面向一：**師資職前培育**

在此面向中規劃的行動方案，包含方案一至方案六共六個具體行動方案：①強化師資生遴選、輔導及獎勵方案；②精進師資培育課程方案；③落實師資生基本能力檢核方案；④擴大教師缺額與年年菁英公費生方案；⑤發展原住民族師資方案以及⑥發展新移民與特定師資方案。

(2)面向二：**師資導入輔導**

在此面向中的行動方案，包含方案七至十二共六個具體行動方案：①完備教師專業能力輔導方案；②精進教育實習輔導人員知能方案；③建立專業發展學校制度方案；④整合教師甄選機制方案；⑤建立初任教師輔導

與評鑑方案以及⑥穩定偏鄉優質師資方案。

(3)面向三：教師專業發展

在此面向中的行動方案，包含有方案十三至方案十八共六個具體行動方案：①建構系統化教師在職進修體系方案；②發展實踐本位教師學習方案；③建構教師支持與輔導方案；④規劃推動教師專業發展激勵方案；⑤規劃推動教師評鑑制度以及⑥加強不適任教師輔導與處理方案。

(4)面向四：師資培育支持體系

此面向中的行動方案，包含有方案十九至方案二十八共十個行動方案：①制定教師專業標準與教育專業者證照方案；②發揚師道文化方案；③建立師資培育行政協作體系方案；④完備法令規章方案；⑤確保師資培育品質與擴增功能方案；⑥推動師資培育國際化方案；⑦強化地方輔導及教育實務研究方案；⑧教育行政與學校專業人員專業發展方案；⑨活化教師聘任制度方案以及⑩大專教師教學專業發展協助方案。

就《師資培育白皮書》政策架構來看，為了考量政策之永續發展與延續性，因此在整理過程中，可說除了整合至此為止之相關政策理念與執行中之政策以外，再另加入一些新的構想與理念，具有一部分之前瞻性與理想性，為未來十年左右之師資培育政策提供一個政策藍圖。

4. 其他具有明顯成效之政策作為

(1)小學師資培用聯盟之推動

教育部鑒於過去師資培育多是由各教育大學培育，實務經驗卻相對不足，導致教師到教學現場後，大多無法實際運用理論進行教學，與在校所學產生落差。教育部表示，2011年從小學師培開始推動「師資培用聯盟」，讓師培大學和中小學結盟，增進實務學習，各師培大學並與多所現場小學建立專業發展學校（PDS）夥伴關係。

「國民小學師資培用聯盟計畫」目標為：①建構建立師資培育夥伴關係，形塑師資培育合作典範；②啟動師資培育合作循環，貫通師資培育發展歷程；③建構師資培育專業社群，導引師資培育專業對話；④深化師資培育實踐知能，提升師資培育課程品質；⑤強化教師專業發展支援，促進教師終身學習成長。這五大目標經由透過9所師資培育大學與教學實驗學

校之合作互動，進行理論與實務之意見交流，集思廣益提供相關建議，俾修正教學典範示例（含補救教學與新興議題）、教材教法研究與職前專門課程等相關內涵，以精緻教學領域專業知能，共同擘劃師資培用聯盟發展藍圖。

　　國民小學師資培用聯盟即是由各大學與中小學合作，組成專業發展學校的模式。2013年時有國立臺中教育大學、臺北市立教育大學、國立臺北教育大學、國立新竹教育大學、國立嘉義大學、國立臺南大學、國立屏東教育大學、國立臺東大學及國立東華大學等9校，以各校發展的教育特色作為各校合作分工之依據。在這9所大學當中，設有12個學習領域中心，發展出33所專業發展學校，並選出各小學具優秀教學經驗的老師，網羅到大學分享教學心得，培育成骨幹教師。另外，可讓師培生直接至PDS合作的小學實習，讓骨幹教師直接傳授實質教學經驗，達到培育與致用的目的。進而，也讓大學教授除了理論之外，又可學習現場教學經驗，讓大學與小學有互動，強化理論、實務與實習等三聯關係。當時先從小學做起，目前已經逐步推至中學，期許在未來讓師資培育形成一套完整的培育制度。

(2)協助師範校院轉型方案

　　2004年為民進黨執政時期，教育部基於培育師資數量太多，開始規劃減量措施；另因當時由於技職類專科和技術學院紛紛升格為技術學院或科技大學，一時大學過多議題開始浮出水面；為了減少大學校數，教育部開始推出大學整合之政策方針，而最先被選為整併對象的是培育中學的師範大學和培育小學的師範學院，2004年行政院同意「師範校院定位與轉型發展方案」，師範學院最終雖獲得升格為教育大學，其附帶條件就是要和普通大學合併，每一所教育大學都被指定一所合併之對象。當時各師範大學雖然規模很大，但也被指定為進行整併之政策對象。其後之發展，在2019年之現在，教育大學只剩國立臺北教育大學和臺中教育大學，前者仍在進行整併前之合作中，而三所師範大學暫時不談整合之作業。

　　同時，教育部為了強化教育大學之體質，也頒布《教育部推動師範校院轉型發展補助要點》，每年補助約一千萬元左右供教育大學強化體質，

以補教育大學不易爭取教學卓越大學之困境，此案推動約四年左右，其後補助經費逐漸減少。另外，教育部將原本提供實習生每個月6,000元之實習津貼，轉移其政策用途，也爲提升高中生就讀教育大學之意願，於2006學年度開始推動《卓越師資培育獎學金辦法》，以小學師資培育爲主。獲選者每月可得8,000元，對教育大學吸引優秀學生進入師資生課程有一些幫助。其目的爲吸引優秀學生投入教育行列，培育優質教師；確保修習師資職前教育課程之學生具教師教學基本能力、專業素養與國際視野，建立師資生楷模，並激勵師資培育之大學發展師資培育特色，帶動卓越師資培育制度，形塑師資培育良師典範，特訂定該獎學金制度。2014年基於客觀環境改變，擴大至中學師資生皆可申請，培育大學可擴充至一般培育大學，該要點也改訂爲《教育部補助辦理卓越師資培育獎學金計畫作業要點》，規範相關申請之要件。

(3) 推動教師專業發展評鑑

基於提供教師職涯發展之促力，並提升教師教學專業起見，2006年開始試辦教師專業發展評鑑（2012年改爲正式辦理），提供部分補助款獎勵學校現場試辦教師專業發展之評鑑機制，因其爲鼓勵性質，沒有強制性，因此推動速度不快。教師專業評鑑推動以後，2016學年度已有21個縣市、2,483校（占全國校數比例爲63.41%）、75,676名教師（占全國教師人數比例爲37.24%）參與，校數及教師數均逐年增加，透過教學觀察三部曲（觀察前會談、教學觀察、觀察後回饋會談）得以打開教室，突破孤立無援的教學文化（教育部，2016a）。

教育部並自2016年度起簡化教師專業評鑑相關行政流程，將評鑑規準由69個檢核重點簡化爲28個；同時亦將該部精緻教師專業評鑑網之申辦、審查、評鑑、認證、輔導、專業成長及成果報告等表件及流程進行簡化及數位化，以減輕行政負擔，教育部認爲推動這十年累積的經驗，轉型後對師資職前培育階段及初任教師將有助益（教育部，2016a）。

但很可惜地，因爲政黨輪替，教育部突然又宣布刻正研議自2017學年度起，中小學教師專業發展評鑑將轉型爲教師專業發展支持系統，其理由是將從中央、地方、學校、教師發展共好的夥伴關係，攜手研商解決教

育問題的策略，並以系統思考、盤點統整的概念，實現教育價值並給予教師專業支持、情感支持與共同面對問題的支持，提供更貼近現場教師專業成長需求，把教師專業自主權真正還給教師，促進臺灣的教育品質更加提升。教育部強調，規劃中的教師專業發展支持系統將以自發、互助、共好之概念給予教師專業成長支持，針對實習生和初任教師提供系統化之教學領導教師機制，打造客製化的服務，協助增進教學通識技巧，並透過教學領導教師帶領校內教師學習社群，進行備課、觀課、議課，帶動新進同儕教師專業成長（教育部，2016a）。

　　另外，針對年資達三年以上之教師，也朝向給予由下而上的多元專業發展模式包括揪團進修、學習共同體、分組合作學習、差異化教學、學思達、教師學習社群、學校策略聯盟及教學基地學校等更多的支持，透過持續對話、合作、分享與省思，增進教師學科知識及教學品質，期望教師專業發展政策更貼近現場教師專業成長需求，建立與教師之夥伴關係。教育部並且表示，有關各團體的具體建議，只要對教師教學有所助益，都會積極納入支持系統。但這項政策之改變，仍然引起許多爭議，也因司長換人，具體作法至2018年4月尚未確實說明，教專評鑑是否含在新的支持系統並不明朗，後續效應仍待觀察。

(4) 教師評鑑之規劃與推動

　　2010年第八次全國教育會議結論，包含當時家長團體之政策主張，有關教師評鑑之推動都是其中主軸之一，2011年《中華民國教育報告書》及《師資培育白皮書》都提到教師評鑑之政策方向。其後在家長團體之幕後推動下，特別是在2014學年度正式推動十二年國民基本教育之政策後，家長團體和校長團體都極力推動教師評鑑之法制化，但教師團體從一開始就完全反對該政策之推動，原本在蔣偉寧部長時期，就已經擬好相關腹案，並經舉辦許多公聽會等流程，規劃出一個現階段比較可行之類似教師專業發展式的教師評鑑方案，但最後因是否和年度考績結合，不同團體仍有歧見，導致在立法院被擱置；加上2016年之大選將至，該教師法修訂規劃，欲將教師評鑑入法之流程被迫中斷。

(5)推動碩士級精緻師培實驗計畫

在鄭瑞城部長時期，於2008年師範教育大學因經費補助之爭取差異較大，由臺灣師大發起由中教司改隸高教司之提案，基於高教機構行政整合之理念，以及經費掌握之重大差異，最後在行政上改隸高教司。高教司接手教育大學之督導權後，基於提升教育大學之競爭力起見，提出新的師培模式之政策評估，亦即將小學師資培育提升學歷至碩士層級之政策觀點，鼓勵各教育大學同步改變，但因為必須停辦大學部之師資培育量，各教育大學憚於變動，反對聲浪頗大，最終只有臺中教育大學通過校務會議提出四年規劃之計畫申請辦理，每年並獲得教育部四千萬之補助款。臺中教育大學在落實政策途徑中，由於校內仍有一些雜音，以及諸多限制，包括碩士生員額都要自行挪撥等，造成甚大壓力。後來相關主事者發展出規劃公費碩士班之構想，並獲得各縣市政府之支持，提供第一年30名，第二年起50名之公費生名額，以培養具備眞正包班能力，以及具備敬業熱誠之現代新教師，該「精緻師資培育實驗計畫」，代表一項小學師培之新里程，包括提升學歷水準、具備包班能力、提升教學專業能力、重視人格培育、強化多元教養之特色。

(6)推動《教育部補助師資培育之大學精緻特色發展計畫作業要點》

此項補助計畫可追溯自2003年教育推動原名稱做《教育部補助師資培育機構發展卓越師培育作業要點》之政策，其後歷經多次修訂，才成爲現今之名稱。2011年教育部爲發展精緻師資培育及學校師資培育特色，以符應本部推動師資培育重點與精進師資培育政策，提升教育品質及國家競爭力，特訂定該要點（教育部，2011b）。申請對象是針對師資培育之大學符合下列規定者：其一是最近一次大學校院師資培育評鑑爲通過；其二是最近一次教師資格檢定考試通過率達同一類科全國通過率平均值以上。

至於補助項目，原則以優質師資培育或培育致用相關措施，該要點舉例說明如下：

①發展教師專業標準與教師專業表現指標及其檢核機制，作爲修習師資培育課程學生（以下簡稱師資生）適任教職衡鑑與輔導機制、師資培育課程規劃與實施、教育實習及師資生畢業核心能力之篩

選。

②建立吸引優秀人才投入師資培育行列、師資生適性檢測、師資生遴
　選標準流程、嚴謹師資生遴選及輔導（包括汰劣）就業資訊系統
　等機制，協助師資生建立學習與專業發展檔案、取得教學相關專
　業證照，或其他強化學生就業競爭力之措施。

③配合中小學課程綱要（包括重大教育議題）、精進評量與輔導、補
　救教學及閱讀等十二年國民基本教育相關師資議題、美感教育、
　國際趨勢、電子化教學趨勢與社會需求及品德涵養等面向，精進
　師資培育課程及教育專業人員培育課程（例如課後照顧、幼兒照
　顧、成人教育、休閒運動）、進行中小學課程與教學（教材及教
　學法）研發及創新。

④強化師資生實務教學知能，辦理師資生教學能力基本檢測，設有專
　責單位推動師資培育之大學教師專業發展、精進師資培育之大學
　教師教材教法能力及引進優秀中小學教師進行臨床教學，並發展
　教育實習指導教師、教育實習輔導教師、教育實習機構認證及專
　業發展學校機制。

⑤建立完整之師資生學習及畢業後動態資料庫，掌握師資生職前養成
　及畢業後需求調查、服務單位回饋意見機制，以利師資培育之大
　學據以提供增能課程及調整職前培育課程內涵。

　　此項競爭型計畫，最高可獲得一千萬元補助，至今每年公開徵求計畫
經過專家審查，並在其中有考核報告，期末也做專案審查，並作為下年度
審查之參考，雖然經費不多，但至今已經有一些成果展現。

(7)推動《教育部補助師資培育之大學精進師資素質計畫作業要點》

　　另外，2012年開始，教育部為鼓勵師資培育之大學提升師資生素質，
以強化十二年國民基本教育所需師資，並促進大學師資培育課程授課教師
精進教學專業及夥伴學校協作機制，另訂定本要點（教育部，2012c）。

　　本案之補助要點說明，符合下列規定之一之大學且願意配合教育部政
策培育所需師資類科、辦理計畫執行成果發表、觀摩分享、推廣及扮演典
範領導、宣傳與媒體報導活動者，可提案申請：

①師範大學、教育大學及師範學院轉型之大學，並將師資培育納入學校組織規程，及明定以培育師資爲宗旨。

②前款以外最近一次大學校院師資培育評鑑獲一等或通過之師資培育之大學。

其次就補助項目、原則及基準強調如下內容：

①提升師資生素質（依學校培育類科規劃）：

A. 強化十二年國民基本教育相關理念及策略之職前師資培育課程（包括實地學習），如有效教學、分組合作學習、差異化教學、學科（領域、群科）教學、班級經營、親師溝通、多元評量、補救教學、適性輔導等。

B. 強化與幼托整合理念及策略相關之職前師資培育課程（包括實地學習）。

C. 強化師資生國際化之知能，並實施強化師資生基本研究能課程，鼓勵師資生進行課程與教學或臨床教學等之研究，及就任教職時能進行以研究證據爲本之教學；其需國外旅費者，由學校自籌經費。

②促進大學師資培育課程授課教師精進教學專業及夥伴學校協作機制：

A. 大學教師與中小學及幼兒園教師協同或臨床教學。

B. 強化教學實務及各類科教材教法教學知能與研究。

C. 規劃推動師資培育之大學與中小學及幼兒園合作學校之夥伴協作機制（包括專業發展學校），以促進學校革新。

本案最高補助五百萬元，每年依學校性質分類通過補助學校，也對師培大學有若干具體幫助。

(8)公布教師專業標準指引

教育部依據上述各次政策相關報告書，強調應建立「教師專業標準」及「教師專業表現指標」，本案特別依據2011年發布之《中華民國教育報告書》中「伍、精緻師資培育素質方案，三、具體措施：2-1-1成立教師專業標準及表現指標專案小組，規劃推動師資職前培育及在職教師專業表

現檢核基準；2-1-2依據教師專業標準及專業表現指標，落實師資生特質衡鑑及輔導機制，精進師資培育課程、教育實習及教師資格檢定，發展教師專業成長、教師評鑑檢核指標」之政策文件，乃委託學者規劃教師專業標準及專業表現指標。目前草案已經完成，且經過公聽及現場模擬實作等過程。

　　2016年教育部終於公布「教師專業標準指引」（教育部，2016b），該標準依循《中華民國師資培育白皮書》揭櫫我國理想教師圖像，據以研發十大教師專業標準及29項教師專業表現指標，包含教育專業、學科教學、教學設計、教學實施、學習評量、班級經營、學生輔導、專業成長、專業責任及協作領導等面向。教育部說明該標準指引未來可作爲各師資培育之大學、縣市政府、各級學校及教師規劃下列事項之參考：

①師資培育大學規劃職前師資培育課程。

②師資培育大學與中小學／幼兒園安排師資生實習輔導與評量。

③教育主管機關辦理教師甄選及精進教師專業成長措施。

④辦理教師專業發展單位規劃教師專業成長活動。

⑤教師自我檢核教師應有的專業表現自主終身學習及落實教師專業成長。

(五) 2017年《師資培育法》修訂

　　2017年6月《師資培育法》第十四次修正了全文27條，本次修訂後之《師資培育法》，教育部表示，係爲符應時代潮流與國際趨勢，提高師資培育品質，改革重點包括（教育部，2017）：

　　1. 以學生學習爲中心調整師培理念。教育部說依當前國家教育施政核心理念，以學生學習權取代國家教育權，師資培育目標調整爲以學生學習爲中心（learner-centered）之教育知能，並加強多元差異、社會關懷及國際視野之涵泳。

　　2. 調整教師資格考與教育實習順序，實施先資格考後實習制度。教育部表示實施「先教師資格考後實習」培育制度，可改善每年約四成考生（3,000至4,000人）未能通過教師資格檢定考試所形成的實習資源耗費問題，並選擇適量質優之師資生參與教育實習，有助提升實習品

質。另為兼顧實習學生經濟情況，教育部亦採取補助具低收入戶或中低收入戶資格之實習學生每人每月1萬元，6個月發給6萬元助學金。以及開放實習學生得於實習期間參與補救教學、課後扶助、中小學代課教師、幼兒園代理教師，但每週授課節數總累計以不超過8節為限。

3. 中央主管機關將訂定教師專業素養指引。教育部說明，新法實施後，將配合十二年國民基本教育，推動調整師資培育課程，鼓勵師資培育大學進行臨床教學、發展教材教法等，以培育師資生具備素養導向課程、原住民族、新住民等族語文化等重大議題之教學能力，並培養教師基本素養。

4. 頒布師資職前教育課程基準，鬆綁師資培育課程規範。將授權師資培育大學自訂師資職前教育課程，各師資培育大學可自訂培育課程，有利規劃實驗課程，與民間機構合作，符應實驗教育師資需求，提升師資素質。

5. 開放偏遠地區代理教師、海外學校教師2年年資折抵教育實習。另外，師資生將來可選擇參加教師資格考試通過後，赴偏遠（鄉）地區擔任代理教師、海外學校擔任教師，以2年教學年資抵免半年教育實習，有助改善這些地區教師甄選聘用不易情形，同時亦提供實習學生多一個學習選擇且有薪資機會。進而，未來師培大學能廣泛與民間單位、基金會合作，透過精進課程及資源共享等，提供偏遠（鄉）地區更優質之師資。

6. 訂定適用新舊法之過渡條件。對已修習師資職前教育課程而未完成教育實習課程者，自修正施行之日起六年內，得先申請修習教育實習；完成教育實習課程者，自修正施行之日起十年內，得適用本法修正施行前之規定。

此次《師培法》之修訂，其影響層面非常鉅大。其中有關先教檢後實習，是經過多年討論之共識，較無爭論。但第3與4點有關師培課程之改革，在前期曾經推動過，但因為有一些弊端，乃再回歸由教育部規範之作法。因此此次再次提出，也產生許多不同意見，反對者認為其以新自由主義為主要理念，推動鬆綁方向，到底對教師培育政策具有正向意義，或是

造成教師素質更加下降，仍待更多討論。

參、現行政策脈絡之特色與問題

一、政策與相關措施之特色

(一) 政府努力推動多元化培育政策相關作為

師資培育由所謂傾向「一元化」之培育，走向現今之「多元化」之培育方向，有其歷史發展之必然趨勢，目前已經是不可逆之發展途徑，因此可以看到這二十年來，政府主政單位一直努力推動多元培育之政策主軸，雖然其中產生了相關矛盾之情結，但最終政策主調還是回到多元培育之主軸路線，政策信心並沒有動搖。

(二) 中央主政機構成立專責機構——師資培育及藝術教育司

這雖不一定是政策主要內涵，但應是二十年來除了師培政策外之重大發展成果。有了專責單位，代表多重意義，例如顯示政府重視師培，延續尊師重道之傳統，期望讓教師教育能有更好之發展等。

(三) 政策規劃以滾動方式逐步發展落實

依據上述分析，從第八次全國教育會議，至教育報告書，至師資培育白皮書，政策相互延續，內容彼此互相結合，且看到逐步滾動發展之軌跡，這是政策能夠統整規劃之優良案例，雖然內容可能仍然有部分討論之空間，但整體而言是往積極方向邁進。

二、應該改善之問題

隨著社會潮流之改變，推動多元開放及市場化機制，的確擴大了師資培育的學校廣度，豐富了多元化的師資來源，然而在大量儲備及少子女化之影響下，師資培育政策面臨到嚴重供需失衡的問題；再者，隨著師資培育機構無法有效規範設立，大量快速增設後，在教師品質上也遭受質疑，相關學者伍振鷟、黃士嘉（2002）、許筱君（2005）、楊思偉、陳盛賢（2012b）已經討論許多，茲再整理以下五點說明培育政策之重大問題。

(一) 整體而言政策發展都在處理多元化師培制度造成之問題

回顧這二十年之政策發展，當師培法制定公布，並建構完成相關法

令層級之配套措施後，一直有不同意見出現，因此後續不停地做一些微調，導致約十年時間都在處理修法微調政策內容之問題；至2003年做大方向之修法調整後，政策架構才算穩定下來。但儲備教師（流浪教師）過多議題已經產生，且成為社會問題後，政策開始忙於處理師資生減招問題，另外要求師範大學整併議題也同時被端出，導致形成一段非常不穩定之動盪期。

(二) 主政單位中教司或師資培育及藝術教育司未能受到重視

教育部主政單位，無論是中教司或師資培育及藝術教育司，一直都是比較不受重視的單位，政府機構油鹽柴米，所需經費很多，但就教育部而言，年度經費裡面，師資藝教司所能獲得之經費分配只是少數，一年約只有四億之經費預算，且必須分一部分經費給藝術教育措施，歷次爭取較大計畫，如特色精緻教育大學計畫，都無法獲得青睞，這是令人深覺遺憾之事。

(三) 就業不易造成新進優秀學子不願修習師培課程

《師資培育法》公布前，我國師資培育採取計畫式的師資培育，供需大致依推估決定，尚可處理相關供需問題。但自1994年後多元化儲備制的師資培育使得師資生的數量急速增加，以教育部統計每年核發合格的教師證書人數與每年正式教師的人數相比，每年合格教師取得正式教師的百分比逐漸下降，由1997年的80.08%，到2009年只剩17.53%（許筱君，2013）。近年來在教育部進行員額管控機制，並運用政策要求提高各級學校之教師員額管控百分比例後，供需情況已有改善，但供需失調問題，仍然造成許多優秀學子卻步，不願意投入教職儲備行列，仍是當前師資培育政策之重大隱憂。

(四) 師範校院逐漸喪失中堅穩定的地位

1994年《師資培育法》公布後，開啟多元師資培育機構之設置，衝擊傳統師範校院在師資培育上之典範地位。加上政府2000年以後，在高等教育階段推動整併政策，主張以經濟規模觀點，決定大學校院之存廢，毫不考慮專業大學之特色功能，第一波強力主導師範大學和師範學院（教育大學前身）之整併政策，一方面強力配對逼迫整合，一方面要求傳統師範校

院轉型，至今除了傳統培育中等師資的三所師範大學外，培育小學師資的傳統師範校院僅剩國立臺北教育大學、國立臺中教育大學兩所，也因此傳統師範校院在內外環境衝擊下不僅培育量減少，在校內專業科系上也被迫要求改變，乃逐漸喪失穩定中堅的師道典範力量，師範教育大學一般大學化以後，令人擔心以往優秀師範典範及功能將如何持續傳承。

(五) 缺乏有效控管教師專業素質之專業標準政策文件

　　教師專業素質之品質保證與檢核，應包含師資生的選拔階段、執行師資培育之育才階段，以及成為正式教師後的專業成長階段。但當前教師素質之檢視並未有一套具體的專業標準作為規準，以據為檢核之最高指標依據，也因此常有各師培大學培育之師資種子素質參差不齊，實務現場也認為師資生之理論與實務難以結合，難以有效達到「培育與聘用相配」的功能；而在成為正式教師後的教師專業成長，又常常僅是應付法令規範所要求的時數，或依照統合視導的研習時數進行，難以真正實施體系性以及與教學實務有關的專業成長活動，目前雖已有實行多年的教師專業發展評鑑作為提升教師專業成長之途徑，然該方案係採自願性參加，也難以全方位檢核教師素質。因此如何建立一套包含「選才、育才、專業成長三位一體」的教師專業標準與專業表現指標機制，並全面推行於教師教育各階段，乃是當前所面臨的挑戰，2018年教育部已訂定教師專業素養指引，以作為教師教育之指引文件，希望能改善這些問題。

(六) 應朝向立法規範中小學教師評鑑（楊思偉，2017）

　　這些年來，有關教師專業成長政策，因在《教師法》相關法規中明定教師有在職進修之權利與義務，所以也有許多正式或非正式之進修活動在展開中。官方部分由各層級政府，包括中央教育部及國教署、地方政府及各級學校分別辦理在職進修課程或活動，另由各類大學辦理學位、學分與非學分之進修活動，各種形式之專業成長活動琳琅滿目，而由民間團體所辦理之進修課程也有相當數量，也同時獲得承認。最近更由於「翻轉教室」與「學習共同體」等理念流行，也促使由教師個人或團體所推動之各種教學改善活動，所謂草根式改革運動，由下向上推動，充滿朝氣，這些都是正向之教師教學能力改革活動，但都是非制度性之作為，有一些老師

會主動參加，但畢竟仍是少數，所以是否能全面帶給學校教師提升教學能力尚待探討。

　　至於與教師專業發展有關的官方較爲正式推動之措施，應是從2006年自「試辦」至「正式」辦理之高中以下各級教師之「教師專業發展評鑑」政策，作爲教師專業成長之一項政策，其可算是較爲完整之政策。該政策主旨是要提升各級教師教學能力、促進專業發展，整體而言，可說是已經發展到較爲成熟之政策，這些年來也對現場教師提供一項專業成長與職涯進階之良好管道。但因爲顧及教師團體一向標舉反對之立場，所以該政策推動一直是以緩進之腳步發展，鼓勵學校參加，所採方式是自願性的、可部分辦理的，也一定要經校務會議或課程委員會通過才能辦理，因此據統計，目前推動之學校或人數仍只占全部的約半數左右，雖然其成果已經非常不易，本可以繼續努力下去，教育部原主政團隊也很認眞繼續規劃推動之期程與策略，但非常可惜地，在政權更迭之後，目前民進黨教育首長在懷著「反評鑑」的意識形態，逢評鑑必反之心態下，將好不容易已經辦理十年之該政策，突然於2016年喊停，宣布改爲「教師支持系統」，可說讓學界和學校現場傻眼及跌破眼鏡。原本教育部師藝司規劃之政策目標，是將「教師專業發展評鑑」逐步轉入「教師評鑑」，並已經進行各種準備階段之措施。亦即，當暫時無法修訂《教師法》之相關條文，無法將教師評鑑納入法條，以促使其法制化之前，可先實質地用其他方式，讓教師評鑑之理想逐漸實踐及落實，因爲這是國際趨勢與社會期待。不過，目前乍然喊停，施行所謂「教師支持系統」，雖然仍將「教師專業發展評鑑」包入支持系統中之一項，但是否會繼續推動，應是凶多吉少了，值得繼續關注。

　　談論有關中小學是否該推動教師評鑑政策時，個別教育學者可能也有一些不同想法，但就教育學界和現場教師來看，應該大多會同意實施中小學教師評鑑之政策。因爲在2013年前後，筆者在擔任教育大學校長時，曾協助師資藝教司規劃教師評鑑政策，當時評鑑大原則和評鑑架構都已經完成，而爲了徵詢更多意見，召開非常多次的政策諮詢會和公聽會，也曾經進行大規模之問卷調查，得到教育學者支持，而一般教師約有六成左右乃

是同意教師評鑑的，這在一般人都會擔心受評的心理下，仍有過半數以上表示同意，實在非常不容易，可見就教師個體來看，其實大多數教師也不一定會懼怕教師評鑑這政策的。

另外，就教育相關三大團體立場來看，校長協會和家長團體全力支持教師評鑑政策，僅有全國教師工會（全教總）反對該政策，並動員全部力量向國會議員遊說反對。有關過去修訂《教師法》相關條文之進程，在國民黨主政時，曾經進到立法院教育委員會審議階段，但最後因前兩團體在是否將「評鑑結果和教師年度考績掛勾」意見不同，導致退回重議功虧一簣，以今日政治氣氛長遠觀之，以後該修正法規議案恐永遠不會出頭天了。

就反對之立場與觀點論之，據筆者所知，他們常以「教師已經很好不需評鑑」、「教師評鑑和教師教學能力提升無關」、「各國不一定有推動教師評鑑」等從第一步「需不需要」就持反對立場，如果立場有些站不住，就進到「不反對評鑑這件事，但評鑑具體架構需要仔細思考」、「不同意行政人員擔任評鑑人」、「應由教師團體擔任評鑑主持單位」、「評鑑不能和考績結合」等，而事實上當時辦理公聽會時已將規劃之整體方案端出討論，很少教師團體成員會論及具體內容之意見，可見當時對具體內容並無太多意見，只是因立場問題，乃自始至終發言反對。

以臺灣現今政治環境來看，教師團體目前對教育政策決策之影響力很大；另教育主政單位很難較中立推動教育政策，常受政治干預，且缺乏強有力肯擔當之教育首長之現況下，任何對臺灣教育發展有益且具長遠性效益之政策都很難推出。所以其實也不用針對推動教師評鑑之必要性再作討論，因為相關討論已經很多，而且當「教師分級」、「教師證換證」、「淘汰不適任教師」等周邊配套政策也無法端出之際，針對教師評鑑政策，只是有無魄力「做不做」的問題而已。如果考量臺灣之競爭力，期望給予學生更多之教育力，乃至對教師職涯發展有一正向督促及激勵之政策機制，推動教師評鑑絕對是當務之急的政策。

教育部於2011年公《中華民國教育報告書》，其中提到主要四項和師資培育有關之措施，包括(1)推動（制定）師資培育白皮書；(2)訂定教師

專業標準及教師專業表現指標；(3)修正《教師法》並完備相關配套，推動中小學教師評鑑；(4)獎勵優秀教師及積極處理不適任教師。教育部乃於2013年公布《師資培育白皮書》，2016年2月15日頒布《教師專業標準指引》，供各師資培育大學、縣市政府、各級學校及教師參照採行，可見教育部是依照相關教育政策文件一步步在推動的。但目前因換黨執政，政策面臨大轉彎問題，主政單位也因為人事異動，政策幾乎快胎死腹中了。雖如此，基於教育發展有其必然之趨勢軌跡，因此筆者仍提出有關教師評鑑之解決策略如下，因受限於篇幅，僅概述要點如下：

1. 修訂《教師法》等法律，將教師身分確定為「教育公務員」身分。
2. 將「教師專業發展評鑑」，納入「教師支持系統」政策之一繼續辦理。
3. 教師評鑑結果之應用應和教師年度考績結合。
4. 推動期程，可從新進教師開始推動，舊制者採取鼓勵方式推動。
5. 將教師分級及換證政策同步規劃，並從新進教師開始推動。

肆、結論與政策建議

一、應確立多元化、專業化及優質化之師資培育目標

現階段師資培育之培育目標已有《師培白皮書》揭櫫之理想藍圖等，但個人認為，現階段最重要之培育目標包括多元培育、專業主義、標準本位及品質保證等理念。筆者有一個基本概念，亦即在最困難之時機，更需要做整頓，因為師資良窳之影響會是三十年之大事，所以強調上述理念時是最重要的。

此次2017年大學師培課程之放鬆管控，如果沒有配套措施，整體規劃師培相關藍圖，包括入口、師資生篩選、培育流程、模擬實習、資格考試、教育實習以及培育大學運作機制改善等系統之改革，培養量少質精之目標仍待檢驗。

二、師資培育政策是國安議題

師資培育也像人口議題一樣，應視為國安議題，這絕不是危言聳聽，國家一切發展之基礎，都需靠優良師資來培育優良學子，這是最根本之政策議題，也是國家經濟投資中最有效益之策略，期望有重視師資培育之領袖，希望有重視師資培育之部長，這是目前教育發展之最大問題。

三、期望行政體系有魄力主導政策

這議題有教育部層級和主政司處兩層級之問題，政策實施重在有魄力推動，雖然在泛民粹主義下，政策推動有一些阻礙。政策推動需要溝通，上層政策有和立法院溝通之問題，但屬於專業之政策，應該有所堅持，敢於做政策辯論。而對於屬於主政機關職權內可以決定之作為，應該敢於承擔與說服，並大膽地進行。目前最缺乏這樣之教育官員，所以顯得政策延滯，拖泥帶水，無法讓民眾有感政府之政策作為，期望有為之政府官員敢於發揮政策魄力。

四、師資培育審議會之任務應該檢討

師資培育審議會自成立以來，雖然發揮了統整政策之功能，但目前因兼有代表性與專業性之性質，成員相當多元，也代表不同團體之利害關係，因此有時會議難以達成共識。依照其設置辦法之任務，特別是審議(1)關於師資培育政策之建議及諮詢事項；以及(2)關於師資培育計畫及重要發展方案之審議事項。到底該委員會是審議諮詢功能，或可以決議相關政策，而教育部必須遵循會議決議事項進行，法條中並沒有清楚界定，目前運作方式，可以決議之權利似乎偏大，為了有效執行責任政治之應有權責與責任議題，應該有所調整，將會對師資培育制策有所助益。

五、繼續推動公費生師資培育制度以吸引優秀人才

師資培育公費生制度在臺灣師資培育制度中最大的特色所在，這種作法乃基於臺灣教育文化發展及現行政經情勢下之優質政策，有其必然之歷史文化背景與時代趨勢，維持公費生制度有下列優點，包含：(1)吸引優秀人才進入教師隊伍，培養最優秀之師資；(2)鼓勵清寒優秀學子升學師

資培育大學或科系，促進社會地位流動，落實社會公平正義，消弭因家庭社經落差所造成之社會階層再製問題；(3)可經由嚴格之培育流程，重視人格素養，培養更優質兼具教育力、執行力與熱誠之師資種子。目前教育部逐步推動公費生制度，適度增加名額，但是要由各培育大學與地方政府合作爭取，雖然數字年年增加，但仍無法提供有志與有能之青年順利進入師培課程，仍需做更多調整。

六、其他相關改進措施

師資培育政策中，其他尚有一些議題值得探討與推動，例如鼓勵推動師培模式之實驗、重視師資生之學習成效之控管、推動師培特色大學之政策、中小學師培育之合流、師資培育課程之調整等；最後，仍必須強調的是，期待有擔當之行政機關能拿出魄力，對於好的師培政策應該勇敢地落實與推動，不必憚於一點不同聲音就不敢推動，對於政策之承諾，也應該信守之並持續推動，否則徒法不足以自行，有魄力的教育行政機構是這階段最需要的。

參考文獻

中華民國師範教育學會主編（2012）。**師資培育黃金十年**。臺北：五南。

王麗雲（2006）。**教育研究應用：教育研究、政策與實務的銜接**。新北市：心理。

伍振鷟、黃士嘉（2002）。臺灣地區師範教育政策之發展（1945-2001）。載於中華民國師範教育學會主編，**師資培育的政策與檢討**（頁1-28）。臺北：學富文化。

吳武典、楊思偉、周愚文、吳清山、高薰芳、符碧眞、陳木金、方永泉、陳盛賢（2005）。**師資培育政策建議書**。教育部委託中華民國教育學會研究。

李園會（2001）。**臺灣師範教育史**。臺北：南天。

李麗玲、陳益興、郭淑芳、陳盛賢、楊思偉、連啓瑞、黃坤龍、林詠淳
　　（2009）。**師資培育政策回顧與展望**。國家教育研究院籌備處研究計畫
　　成果報告（NAER-97-08-C-1-01-07-2-07）。臺北：國家教育研究院籌備
　　處。

教育部（2006）。**師資培育素質提升方案**。取自http://www.rootlaw.com.tw/
　　LawArticle.aspx?LawID=A040080061003000-0950223

教育部（2009）。**中小學教師素質提升方案**。2019年2月10日取自https://
　　ws.moe.edu.tw/001/Upload/userfiles/%E4%B8%AD%E5%B0%8F%E5%AD
　　%B8%E6%95%99%E5%B8%AB%E7%B4%A0%E8%B3%AA%E6%8F%9
　　0%E5%8D%87%E6%96%B9%E6%A1%88.pdf

教育部（2011a）。**中華民國教育報告書**。臺北：教育部。

教育部（2011b）。教育部補助師資培育之大學精緻特色發展計畫作業要
　　點。取自http://edu.law.moe.gov.tw/LawContent.aspx?id=FL024842&KeyW
　　ord=%E7%B2%BE%E7%B7%BB%E7%89%B9%E8%89%B2%E7%99%B
　　C%E5%B1%95

教育部（2012a）。**中華民國師資培育白皮書**。臺北：教育部。

教育部（2012b）。**卓越師資培育專刊**。臺北：教育部。

教育部（2012c）。**教育部補助師資培育之大學精進師資素質計畫
　　作業要點**。取自http://edu.law.moe.gov.tw/LawContentHistory.
　　aspx?id=GL000952&Key Word=

教育部（2012d）。**教育部師資培育審議會設置辦法**。2019年2月10日取自
　　https://law.moj.gov.tw/LawClass/LawAll.aspx?pcode=H0000051

教育部（2016a）。**教師專業發展評鑑將於106學年度起轉型為教師專業發展
　　支持系統**。取自https://www.edu.tw/News_Content.aspx?n=9E7AC85F1954
　　DDA8&s=55BD57743E88E277

教育部（2016b）。**中華民國教師專業標準指引**。取自https://depart.moe.edu.
　　tw/ed2600/cp.aspx?n=45AF7B22B274D558&s=B7DDBFCACE3EB8F9

教育部（2017）。**立法院通過「師資培育法」修正草案**。取自https://www.
　　edu.tw/News_Content.aspx?n=9E7AC85F1954DDA8&s=CE34879D0F89

3E37

許筱君（2005）。**我國師範校院轉型策略之研究**。國立臺灣師範大學教育政策與行政研究所碩士論文，未出版，臺北市。

許筱君、蕭雅云（2011年11月）。建立臺灣文教行政人員專業認證制度之探究。「**2011華人社會的教育發展系列研討會──教育對話**」發表之論文，澳門大學。

許筱君（2013）。我國師資培育大學發展及轉型變革策略之研究。載於中華民國師範教育學會主編，**培育新時代良師**（頁91-115）。臺北：五南。

楊思偉、陳盛賢（2012a）。師資培育的黃金十年。**師資培育專業通訊，21**，6-7。

楊思偉、陳盛賢（2012b）。我國師資培育制度之變革與未來動向。載於中華民國師範教育學會（主編），**我國師資培育百年回顧與展望**（頁1-20）。臺北：五南。

楊思偉（2015）。師資培育政策背景。載於楊思偉、陳木金、張德銳、黃嘉莉、林政逸、陳盛賢、葉川榮，**師資培育白皮書解說──理念與策略**（頁1-6）。新北市：心理。

楊思偉（2017）。教師評鑑政策發展之芻議。收錄於黃昆輝等主編，**當前臺灣重大教育問題的診斷與對策**（頁188-192）。臺北：五南。

本文出自楊思偉（2015）。二十年來臺灣師資培育政策之回顧與檢討。收錄於吳清基、黃嘉莉主編，**師資培育法──二十年的回顧與前瞻**，中華民國師範教育學會出版（頁1-31）。另外教師評鑑章節部分參考，楊思偉（2017）。教師評鑑政策發展之芻議。收錄於黃昆輝等主編，**當前臺灣重大教育問題的診斷與對策**（頁188-192）。臺北：五南。

第七章

從政策變遷角度論
教師教育

壹、政策變遷與政策典範

貳、臺灣教師教育政策的改變情形

參、以政策變遷觀點分析臺灣教師
　　教育政策的改革

肆、臺灣教育教育政策的問題與發
　　展趨勢

　　1994年公布《師資培育法》以來，臺灣教師教育[1]政策經歷跨時代的變革，原本師資缺乏的情形轉變為儲備師資過多，原本一元化、計畫性、分發制，並以師範校院為主的培育方式，今日已經朝向多元化的師資培育政策，且以儲備性、甄選制等自由甄選機制選用師資。臺灣自改變教師教育制度以來，師資養成與教師專業固然呈現了嶄新的面貌，卻也帶來了嚴峻的挑戰。

　　臺灣教師教育政策近二十多年由一元化改變成多元化，由國家管制變成大學自主，不過2003年以後又些微趨向國家控制，這些教師教育政策改變的過程，係屬於政策變遷（policy change）的過程。此變遷的背景乃是臺灣在1990年代受到外在政治環境民主化的影響，與當時的教師教育體制未能適時回應提升教師教育素質之需求，而產生教師教育政策的解構與再建構歷程，解構原先的一元化政策環境，再建構多元化政策環境，而形成政策變遷。

　　政策變遷乃是有關備選方案及選擇方案被評估及修正的過程，大致上會有維持現狀（maintenance）、接續（succession）、創新（innovation）與終結（termination）等四個樣態（Hogwood & Peters, 1983; Sabatier, 1988）。Hall（1993）針對英國經濟政策從凱因斯主義轉變為貨幣主義的

1　有關「教師教育」的概念，臺灣在1994年以前沿用國民政府公布的《師範教育令》名稱，以「師範教育」統稱所有的教師專業活動，1994年公布《師資培育法》以後，則以「師資培育」代之；中國大陸過去也是使用「師範教育」一詞，且有「師範教育司」，惟1998年梁忠義、羅正華（1998）在《教師教育》一書的前言中首先使用了「教師教育」的名稱，認為「教師教育包含著教師培養和教師進修的職能，是職前與職後兩種教育的綜合概念。……師範教育通常是指職前教師培養，外延不及教師教育寬。」後來2002年中國大陸教育部發表《關於「十五」期間教師教育改革與發展的意見》中，主張研究與制定《教師教育條例》，自此中國大陸多使用「教師教育」一詞。本章認為「師資培育」也容易僅被視為職前的教師專業活動，而忽略了教師的在職專業發展。所以在研究過程中，如果不固定用語，且牽涉到職前師資培育與教師專業發展時，也是用「教師教育」一詞，並以此政策語言代表一個教師教育的新典範。

個案，參照Kuhn（1962）的「典範」（paradigm）與「典範轉移」（para-
digm shift）概念，認為政策變遷也會有出現異例、轉移、新典範逐漸穩定
的過程，而提出「政策典範」（policy paradigm）的概念。

臺灣教師教育政策從一元化師資培育（1979-1994年）轉變為多元化
的師資培育（1994年迄今），2012年準備從重視職前師資培育轉變為更重
視教師專業發展，可用政策典範的概念加以分析。其次2003年以後逐步以
教師專業標準的概念調整多元化師資培育的發展方向，形成所謂的政策學
習（policy learning），不同教師教育典範彼此互動，將有可能孕育出未來
臺灣新的教師教育典範。

本章擬先說明政策變遷概念，再簡要說明臺灣教師教育政策至2012年
前後的改變情形，再以政策變遷、政策典範、政策論述的觀點分析。

壹、政策變遷與政策典範

Hogwood和Peters（1983: 1）在《政策動力學》（*Policy Dynamics*）一
書提到，大部分政策學者未能明瞭「變遷」的真正意義而無法掌握政策
的動態，因為雖然可常聽到新政策的制定，但是完全的新政策在政策議程
中所占的比例很少，多數的政策是以政策接續的方式呈現新政策。不過，
所謂的政策變遷並非是將政策問題界定、政策規劃、政策合法化、政策
執行、政策評估的線性歷程，亦即政策變遷通常不會是政策的演進（evo-
lutionary），而是以非線性、有限理性的方式在進行政策，所以應以「變
遷」一詞取代「演進」（Lester & Stewart, 2000）。以下說明政策變遷，再
引導說明政策典範與政策論述，建立起本研究觀點。

一、政策變遷

Lester和Stewart（2000）以文獻回顧的方式認為政策變遷可分成三種
類型（typology）：循環論（Cyclical Thesis）、反彈或鋸齒形態論（Back-
lash or Zigzag Thesis）、政策學習論（Policy Learning Thesis）。循環論認
為國家政策干預會在公共福祉與個人利益之間不斷改變，而改變的歷程就
會造成政策變遷，此歷程類似鐘擺效應。反彈或鋸齒形態論認為政策利益

在不斷在相互競爭的階級與聯盟中反彈流動，形成政策變遷。而政策學習論認為政策變遷是政策次級系統中各種倡議聯盟的互動結果，或是政策次級系統的外在改變，或是政策穩定系統變數的變動。

國內學者莊文忠（2004）整合相關政策變遷文獻，認為如果政策依據政策行動者對政策變遷的主導程度，由低至高依序歸納出五種政策變遷的途徑：循環途徑（cyclical approach）、機會途徑（opportunistic approach）、共識途徑（consensual approach）、學習途徑（learning approach）及設計途徑（design approach），循環途徑以整個政策環境的自然變遷為主；機會途徑強調政策在政策企業家（policy entrepreneur）努力下，將問題流程（problem stream）、政策流程（policy stream）與政治流程（political stream）匯集在一起形成政策之窗（policy windows），此窗在稍縱即逝的短暫時間裡匯流在一起時，才會形成政策議程而開始引發政策變遷；共識途徑採用漸進主義的觀點，認為政策變遷是在政策接續的過程中，不斷建立政策的共識性目標與知識，再引發政策變遷；而學習途徑如前倡議聯盟之方式，至於設計途徑則是強調政策設計者提出政策問題，在政策處理方式下，與政策企業家共同催化政策變遷。

二、政策典範

Kuhn（1962）認為典範具有兩種意義，一種是由共同成員因為信念、價值、技術相同而組成社群；另一則是對所要解釋對象的謎題解答（puzzle-solutions），且此解答會被視為範例，剛開始典範的適用性極為有限，等到此典範可以解答全面性的問題時，就會建立起新的典範。Hall（1993）針對英國戰後從凱因斯經濟學轉變為新右派的貨幣主義，兩者政策主張的社群不同，提出政策處理方式不同，最終由後者取代前者，成為經濟政策的主導社群。因此政策典範可說明政策制定參與者認為可能有用和值得考慮的備選方案範圍，而這範圍會被一組認知背景假設（cognitive background assumptions）所約束著（Howlett & Ramesh, 2003: 232），所以政策典範會影響人們理解政策問題及其因應方式的可行性，與其所包含的信念、價值和技術，以下說明政策典範轉移的意涵、三層變遷。

(一) 政策典範轉移的意涵

比較Hall與Kuhn的科學典範，政策典範是一種詮釋性框架，是政策制定者既有的理念或標準框架，並從不同的觀點對待政策問題。此時政策典範的轉移就有三個意涵：

1. 政策典範的選擇充滿政治性

各種政策典範並非像科學典範是立基於科學性，不同專家與政策行動者會運用各種地位優勢、衝突中可獲取的資源、權力運作的外部因素等，尋求政策典範的建立。

2. 權威在政策典範的選擇時具有影響力

不同專家的意見衝突時，決策者需決定誰才具有權威（authority），而決定權威所在時，也通常決定政策典範可能的發展方向。

3. 異例會導致政策典範的改變

專家權威雖會影響政策典範的發展，但是當政策實驗失敗或政策失靈時，將出現異例（anomalies）並開始影響政策典範的正當性，既有典範的權威性也將逐漸消失。

(二) 政策典範的三層變遷

政策制定通常具有三個關鍵變項（Hall, 1993: 278）：指引特定領域政策的總體性目標（overarching goals）、實現目標所需的政策工具（instruments）、政策工具的精確設定（precise settings），而這些會導致三種類別的政策變遷，且同時伴隨著不同程度的「政策學習」。

1. 第一層變遷（first order change）

僅為政策工具的設定或層級的調整，此通常是基於政策執行的經驗與新知識的產生，所以尚未改變政策目標，也未改變實現政策目標的政策工具。此時政策學習多與過去政策相聯繫，而有漸進主義（incrementalism）、足夠滿意與例行公事式決策的特質。

2. 第二層變遷（second order change）

實現政策目標的政策工具改變，即採用新的政策工具，因此也會改變政策工具的設定或層級，改變的主要原因是不滿過去的政策執行成效所致，不過尚未改變政策目標，政策學習上則是政策工具的轉換。

3. 第三層變遷（third order change）

發生「異例」逐漸引發新的「政策典範」，連同政策目標的改變，也包含實現政策目標的政策工具與相關設定，建立新的理念和標準組成的框架，發展新的政策工具與設定，指明它們需解決之問題的性質。

(三) 政策典範的理解與政策論述

前述的Hall的三層政策變遷，第一層與第二層變遷尚屬於Kuhn的「常態科學」（normal science），政策只需要調整第三層在政策論述中發生根本的變化，因為「異例」將引發新的「政策典範」。政策制定者為了解決「異例」，開始重新設置政策工具或實驗新的政策工具，如果政策失靈就會讓既有的政策典範解釋力與解決力下降，人們就會開始尋找替代的政策典範。在重新設置政策工具或實驗新的政策工具的過程中，政策論述的主導者所肩負的「政策權威核心」（locus of authority over policy）開始受到質疑，最後以選舉競爭與廣泛的社會辯論決定權威是否要轉移（Hall, 1993: 291）。

第三層的變遷並非是技術官僚與專家所能主導，而是政治人物扮演主要的角色，牽動著各政黨、媒體、利益團體等非政府部門（Hall, 1993: 288）。此時政策典範所包含的一組信念與價值，就並非是技術層面的問題，而是政策選擇的問題。每個政策行動者如何創造政策變遷的機會，凝聚政策共識，接受政策學習的程度，以及如何促進政策設計的創新，就需要藉由政策論述導引才能成功。

臺灣教師教育1994年的政策變遷，應屬於第三層變遷，以多元化師資培育政策取代了一元化的師資培育政策，而2003年的教師教育的改革則是屬於第二層變遷，在維持多元化師資培育政策典範不變下，將職前教育課程完全自主轉向核定制，另增設「教師資格檢定考試」這項政策工具，改變以往的「實習完畢即取得教師」檢核方式。不過在政策變遷的過程中，第三層政策權威核心的轉換與第二層政策工具的選擇原因，Hall僅描述其運作過程，但是有關如何解釋運作過程，並沒有明確說明，僅認為政策典範可被視為整體政治論述的突出點（Hall, 1993: 290），Howlett和Ramesh（2003: 233）認為理解政策典範的簡要方式就是從論述（discourses）或框

架（frames）加以探究。因此本文理解第三層政策權威核心的轉換與政策工具選擇的原因，則是透過政策論述的方式來理解。

　　Howarth（2000: 9）認為，論述是「在特定歷史脈絡下，形成主體與個體認同的意義系統」。所以此如同Foucault的觀點，論述實踐被視為一個社會實踐的重要形式，而社會實踐包括社會認同和社會關係，可以構成社會世界。基此論述會在社會實踐中展現，而權力就可透過論述呈現，有些利益受到彰顯，有些利益受到限制。論述的種類依據政策學者White（1994）的分類，基於不同政策社群的知識觀點與分析實務，可分成「分析性論述」（analytic discourse）、「批判性論述」（critical discourse）與「說服性論述」（persuasive discourse），簡要說明如下（引自Howarth, 2000: 10-12）：

1. 分析性論述：偏向傳統政策分析方法，經由交互主觀的認同，尋求不同利害關係人的多元觀點。

2. 批判性論述：除了分析多元觀點外，更強調事實與價值間的關係，以進行批判性溝通反思的參與。

3. 說服性論述：從政策偏好的角度說明，認為政策是由政策行動者建構的利益網絡所形塑，民眾的偏好可被政策行動者建立。

　　以上三種論述如果對照Hall（1992）所提的制度（institutions）、理念（ideas）、利益（interests）是影響政策過程的三要素時，就會有種平行的「互為文本性」（intertextuality）闡述作用。筆者認為制度的規劃可產生政策學者所主張「政策流程」，而利益的互動即為「政治流程」，至於理念與「問題流程」關係，如同Weber的論點一樣，因為理念則成為價值間的連結機制，而Kingdon（2003: 110）認為價值的判斷就是問題界定的開始，所以理念所牽動的價值判斷，往往就是呈現問題的地方。此時三種政策理論的互為文本性關係如表7-1。

　　以下先描述1979年與1994年的兩種教師教育典範，與2003年的政策變遷，再說明2006年與2009年的改革，再分析1979年、1994年、2003年政策變遷的政策論述與政策工具轉變。

表7-1　政策過程要素、論述類型與政策流程相互關係表

Hall政策過程三要素	Howarth政策論述三類型	Kingdon三政策流程
制度	分析性論述	政策流程
理念	批判性論述	問題流程
利益	說服性論述	政治流程

貳、臺灣教師教育政策的改變情形

　　臺灣於日治時期，當1939年日本擬推動臺灣的義務教育計畫，1940年增設師範學校，並配合1944年的六年義務教育，初步建構起臺灣小學教育的教師教育體系。第二次大戰後，1947年考量臺灣東部教師教育所需，再增設花蓮師範學校與臺東師範學校。1954年為滿足當時小學師資的需求及嘉雲地區小學教學輔導的需要，再增設嘉義師範學校（徐南號，1996），自此有關培育小學師資之師範學校體系形成，並逐漸形成各地方教育輔導區域。

　　在中學教師教育方面，1946年設立省立臺灣師範學院以解決中學教師缺乏問題，這是臺灣第一所培育中學師資的專門機構，並於1955年與1967年再改制為臺灣省立師範大學、國立臺灣師範大學。1968年需要大量的中學師資以推動九年國民教育，開始增設中學教師教育機構，在1967年將高雄女師改為臺灣省立高雄師範學院，另指定臺大、成大、政大與中興開設教育學分，1971年再成立臺灣省立教育學院為彰化師範大學前身，此時亦形成整個中學師資之培育體系。

一、一元化的教師教育

　　有關一元化的教師教育乃是在1979年通過《師範教育法》以後才明確建立，這是在臺灣推動九年國民教育後，經過約十年的師資培育數量擴充與師資培育大學的發展，臺灣整個教師教育體制已經趨於成熟。1979年10月再通過《師範教育法》，確立教師教育一元化，規定「師資培育由政府設立之師範大學、師範學院及師範專科學校實施」，另有公立教育學院

及公立大學教育學系學生準用該規定，此時以臺灣師範大學、高雄師範學院、臺灣教育學院及政治大學教育學系培育中學師資，9所師專培育小學師資，合計13校，是臺灣僅有的中小學教師教育機構。

其次《師範教育法施行細則》第四條：「本法第四條第三項所稱『有計畫之招生』，由各師範校、院視各省（市）地區中、小學各學科師資需要數量，擬訂招生名額，函報或層報教育部核定之。」確立此時期採取「一元化」、「計畫制」、「封閉式」和「公費制度」的教師教育方式，《師範教育法》公布施行後，教師教育逐漸形成自我體系，包括師範專科學校、師範大學、師範學院、公立大學教育學院系及其研究所（伍振鷟、黃士嘉，2002）。

一元化時期之教師教育特色有以下六項（伍振鷟、黃士嘉，2002；李園會，2001；林靜宜，2009）：

(一) 確立前述13所教師教育機構是教師教育實施之單一機構，保障師範校院師範生的任教機會。

(二) 確立師範校院師範生公費制度，公費生於修業期滿成績及格者，由教育行政機關分發實習與服務。

(三) 建立中小學教師分途培育的原則，由師範大學、師範學院以培養中等學校師資為主，師範專科學校以培養國民小學、幼稚園教師為主。

(四) 建立實習輔導制度，要求一年在學校中小學實習。

(五) 實施計畫式教師教育方式，依據每年教師需求量的預估作計畫式的培育師資。

(六) 明訂教師在職進修義務，使教師在職進修有較完整明確的規定，各師範校院與各省市廳局教師研習中心均積極辦理教師在職進修。

二、多元化的教師教育

1979年《師範教育法》公布實施數年後，雖對教師教育工作有顯著的效益，然而，因時代的變遷與制度本身的限制，產生許多問題：包括師資供需失調、高中職校或國中某些類科師資缺乏、師範生分發困難、結業生實習輔導未能充分落實、師範生轉業或升學的限制等。再則，在1994年以

前，教育實習為職前教育的一部分，在師範校院結業後，由政府分發且經過一年的教育實習及格後，才能畢業取得合格教師證，但是實習已流於形式，無法落實成果不佳。

其後一元化、計畫制的教師教育制度逐漸受到質疑與討論，為因應培育多元開放社會的師資，教育部乃開始研擬《師範教育法修正草案》，數次召開相關研商會議，最後於1994年2月立法院三讀通過，將原本的《師範教育法》訂改為《師資培育法》，由一元化改為多元化培育方式，這是當時政治與社會變遷時空所導致。

多元化時期之教師教育特色有四（李園會，2001；伍振鷲、黃士嘉，2002；林靜宜，2009）：

(一) 教師教育管道多元化，各大學經申請並獲教育部核准即可設立教育學程中心培育師資生。

(二) 推行師資生公自費制度並行，但以自費為主，公費生以就讀師資類科不足之學系或畢業後自願到偏遠或特殊地區學校服務之學生為原則。立即將原以公費為主的制度，改由市場供需決定的自費為主，公費生則因具有特殊任務（偏遠或特殊地區師資、不足類科或國家政策需求師資），僅係輔助性質。

(三) 分流與合流式並行教師教育：師範大學可設小學學程，培育國小師資，而師範學院亦可設置中學學程，培育中學師資，但真正同意設置之例子極少。

(四) 採儲備式培育方式，希望培育大量具有資格的教師，並藉由市場機能調整師資供需。

三、2003年教師教育政策的修正

1994年《師範教育法》改訂為《師資培育法》以後，呈現規範力度下降，授權各大學自主；惟2003年以後有較大幅度的修正，授權各師資培育機構的情形減少，採取較多的核定制精神，其變化主要有四（吳武典、楊思偉、周愚文、吳清山、高薰芳、符碧真、陳木金、方永泉、陳盛賢，2005；李麗玲、陳益興、郭淑芳、陳盛賢、楊思偉、連啓瑞、黃坤龍、林

詠淳，2009）：

(一) 職前師資培育課程：從標準到放任自主又到核定

1994年師資培育課程的訂定仍採標準制，1997年由立法委員提議修正《師資培育法》，認爲大學有辦學自主及負責態度，爰修訂《師資培育法》「專門科目，由師資培育機構自行認定之」，不過由於師資培育素質經社會輿論質疑，教育部乃復於2003年修法導回師資職前教育課程，由師資培育之大學規劃，並報請中央主管機關核定後實施。

(二) 建立教師資格檢定制度：從實習完即取得教師證書改爲須經過檢定考試

依據《師資培育法》規定，初檢與複檢是成爲合格教師的必經歷程，即修畢教育學分課程並參與6個月教育實習後，再經過教師資格檢定考試及格，才能取得證書。對師資素質品質管制，建立教師證照制度，更走向專業化之發展。

1994年取得教師證書的過程，只要修畢教育學分，完成實習，提出相關書面證明，即代表已經分別通過初檢、複檢，不過2003年以後修正爲發給修畢師資職前教育課程證明書及教師檢定考試通過證書，需兩者皆通過才能取得教師證書。

(三) 教育實習：從一年到半年、從有實習津貼到繳交學分費

1994年《師資培育法》修正，明確規範一年全程教育實習，政府發給教育實習津貼每月8,000元，2002年因爲經濟不景氣、政府預算拮据，又社會輿論要求縮短教育實習期間，因而教育部順勢推動改爲半年，但是要繳交學分費進行自費實習。

(四) 教師教育的對象與任務：宏觀到簡約

過去《師範教育法》所規範的對象有三，一是中等學校、國民小學、幼稚園及特殊教育學校（班）各類科師資，二是從事教育行政、學校行政、心理輔導及社會教育等教育專業人員，三是在職教師，較爲宏觀。其內容以中小學學生爲核心，將牽涉教師教育與專業發展的相關人員，皆有法律規範。但是2003年以後修正《師資培育法》破除，修法刪除培育其他教育專業人員、教師在職進修，教師教育制度僅規範教師職前培育工作之

相關業務與人員。

四、2006年與2009年的教師教育方案改革

2006年教育部發布「師資培育素質提升方案」，這是推動多元化教師教育政策十二年後，第一次完整性的教師教育改革方案；三年後教育部鑒於師資環境的變化，又於2009年發布「中小學教師素質提升方案」，兩次方案的提出都構建整個臺灣教師教育政策的改革方向，但是兩者都已經體認到「少子女化」對於教師教育的衝擊，造成新進教師需求量降低，師資供需失衡，職前師資教育階段面臨教師教育數量調控及培育品質提升的議題。此外，師資培育大學的校務發展亦受到相當大之挑戰。再者，隨著新進教師需求量降低，原有教師的專業成長問題，更加突顯出來，如何強化教師在職進修課程及研擬促進教師專業成長策略亦更顯重要，此時「教師專業發展」用語已取代「職前師資培育」，成為臺灣教師教育政策的主要關注核心概念。

(一) 2006年師資培育素質提升方案

2006年師培改革方案依據師資養成、教育實習、資格檢定、教師甄選及教師專業成長等五個層面如下：

1. 師資養成：建立標準本位教師教育政策、協助師範／教育大學轉型發展、規範師資培育之大學績效評鑑與進退場機制。
2. 教育實習：增強教育實習效能。
3. 資格檢定：健全教師資格檢定制度。
4. 教師甄選：建置師資人力供需資料系統與督導機制。
5. 教師專業成長：提高高級中等以下學校師資學歷、強化教師專業能力、推動表揚優良教師與淘汰不適任教師機制。

(二) 2009中小學教師素質提升方案

2009年師培改革方案依據師資培育、教師進用、教師專業、教師退撫、獎優汰劣等五個層面，形成師資養成、教育實習及檢定、教師甄選、兼任代理代課、偏遠師資、進修及進階、評鑑、退休及福利以及獎優汰劣等十大重點；另教育部為有效推動方案，特別將提升偏遠及離島地區教師

素質、精進教師進修制度、確立量少質精教師教育政策，以及促進教師專業成長機制等四項策略作爲方案核心推動項目。以師資培育、教師進用、教師專業、教師退撫、獎優汰劣等五個層面，歸納整個2009年師培改革方案的重點項目如下：

1. 師資培育：確立量少質精教師教育政策、建立師資培育數量調控規準、精進公費師資生培育制度、發展重點師資培育大學制度、增強教育實習效能、檢定考試加考專門科目。
2. 教師進用：提升偏遠及離島地區教師素質、推動巡迴及共聘教師計畫、研議國小教師加註專長制度、完備中小學教師支援人員制度。
3. 教師專業：精進教師進修制度、促進教師專業成長機制、建立三級教師進修體系。
4. 教師退撫：積極回應公私立學校教師退休問題。
5. 獎優汰劣：處理教師不適任問題，獎勵優良教師之辛勞。

參、以政策變遷觀點分析臺灣教師教育政策的改革

1979年一元化教師教育與1994年多元化教師教育，分別代表著兩種教師教育的典範，其教育目的與政策工具都有所差異；而1994年確定多元化教師教育後，經2003年的調整，提出教師資格檢定考試成爲新的政策工具，引發第二層政策變遷；2006年與2009年面對少子女化與師資培育大學的經營困境，些微調整政策工具的設置（例如職前教育招生量、師資培育大學的獎優汰劣、更重視教師專業發展），而牽動出第一層政策變遷。以下先說明1979年與1994年臺灣兩種教師教育政策典範的後設背景，以說明其政策權威之轉移歷程。

一、1979年一元化教師教育的政策論述背景

臺灣於1954年由教育部公布的「提高國民學校師資素質方案」就已經提到：三民主義的基本工作，在民族主義方面爲培養國民學校師資。當前革命教育之實施，應以「師資第一，師範爲先」爲中心目標（臺灣省政府

教育廳，1984: 184）。此主張於1973年蔣經國在〈希望大家知道行政院的
工作〉的談話中提出：師範學校的經費應酌予增加，以培養優良的師資。
須知師範教育關係重要，如果說軍隊是武力的國防，師範教育即是精神的
國防（立法院，1979: 30），此談話於1975年行政院會議確立了「師範教
育應視爲精神國防，師範院校由中央政府辦理爲原則」，直接爲師範教
育一元化的政策定調（臺灣省政府教育廳，1987: 33）。1976年國民黨第
十一次全國代表大會通過「加強三民主義思想教育功能案」（國史館，
1968: 178），更強化一元化教師教育的政策理念。

　　1970年代臺灣面臨1950年代以來最大一次的政治與心理危機。中華
人民共和國於1971年加入聯合國，短短三年內原中華民國的邦交國僅剩
39國。1979年1月1日美國與中華人民共和國建交，廢除臺灣的共同防禦條
約，停止軍援臺灣，重立《臺灣關係法》，建立以商務和文化爲主的外
交關係（李筱峰，2000: 107）。此時這種被貶抑的國際關係所帶來激盪和
混亂，使人民極易陷入「激憤」、「懷疑」與「沮喪」的兩端情緒中，
社會氣氛一片人心惶惶（蔣彥士，1973: 6），成爲一元化教師教育的問題
脈絡。

　　1969年因爲中央與臺北市的選舉，開啓「黨外民運」的序幕（李筱
峰，2000: 84-87），並在地方自治上發揮影響力，對執政當局造成莫大的
壓力。1979年國內開放雜誌登記，許多黨外雜誌提出申請登記，但是當
時意識形態的審查與查禁，也影響著教育體制（中國時報編輯部，1996:
314），當時的政治環境讓一元化的教師教育政策有了主要的論述環境。

　　在1970年代嚴重的外交失敗與黨外民運的興起下，開始更趨向封閉的
社會環境，認爲欠缺周全完整的師範制度會影響健全的師資培育，應建立
國家化的教師教育，讓「師範教育就是精神國防」的理念成爲一元化教師
教育的正當性論述，論述權威也在政府官僚的手上。

二、1994年多元化教師教育的政策論述背景

　　1994年的教師教育改革起源於政治解構，「民主化」取代「國家
化」，原先的「師範教育」具有國家宰制的性質，因而以「多元化」政策
作爲達成「民主化」的追求，形成了多元化教師教育政策理念。這項教師

教育多元化的政策，也受到世界教師教育潮流所影響，以及受到「新右派」（new right）的競爭和選擇思想影響下，讓教育多元化和市場化彼此結合，成為教師教育的市場化政策趨勢。

1987年前臺灣實施戒嚴令，教育在配合政治發展的前提下，教育只是政治的附庸。1987年解除戒嚴後，各種教改團體萌生，1989年更是通過《人民團體法》，此時全國人民對於教育與政治的思考心境才開始逐漸進入成熟的心態，不同利益團體也展開各自的教育遊說活動，不過政黨政治的白熱化也讓有關教育立法與行政部門的人員更換頻繁。

1990年代的新興教改團體是對於教師教育政策變革的倡導聯盟之一，1990年代的新興教改團體起於校園民主與言論自由運動，所以大學教育改革成了此時的主要課題，原先師範校院的保守文化，在此也被視為批判的對象。1988年成立的「人本教育基金會」，訴求教育正常化，將當時學校教育的非正常化，視為教師教育的問題，而主要培育中小學師資的師範校院就容易被視為需要改革的對象。1988年成立的「主婦聯盟」，訴求「落實家長參與」、「發揮父母教育權」等主張，此時原有教師對於教育專業權的控制與壟斷，也受到侵蝕。部分訴求「教師專業自主」的中小學教師，對於所屬學校組織的不滿，於1989年成立的「振鐸學會」，關心教師教育的問題，後續民間的教育改革團體愈來愈多，並合辦「民間團體教育會議」。此類新興教育改革團體可說皆是反對當時教育體制的僵化與壓迫，而僵化與壓迫的根源在當時一直與師範教育連結在一起，此為當時的問題脈絡。

1990年代的民進黨認為師範教育就是國民黨教育，一定要改革。當時民進黨立法委員謝長廷認為沒有修訂《師範教育法》的必要（立法院，1992: 283），同黨立法委員盧修一認為《師範教育法》的修訂，因為它並未能落實真正的自由化，教師教育還是會掌握在教育部手中，所以主張應該廢除師範教育（立法院，1992: 285），在這種政治氛圍下，一元化的師範教育面臨到不改不行的壓力。

「一定要改革師範教育」的目標，讓民進黨與教育改革團體結合，雖然民進黨是要消除國民黨教育，而教育改革團體是要消除僵化與壓迫的教

育，各有致力追求的政策目標，但是當「師範校院教育＝國民黨教育＝僵化與壓迫的教育」時，兩個政策倡導聯盟彼此奧援，共同對政府機關發生影響力。政策倡導聯盟內部成員具有共同的信仰及價值的基礎，會彼此互助合作，彼此資源共享，建立緊密關係，在上述分析中也可以發現具有相同之運作情況。

有關1979年一元化教師教育與1994年多元化教師教育的政策典範，整理如下表7-2：

表7-2　一元化教師教育與多元化教師教育的政策典範

政策典範	一元化的教師教育	多元化的教師教育
政治脈絡	封閉的社會環境	開放多元的民主社會
政策理念	師範教育即是精神國防	充分供應師資，以增加學校對教師的選擇機會
問題界定	欠缺周全完整的師範制度會影響健全的教師教育	一元化教師教育無法因應多元化社會變遷
政策目標	計畫培育國家所需師資	儲備培育學校所需師資
政策取向	完整的師範教育體系	多元的教師教育環境
政策工具	中央集權 嚴格控制 國家化	授權 解除管制 自由化 市場化
政策制定風格	國家與教育官僚主導師範教育	教育官僚導引與政策利益團體的競逐
政策言語	國防第一，師範為先 良師興國	教師教育 打破師範教育專賣制度

三、2003年《師資培育法》的修正

教育多元化和市場化彼此結合，原本將市場機制帶進學校教育中，經由消費者選擇和生產者競爭的過程，藉此提高教育品質，但是許多研究顯示市場化的教育政策並沒有達成多元、專業、效能等預期目標（Whitty, Power, & Halpin, 1998），Lauder與Hughes（1999）以五年的實徵研究結論

說明，教育市場化降低了整體的教育水準，蔡明學（2006）在〈我國師資培育機構運作滿意度調查之研究〉一文中，以實徵性調查多元化教師教育政策後的情形發現，「關於探討師資培育由一般大學辦理之表現，結論多以：『未能達到「多元開放」之美意與理想，甚至與過去的「一元培育」相比，似乎尚有許多進步的空間』為總結」，這不是一件很弔詭的研究成果嗎？在經歷如此多的教師教育改革後，臺灣的教師教育素質為何沒有提升呢？

在一元化教師教育階段，培育對象僅限師範校院及公立大學校院之教育學系學生，呈現出限制參與對象，以強調「品質」的特質；而1994年多元化教師教育階段，大學畢業或在學學生均可成為教師教育對象，師範院校學生在參與教師教育的特殊性也逐漸消失，「公平」的政策意涵逐漸浮現；2003年開始則是多元化教師教育的緊縮期，從《大學校院教育學程師資及設立標準》公布起，規定甄選和修課上限等限制，以緊縮參與教師教育的人數，呈現「品質」和「公平」的綜合意涵（謝卓君，2004: 17）。

不過2003年改變最大的是教師檢定方式的改變，與實習時間改為半年。實習時間的改變，是因為政府不願再負擔實習津貼後，才從一年改為半年，因此教師檢定方式的改變是比較大的變革。1999年公布《高級中等以下學校及幼稚園教師資格檢定及教育實習辦法》，縣市政府應設置教師資格檢定委員會以辦理相關工作，不過2003年時，此組織的設置責任改交由中央主管機關，以更為落實教師資格檢定的工作；而2003年的教師資格檢定流程簡化，讓取得流程廢除初檢與複檢的設計，在獲取師資職前證明書後，採用一次資格檢定的設計，以檢核師資生是否具有擔任教師之能力（謝卓君，2004: 22），由這兩項變化可知，當時的教師資格檢定考試成為新的政策工具，一方面管控師資生員額，另配合教師資格檢定委員會，讓中央主導教師教育的能量加強，以回應多元化教師教育應提升教師素質的質疑。

四、2006年與2009年教師教育改革方案

2006年與2009年教育教育改革方案，基本上沒有涉及政策目標的改

變，也沒有改變政策工具，但是在相關教師教育政策的改良上卻有相當大的努力。比較2006年改革方案與2009年改革方案可知，包含師資養成、教育實習、資格檢定的「師資培育」、「教師晉用」、「教師專業」仍是方案中的主要重點層面，但著重的重點則因應問題需求而有所差異。

2006年改革方案在師資養成方面，除了為專業化目標，設立「建立標準本位師資培育政策」外，主要是面對師資培育機構的發展問題，所以一方面「協助師範／教育大學轉型發展」，另一方面則是「規範師資培育之大學績效評鑑與進退場機制」，來準備因應少子女化可能引發的問題。到了2009年改革方案，由於師資培育數量已經大為減少，初步解決儲備師資過多的問題，不再以「減少師資培育量」為主要課題，而更重視未來整體「適足的師資培育數量」與「良好的師資培育品質」，吸引優秀人才投身教育工作，建立中堅穩定的教師教育導引力量，所以規劃出量少質精教師教育政策、精進公費師資生培育制度、發展重點師資培育大學制度、建立教師教育數量調控規準等主要策略。

2006年改革方案與2009年改革方案在教育實習與資格檢定方面，可說發展策略相去不遠，但是基本上2009年方案是掌握了2006年方案發展方向後，以這三年多的發展成果，擬具更為具體的發展策略與作為。

2006年師培改革方案與2009年師培改革方案在教師進用方面，因為2006年有效建置師資人力供需資料系統（例如：師資培育統計年報）後，在師資數量的規劃有較精確的控制，不過此時也一方面因為少子女化的問題嚴重，教師甄選的名額大為減少，一方面教師甄選的公正性隨著縣市政府聯合辦理趨勢而提高，因此教師進用問題從「教師甄選的公正性」的問題，改變成「代理教師的人力規劃」與「找到有意願且有足夠專業的教師」的問題，此時代理教師的聘用、偏遠地區的教師素質、國小教師加註專長的課題，被視為需要進一步討論的課題，因此2009年方案在教師進用方面，擬定研議國小教師加註專長制度、完備中小學教師支援人員制度、提升偏遠及離島地區教師素質、推動巡迴及共聘教師計畫。

2006年教師教育改革方案在教師專業成長方面，以提高教師學歷與建立專業進修為規劃重點，到2009年以後由於新進教師甚少，因此教師終身

專業成長的理念更是應該進一步落實，此時「如何提供與整合專業進修資源」便成為重點，因此精進教師進修制度、建立三級教師進修體系乃是2009年改革方案所規劃之策略，此外經過長久推動的教師評鑑制度與教師進階制度也納入此2009年改革方案中。

　　2009年突顯「獎優汰劣」以推動表揚優良教師與淘汰不適任教師，以及新增教師退撫層面，可更為落實教師人力管理，以及完善教師職涯的整體規劃。有關2006年與2009年教師教育改革方案如表7-3之比較。

表7-3　兩次教師教育方案比較表

方案名稱		2006年改革方案	2009年改革方案
		師資培育素質提升方案	中小學教師素質提升方案
主要目標		1.因應多元化師培政策的專業化 2.教師教育與教師專業的優質化	1.因應少子化對教師教育的衝擊 2.促進教師終身專業成長 3.解決城鄉師資素質差距
師資培育	師資養成	1.建立標準本位教師教育政策 2.協助師範／教育大學轉型發展 3.規範師資培育之大學績效評鑑與進退場機制	1.確立量少質精教師教育政策 2.精進公費師資生培育制度 3.發展重點師資培育大學制度 4.建立教師教育數量調控規準
	教育實習	增強教育實習效能	1.檢討教育實習與檢定順序 2.推動教育實習輔導教師及實習機構認證制度
	資格檢定	健全教師資格檢定制度	檢定考試加考專門科目
教師進用		建置師資人力供需資料系統與督導機制	1.研議國小教師加註專長制度 2.完備中小學教師支援人員制度 3.提升偏遠及離島地區教師素質 4.推動巡迴及共聘教師計畫
教師專業	專業成長	1.提高高級中等以下學校師資學歷 2.強化教師專業能力	1.精進教師進修制度 2.建立三級教師進修體系 3.促進教師專業成長機制 4.推動教師專業發展評鑑及進階制度
	獎優汰劣	推動表揚優良教師與淘汰不適任教師機制	擴大獎優面向及精進汰劣法令
教師退撫		無	新增

肆、臺灣教育教育政策的問題與發展趨勢

本章認爲，1979到1994年的一元化教師教育與1994到2011年的多元化教師教育，是臺灣教師教育的兩個政策典範，而2003年《師資培育法》的修正乃是對於1994年多元化教師教育的調整，形成一種政策學習；而1994年政策權威核心的轉移，是起源於當時政治解構後理念與利益的改變，配合當時新的問題流程與政治流程，建立起批判性論述與說服性論述；再者，2003年提出半年實習與新的教師資格檢定考試，乃是政策工具的轉變，屬於第二層變遷。而2006年「師資培育素質提升方案」與2009年「中小學教師素質提升方案」，則是屬於第一層變遷。以下則以臺灣教師教育的問題與發展趨勢作爲結語。

一、問題

教師教育多元化政策，也許有其不得不然之發展趨勢，且已經成爲不可逆之社會制度發展現況。如果從前期師範一元制度比較之，其多元化之主要政策改變，包含如以自費爲原則、培育主體未特別關注師範校院之發展、尚未關注多元制度下之專業規範機制，以及偏重知識及學科培育，缺乏態度與情意之培育。更扼要言之，經過二十年的發展，除了師範／教育大學以外，當各大學紛紛設置教育學程時，一方面雖然爲教師教育及教育學術研究，增加儲備師資總量與許多研究成果，但是另一方面也因爲在少子女化的影響下，讓教師教育的發展蒙上隱憂，尤其是自費化後無法吸引優秀人才擔任教師、多元化未能配合專業條件管控、儲備制與市場化未能有中堅穩定力量的調控、教師教育資源未能系統整合，這些問題造成教師教育領域許多影響，以下舉其重要者分成四項說明之：

(一) 無法吸引優秀人才擔任教師，弱勢家庭子女無法社會地位流動

日治時期鼓勵臺灣優秀者就讀可擔任公學校老師的「師範學校」，這讓師範學校畢業生皆成爲了社會菁英，多數家境不佳的優秀人才都以投考師範學校爲首選。國民政府遷臺後，延續在大陸時期之制度，仍採師範學校的公費制，讓臺灣的教師教育體系，繼續可以吸納許多清寒的優秀人才，且達成社會流動之重要功能，這在各國的教師教育體系中是相當特殊

的。不過，當師培制度與公費制度失去連結，加上又受到少子女化影響讓教職缺額大爲減少，從小學學程畢業生開始，目前也影響至中學學程及其他類別學程，因就業困難，所以無法招到較多優秀學生，進入師資生行列，讓未來的師資素質下降，進而影響教育品質。再者因爲招生不足，教育學程紛紛停辦，或轉型爲教育相關系所，或成立教育學院，這對教師教育及各相關大學之發展，也造成相當衝擊與影響。

(二) 師範校院逐漸失去中堅主流力量，欠缺穩定培養機制

師範校院在2000年以後開始紛紛轉型，朝向「非全部師資培育」大學調整。其中3所師範大學，除被要求與其他大學整合外，也逐漸轉型爲以師培爲主的綜合大學；2005年5所師範學院改制爲教育大學，除被要求轉型或整合之外，並因就業漸形困難，乃轉型發展各類非師資培育系所。目前雖實施多元開放儲備制度，但專業標準本位尚未建立，教師教育多由大學自主，如無韁多頭馬車，各自奔跑，失去主軸。而此時的師範校院也在努力反省，並再次思考第二次轉型發展中，逐漸發揮中堅穩定力量與典範傳承的功能。

(三) 缺乏制定有關培育課程之教師專業標準，教師教育尚缺系統化思維

目前各階段師資培育課程皆訂有包含普通課程、專門課程、教育專業課程及教育實習，這些課程針對中等學校、國民小學、幼稚園及特殊教育學校（班）師資類科之需要，分別規劃與訂定。但在師範校院提升學歷層級時，並沒有同時注意有關教師專業標準之問題，欠缺教師專業標準之檢核機制，也沒有對師範校院課程之綱要及運作機制做較多之規劃，因此無法有效同時提升教師之專業水準。2015年教育部公布「教師專業標準指引」，此問題也許逐漸可獲得解決，但是不敢正式稱爲教師專業標準，仍有力道不足之憾。

(四) 欠缺培育師道文化及素養，教師無法回應社會之期待

近十餘年來的社會變遷快速，加上中小學教師教育制度的改變，有違教育專業倫理事件的衝擊等，影響了社會大眾對於教師的認知與觀感。教師言行失常、管教不當、親師或師生互動不良等案例，在在影響了社會

民眾對教師的認知與觀感，損及教師的社會形象，也牽動師生與親師的關係，教師的榮譽感也因而下降。

二、發展趨勢

　　未來教師教育應以培育新時代良師以發展全球高品質的教育作為願景，並參照教師圖像與核心能力、教師教育圖像、世界各國教師教育改革動向，擬定發展策略。

(一) 師資職前培育發展趨勢

　　師資職前培育階段是成為教師最重要關鍵的過程，須以專業標準本位為核心，以確保所培育出的師資皆具有高素質與良好品德。在職前培育階段必須強化師資生的遴選，篩選出優秀且性向適合的學生參加教師教育。其次，因各教育階段教師面對的學生不同，必須強化其所需的專業能力。最後，透過師資生基本能力檢核，確保師資生皆具備應有的基本能力知能。

(二) 師資導入輔導發展趨勢

　　導入階段銜接師資職前教育和教師專業發展階段，應在教師專業標準的引導下，檢核師資生的專業能力資格機制，落實教育實習課程內涵，強化教育實習相關人員及實習環境，建立公平的教師甄選機制，以發揮協助學校選擇良師之功能。

(三) 教師專業發展發展趨勢

　　建立以改進實務教學，建立師道文化的專業發展環境，所以應推動系統化教師在職進修制度、教學實務本位的教師學習與支持系統，以及建立教師專業發展激勵與評鑑機制，促進教師專業發展。

參考文獻

中國時報編輯部（1996）。臺灣：戰後50年。臺北：時報文化。

王煥琛（1989）。我國小學師資培育制度發展與趨向。載於中華民國師範教

育學會主編，各國小學師資培育（頁1-22）。臺北：師大書苑。

立法院（1979）。委員發言記錄。立法院公報，**68**(67)。臺北：立法院。

立法院（1992）。委員發言記錄。立法院公報，**81**(37)。臺北：立法院。

伍振鷟、黃士嘉（2002）。臺灣地區師範教育政策之發展（1945-2001）。載於中華民國師範教育學會主編，**師資培育的政策與檢討**（頁1-29）。臺北：學富。

吳武典、楊思偉、周愚文、吳清山、高薰芳、符碧眞、陳木金、方永泉、陳盛賢（2005）。**師資培育政策建議書**。教育部委託中華民國教育學會研究。

吳清基、黃乃熒、吳武典、李大偉、周淑卿、林育瑋、高新建、黃譯瑩（2007）。**各師資類科教師專業標準結案報告**。教育部委託中華民國師範教育學會。

李園會（2001）。**日據時期臺灣師範教育制度**。臺北：南天。

李筱峰（2000）。**臺灣史100件大事（下）**。臺北：玉山社。

李麗玲、陳益興、郭淑芳、陳盛賢、楊思偉、連啓瑞、黃坤龍、林詠淳（2009）。**師資培育政策回顧與展望**。國家教育研究院籌備處研究計畫成果報告（NAER-97-08-C-1-01-07-2-07）。臺北：國家教育研究院籌備處。

汪知亭（1978）。**臺灣教育史料新編**。臺北：臺灣商務印書館。

林靜宜（2009）。**臺灣光復後師資培育制度之研究**。國立暨南國際大學教育政策與行政學系碩士論文。

徐南號（1996）。**臺灣教育史**。臺北：師大書苑。

梁忠義、羅正華（1998）。**教師教育**。中國吉林長春：吉林教育出版社。

莊文忠（2004）。**政策體系與政策變遷之研究：停建核四政策個案分析**。政治大學公共行政學系博士論文。

陳伯璋（1991）。我國師範教育政策與制度之發展與檢討，載於教育部中等教育司主編，**世界各主要國家師資培育制度比較研究**（頁141-161）。臺北：正中書局。

彭煥勝主編（2009）。**臺灣教育史**。高雄：麗文。

楊亮功（1967）。我國師範教育之沿革及其進展。載於中國教育學會主編，**師範教育研究**（頁1-15）。臺北：正中書局。

臺灣省政府教育廳（1984）。**臺灣教育發展史料彙編－國民教育篇**。臺中：省立臺中圖書館。

臺灣省政府教育廳（1987）。**臺灣教育發展史料彙編－師範教育篇（上）**。臺中：省立臺中圖書館。

蔣彥士（1973）。如何加強實施國父思想教育。**師友**，**78**，5-8。

蔡明學（2006）。我國師資培育機構運作滿意度調查之研究。**教育研究與發展**，**2**(3)，93-118。

謝卓君（2004）。我國之政策文本分析。**教育政策論壇**，**7**(2)，1-28。

Hall, P. A. (1992). The movement from Keynesianism to Monetarism: Institutional analysis and British economic policy in the 1970s'. In S. Steinmo, K. Thelen, & F. Longstreth (Eds.), *Structuring politics-historical institutionalism in comparative analysis* (pp. 90-113). Cambridge: Cambridge.

Hall, P. A. (1993). Policy paradigms, social learning, and the state–the case of economic policymaking in Britain. *Comparative Politics*, *25*(3), 275-96.

Hogwood, B. W., & Peters, G. B. (1983). *Policy dynamic*s. Brighton: Sussex.

Howarth, D. (2000). *Discourse*. Buckingham: Open University Press.

Howlett, M., & Ramesh, M. (2003). *Studying public policy.* Subsystems: Oxford University Press.

Kingdon, J. (2003). *Agendas, alternative, and public policies*. New York: Longman.

Kuhn, T. S. (1962). *The structure of scientific revolutions.* Chicago: The University of Chicago Press.

Lauder, H., & Hughes, D. (1999). *Trading in futures.* Buckingham: Open University Press.

Lester, J. P., & Stewart, J. R. (2000). *Public policy: an evolutionary approach.* Florence, KY: West Wadsworth.

Sabatier, P. A. (1988). An advocacy coalition framework of policy change and the role of policy-oriented learning therein. *Policy Science, 21*, 129-168.

Whitty, G., Power, S., & Halpin, D. (1998). *Devolution & choice in education: The school, the state and the market*. Melbourne: The Australian Council for Educational Research.

本文出自楊思偉、陳盛賢（2012）。臺灣教師教育政策改革——從政策變遷角度分析。教師教育期刊，**1**，132-152。

第八章

國小教師專業標準發展

壹、前言

　　我國為因應國內外教育環境劇烈變化，確保師資培育之專業與優質，歷年也曾多次制定教師專業相關標準。包括2004年委託中華民國師範教育學會，依據師資養成、教育實習、資格檢定、教師甄選及教師專業成長等五個層面，研擬具體策略和目標導向之行動方案，提出「師資培育政策建議書」，教育部依據此內容，於2006年2月23日公布「師資培育素質提升方案」，推動完整性的師資培育改革，三年後教育部為積極回應各界對於優質教師的期待；又於2009年9月9日發布「中小學教師素質提升方案」。另外，如中華民國師範教育學會於2005年制定之「各師資類科教師專業表現之標準」，分為五個向度，分別為教師專業基本素養、敬業精神與態度、課程設計與教學、班級經營與輔導，以及研究發展與進修；而特殊教育教師專業標準另外附加兩個向度，分別為特教專業知識與特殊需求學生鑑定與評量。在國民小學教師專業標準部分，共有5個向度與32個項目，5個向度分別為教師專業基本素養、敬業精神與態度、課程設計與教學、班級經營與輔導、研究發展與進修。

　　2010年第八次全國教育會議有關「師資培育與專業發展」中心議題，決議研訂發布「師資培育白皮書」，擘劃完整師資培育發展藍圖，並訂定「教師專業標準」及「教師專業表現標準」，作為統攝師資培育的上位概念，遂於2012年公布《中華民國師資培育白皮書》，揭櫫我國理想教師圖像為「教育愛人師、專業力經師、執行力良師」等理念。

　　教育部在盱衡主要國家教師專業標準實施情形，於2011年啟動建構之流程，並認為各國大致是以「標準本位師資培育作為政策方向，以教師專業標準作為核心文件，於教師專業化歷程各階段落實國家期許教師專業知能與態度之表現，並以學習者為中心及重視學習個別差異，關注學生學習成效」，所以於2014完成建構後，再經過多方徵詢、折衝與修訂後，終於完成教師專業標準指引。

　　教育部於2016年2月公布一項整合性之「教師專業標準指引」，作為我國教師專業發展的指引架構。最後公布之教師專業標準內容，是一份經

過整合之內容，作為適用於各階段學校教師之共同版本，這是經過許多討論後才彙整完成的，並沒有區隔不同階段和不同類型師資標準之差異性。

其實在2011年開始啟動前置研發時，原本是希望依照教育階段及各類教育階段而研發的，當時包括中學階段及各學科、小學階段、幼兒園階段及特殊教育四類分別建構，其原因在於認定各階段和各類教育除教師共同應具備之專業標準外，理論上也會因施教對象不同，導致教師應具備之條件也會略有不同，所以專業標準也應有一些不一樣才合理。但經過充分討論，也參考各國範例後，最後決定在教師專業標準方面，採用大同小異的原則處理，亦即基於教師應具備之基本條件，應有許多共通點，且共通點理應較多，但又要在相同中允許一部分小差異，因此決議建構各階段師資「共同」之專業標準。至於要顯示各階段些微的差異，且為回應不同階段之不同需求，可在其下層之「專業表現指標」等做「差異性」之呈現。在這大原則下，乃分成四組分別進行研發，並研發出「大同小異」的各階段師資之不同專業標準與表現指標。但因為最終公布之「教師專業標準指引」，並沒有機會顯示其差異性與研發過程之辛勞，因此本章即針對在建構教師專業標準時，有關國民小學部分之研發理念、過程、方法及結果等作一整理與評析，並記錄一些原始研發過程、方法和文獻資料，以供後人日後繼續對相關議題探討之用。

貳、規劃之緣起

「國家的未來，關鍵在教育；教育的品質，奠基於良師」，根據學校教育改革經驗，教師素質是奠定學生成就的最重要基礎，是教育革新成功與否的關鍵。我國向來重視師資培育，對於教師的角色也有較高的期待，而在全球化時代，如何因應社會持續變遷，培育出具有健全人格、教育專業素養，且能不斷進修、與時俱進的優質教師，更是提升國家教育品質的關鍵（楊思偉、陳盛賢、江志正、謝寶梅、呂錘卿、王欣宜、林政逸、辛明澄、許筱君，2014）。

近十多年來，社會日益開放與多元，校園民主提高，校園、家庭的生

態轉變，深刻影響到校園文化與教師教學。1994年《師資培育法》施行，師資培育管道從以往計畫式培育轉變為儲備式培育；1995年《教師法》公布，成立全國、縣市、學校三級教師會，有助於提升教師專業地位與權益。另外，家長會的成立，以及《國民教育階段家長參與學校教育事務辦法》的發布實行，賦予家長參與學校教育事務之權利，家長參與學校教育機會增加。1999年《教育基本法》公布施行，不僅保障人民學習及受教育之權利，確立教育基本方針，健全教育體制，也賦予家長教育選擇權及參與學校教育事務之權利。2001學年度正式實施九年一貫課程，實施課程統整、協同教學、彈性學習節數，並將課程權力下放至中小學，學校可以進行學校本位管理，並依據學校特性、社區環境資源、家長期望及學生學習需求，發展學校本位課程。2006年校園零體罰政策的實施，明確保障學生學習權、受教權、身體自主權及人格發展權，使學生不受任何體罰造成身心傷害，因此，教師在管教學生時，必須用更正向的方式來因應。2010年《工會法》修正通過，開放教師籌組工會，賦予教師團結權與協商權等權力，有助於教師專業自主的維護以及權益的保障。另為提升國民基本知能，培養現代公民素養，促進教育機會均等，舒緩學生升學壓力，已自2014年8月1日起，全面實施十二年國民基本教育。

此外，因社會變遷快速，國內家庭結構的變化與功能式微，導致班級學生歧異度增加，再加上網際網路興起，以及流行文化的推波助瀾，產生新世代的年輕族群，成長過程與思考模式皆迥異於往常。同時，面對偏遠地區學生、新移民子女、原住民及特殊教育等學生，教師是否具備足夠的專業知能，致力於此類學生的教育機會均等，皆是必須關注的焦點。另一方面，隨著社會的發展，產生不少重大社會新興議題，如生涯發展教育、生命教育、品德教育、服務學習、人權與法治、性別平等教育、資訊科技、安全與防災教育、媒體素養教育、環境教育、藝術與美感教育、國際教育、家政教育、海洋教育、觀光休閒教育、勞動教育等等，教學現場的教師也必須不斷吸取新知，方能具備掌握任教學習領域相關知識與議題。

由前述可知，教師雖具有較高的社會地位，但因面臨政治、經濟、社會大環境的變遷，更加多元複雜的校園生態，以及個別差異更大的學生，

對於教師的角色期待、職責、使命感等也更高，因此，實有必要透過相關
制度與政策的推動，確保師資素質的有效提升。其中，制定專業標準與專
業表現指標，導引整個師資培育更為專業化，以精進教師專業素質，提升
專業形象，更有其必要性與重要性。

在我國有關教師專業與指標之研發工作，曾憲政、張新仁、張德銳、
許玉齡等先於2007年制定「規劃高級中等以下學校教師專業發展評鑑規準
之研究」（曾憲政、張新仁、張德銳、許玉齡、馮莉雅、陳順和、劉秀
慧，2007）；潘慧玲、張德銳、張新仁於2008年制定「中小學教師專業標
準之建構」（潘慧玲、張德銳、張新仁，2008）。

近年，有鑒於社會對良師強烈企盼，教育部於2010年8月28日及8月29
日召開第八次全國教育會議，將「師資培育與專業發展」納為十大中心議
題之一，擘劃未來十年的師資培育發展。此次會議之五項重點決議之一，
即為於《教師法》中列入訂定中小學教師評鑑辦法之法源，並推動訂定
「教師專業標準」及「教師專業表現指標」，發展教師評鑑相關機制。此
外，依據教育部2011年發布之《中華民國教育報告書》，第伍項方案「精
緻師資培育素質」之具體措施，提及應成立教師專業標準及表現指標專案
小組，規劃推動師資職前培育及在職教師專業表現檢核基準；依據「教師
專業標準」及「專業表現指標」，落實師資生特質衡鑑及輔導機制，精進
師資培育課程、教育實習及教師資格檢定，發展教師專業成長、教師評鑑
檢核指標。

基此，國民小學教師專業標準係以教師專業屬性為核心所架構之參
照機制，具有引導教師培養、教師專業實踐、教師能力認證、教師成長進
修規劃與職涯發展等多方面功能。因此，有必要廣泛就教師教學活動及角
色扮演切入思考，進行周延思考，以教師教學專業知能與素養來加以展
現。有關此部分，世界各先進國家皆致力研擬實踐，而國內也基於教師專
業的重要性，而有若干的探究；另外，復因五年前進行教師專業發展評鑑
活動，亦架構起教師專業檢核的機制與標準，皆為教師標準的研訂奠下基
礎。本計畫「國民小學教師專業標準及專業表現指標」參照前述國內、外
相關文獻，並依照我國教育環境脈絡研訂，以落實建構「全球參照、在地

統整」的教師專業標準（楊思偉等，2014）。

參、研發人員及研發流程

此教師專業標準之研發時間是自2011至2014年初，歷經三年多，當時教育部是委託臺中教育大學研發國民小學部分，臺灣師範大學負責總計畫及研發中學部分，另在國民小學部分再分出幼兒園部分和特教部分分別研發。當時小學階段之研發人員及當時身分如表8-1所示。

表8-1　國民小學組研究小組名單

	姓名	服務機關／職稱
計畫主持人	楊思偉	國立臺中教育大學校長
協同主持人	陳盛賢	國立臺中教育大學助理教授兼教師教育研究中心主任
研究員	江志正	國立臺中教育大學教育學系副教授兼系主任
研究員	謝寶梅	明道大學課程與教學研究所教授
研究員	呂鍾卿	國立臺中教育大學教育學系副教授兼師資培育暨就業輔導處處長
研究員	王欣宜	國立臺中教育大學特教學系副教授
研究員	林政逸	國立臺中教育大學高等教育經營管理碩士學位學程助理教授
研究員	辛明澄	國立臺中教育大學附屬實驗國民小學退休校長
兼任助理	許筱君	國立臺中教育大學教師教育研究中心助理

另外，在國民小學階段也進行社群運作及試作（試辦）之過程，由研發人員帶領小學教師進行實作，以確認其可行性，做滾動式修正，另也進行試辦，最後才完成了研發之定稿，所以在研發過程可說是非常慎重與嚴謹，其過程經歷無數次之討論和實作，其可行性與實踐性是非常高的。

因為本計畫屬於「高級中等以下學校及幼兒園教師共同專業標準研究」的一部分，本計畫與國立臺灣師範大學甄曉蘭教授帶領之研究團隊共同規劃「高級中等以下學校及幼兒園教師專業標準」，負責研究之範圍為國民小學、幼兒園教師類組之教師專業標準。2011至2013年（2014年初結案）各期執行的主要重點說明如下：

(一) 第一年（2011年）籌備期

主要與國立臺灣師範大學甄曉蘭教授共同研擬高級中等以下學校及幼兒園教師類組（含特殊教育教師類組）之共同教師專業標準。

1. 2011年目標

完成國民小學、幼兒園共通之教師專業標準，以及各學習領域教師專業標準。

2. 實施方法

研發工作小組，第一年始自2011年8月1日，為期5個月，止於同年12月31日，將完成國民小學、國民小學特殊教育、幼兒園共通之教師專業標準，以及各學習領域教師專業標準。

國小階段11個領域學習領域教學中心同時各自針對所要發展教學領域（包括語文領域／國文、語文領域／英文、語文領域／本土語言、數學領域、社會領域、自然與生活科技領域、健康與體育領域、藝術與人文領域、綜合活動／含包班教學知能、生活）與幼教、特教類科之教師專業標準內涵。

(二) 第二年（2012年）建置期

發展教師專業標準與專業表現指標及其內涵。

(三) 第三年（2013-2014年初）推廣期

為規劃研擬國民小學教師專業標準表現水準暨檢核工具為主要發展目標，並發展出教師專業標準及表現指標具體行為目標表，並規劃在小學現場試行實施教師專業標準。

小學研發團隊，共進行數百次之相關會議，其統計之次數如表8-2所示。

至於國民小學團隊自民國2011年2月至2013年12月，共召開14場內部會議、專家學者諮詢會數十場相關會議。分述如下：

(一) 研討規劃會議

國民小學教師專業標準研究團隊討論會議共14場。

(二) 諮詢會議

國民小學教師專業標準小組召開5場專家學者諮詢會議，參加總人數

表8-2 相關研發會議次數統計

研析方式	100年度	101年度	102年度	103年度
團隊討論會議	3場	4場	5場	2場（教師專業標準指引公告內容研擬作業）
專家諮詢會議（含分區）		2場	2場	1場
試行學校及會議（含問卷施測）	2場	30場	30場試行前置及溝通會議（6所國小）	5場

共計76人次。

(三) 其他會議

1. 參與中小學教師專業發展評鑑工作坊1場。

2. 參與高級中等以下學校及幼兒園教師專業標準聯席會議3場。

(四) 社群運作

該研發計畫主要分兩階段進行，第一階段爲教師專業標準解讀與研討並探討試行細節；第二階段爲專業標準實踐之轉化與運用，採自願性的方式由參與教師專業發展評鑑（以下簡稱教專）的試行學校運用教師專業標準規劃的內涵進行轉化與運用。

第一階段：教師專業標準解讀與研討（102年5月至8月）

每校由2位研發團隊之研究成員至各校8-10次，與社群成員共同探討教師專業標準之意涵、實踐性，內容包含：

1. 教師專業標準意涵之理解（含10項標準、28個表現指標）。

2. 教師專業標準及指標之可行性與實踐性。

3. 教師專業標準中各項指標的三種表現水準（基本、精進、卓越）之區分是否明確。

4. 協助修正所研發之評量工具。

第二階段：專業標準實踐之轉化與運用（102年9月至12月）

採自願性的方式由參與教師專業發展評鑑的學校，運用已理解之教師

專業標準內涵，將教師專業標準指標與教師專業發展評鑑四層面與檢核重點進行轉化與運用，並配合本計畫擬定之評量工具給予回饋意見。

1. 參與教專（教師專業發展評鑑）的學校，將教專指標四層面檢核重點與本計畫之標準進行轉化結合。
2. 評量工具：包括28個指標的表現水準。
3. 各項指標評量工具之操作（自評）與提供意見。
4. 提出國民小學教師專業標準之實施方式與建議。

參與本小學階段研發計畫之社群運作學校，包括下列六校：

1. 臺中市北屯區東光國民小學（教專學校）
2. 彰化市大成國民小學（大型）
3. 彰化縣秀水鄉陝西國民小學（中小型）
4. 南投縣竹山鎮雲林國民小學（大型）
5. 南投縣魚池鄉東光國民小學（教專學校）
6. 臺中市西區忠孝國民小學（教專學校）

(五) 問卷調查

其次，為廣徵國民小學教師、校長、主任、教育行政機關人員及學者專家對於國小教師專業標準之意見，本研究以「國民小學教師專業標準及專業表現指標調查問卷」寄送於上述人員進行調查，以下針對調查結果進行分析討論。抽樣方式是依照臺灣地區（含澎湖離島地區）的縣市分布及國小學制作為分層依據，以分層隨機抽樣方式進行抽樣。依對象之抽樣重點為：

1. 教師

由教育部提供各縣市學校的教師數，依照各縣市的學校數與教師數的比例來進行分層隨機抽樣，問卷發放對象：

(1)一般教師：導師共6位，發放給一、二、三、四、五、六年級第一班的導師。若班級數少於6班無法依前述年級發放時，請依年級高低依序發放給較高年級之班導師，並依科任教師發放順序發給科任教師填寫。
(2)科任教師共1位：由於各校聘任之科任教師領域及數量不同，為求

發放順利，特別要求須依下列科目順序由授課較高年級之教師開始發放，科目順序如下：社會、自然、英語、音樂、美勞、健康與體育。

2. 學校行政人員

依據全國高級中等以下公立與私立學校數，以學校為單位（校長、主任、教學組長各1位），按照各縣市的學校數與教師數比例來分層隨機抽樣。抽樣學校的校長、教務主任、教學組長為填答對象。

3. 教育行政人員

依據各縣市教育局處的人員數（不含借調教師），依照各縣市的人員比例來分層隨機抽樣各縣市教育局處的施測人員，預計抽樣比例為該群體的10%。

4. 專家學者

全國16所設有小教學程之師資培育大學，各校選取5位任教「師資培育課程」之專任教師或相關人員填寫。

問卷共寄送5,650份，共回收3,716份，問卷回收率達65.77%。其中包含公立學校3,488份、私立學校91份、師培大學88份、縣市教育局31份及遺漏值18份。問卷設計包括10個專業標準及28項專業表現指標，背景變項部分共包含填答身分、服務縣市、學校規模、從事實際教學年資、是否曾實施「教師專業發展評鑑」等五項。其具體分析內容，在此就省略不談。

(六) 試行運作

研究團隊採立意取樣法，邀請嘉義市國民小學共6所學校，約80位學校教師參與指標系統的試作，以對國民小學教師專業標準及表現指標提供修正意見，尤其希望了解試作學校應用指標於教師評鑑之可行性。試作之實施步驟為聯繫試作學校後，進行試作領域及教師之協調，由研究團隊展開試作說明工作坊，各參與試作之國民小學進行標準及指標之試作，研究團隊將試作結果進行意見彙整及回應，並且召開各試作學校檢討會議，加強本研究計畫之統整。

1. 尋求參與試行學校

確認參與試作的學校，本研究邀請嘉義市六所國民小學（嘉義市港坪

國民小學、嘉義市文雅國民小學、嘉義市興嘉國民小學、嘉義市垂楊國民小學、嘉義市民族國民小學、嘉義市北園國民小學）參與試作。計有校長6人、教務主任6人，參與教師數約71人。

2. 辦理試作說明工作坊

分別於2013年11月21日及2013年11月27日辦理說明工作坊，由研究團隊成員進行說明，並與現場教師討論溝通相關建議。

3. 試作學校進行試評

進行試作準備工作前，研究團隊成員與各校校長諮詢發展國民小學教師專業標準及表現指標具體行為目標表，並於工作坊後蒐集各校參考意見，得以再度評估實際操作上的困難。並聯絡學校主任確定各校試行日期。各校於預定日期進行自評、他評等項目，而研究團隊成員亦進入該校參與他評之進行。另外，透過試作經驗對國民小學教師專業標準及表現指標之建構與修正提供了相當之幫助。

肆、研發教師專業標準之目的、效益與基本構想

當時研發教師專業標準，其目的有以下四項：

一、目的

(一) 導引師資職前培育專業化發展；

(二) 促進在職教師專業成長與職涯發展；

(三) 作為檢核教師專業表現之依據；

(四) 研發國民小學教師專業標準，另外同時完成其下層之表現指標、表現水準及評量工具。

二、效益

研發與建構教師專業標準，其效益包括以下五項：

(一) 引導師資培育大學規劃師資職前培育課程；

(二) 引導師資培育大學與中小學／幼兒園安排師資生實習輔導與評量；

(三) 協助教育主管機關辦理教師甄選及精進教師評量措施；

圖8-1　教師專業標準之主要內涵

(四) 協助辦理教師專業發展單位建構教師專業發展活動；

(五) 鼓勵教師終身學習及落實教師自我專業成長機制。

三、基本構想

　　由於本研究案是屬於政策規劃案，不同於一般之政策研究案。本案進行中強調可行性之評估，在草案完成後，經由專家會議、實務人員諮詢會議、社群會議、問卷評估及試辦等流程，才完成之。

　　另外，進行本研發作業，其中首要工作即進行各標準內涵的思考，以能具體描述各標準之內涵，作為後續研擬之依循；其次則再就表現指標進行檢視符應狀況並加以增修，以架構完整之教師專業標準。

　　進而，在進行各項標準之內涵描述時，經細加考量，認為標準雖為一實踐行為之具體化指稱，然個體在實踐某項行為之際，一定會先具有相關理念與價值，才能進行行為之引領；另外，個體某項行為的實踐，從理性的角度來看，一定是有目的性的；換句話說，即具有達成某一標的之思維。基於此，在進行內涵描述時，乃架構起理念、行動、目的等三項基本要素來論述，並先以理念思維引導，而後付諸行動實踐，最後再點出實踐之目的等之內涵描述形式。

　　以下針對研究團隊訂定國民小學教師專業標準，以及完成其下層之表現指標、表現水準及評量工具之基本理念做一論述。

(一) 規劃教師專業標準基本理念與架構

　　為建立教師終身專業學習的圖像，建立專業標準本位的師資培育，透過規劃研訂「教師專業標準」及「教師專業表現指標」等，推動師資職前培育、師資導入輔導及教師專業發展表現檢核基準，使師資培育歷程一貫化及一體化，形成師資職前教育、實習導入教育、教師專業發展等三個師資培育歷程的連結關係，精進師資培育與專業發展歷程，確保教師專業能力，維護學生受教權，提升教育品質。本建構計畫之基本理念與規劃架構如下（楊思偉、陳盛賢、江志正、謝寶梅、呂鍾卿、王欣宜、林政逸、辛明澄、許筱君，2014）：

1. 基本理念：以「專業精神與素養」為核心，促使教師專業發展為導向。
2. 內容包含「專業知識」、「專業實踐」及「專業投入」三大向度，共10項標準。
   標準1：具備教育專業知識並掌握重要教育議題
   標準2：具備學科／領域知識及相關教學知能
   標準3：具備課程與教學設計能力
   標準4：善用教學策略進行有效教學
   標準5：運用適切方法進行學習評量
   標準6：發揮班級經營效能營造支持性學習環境
   標準7：掌握學生差異進行相關輔導
   標準8：善盡教育專業責任
   標準9：致力於教師專業成長
   標準10：展現協作與領導能力
3. 10項標準之間為交互影響之動態關係，不會做切割討論。

(二) 國民小學教師專業標準規劃之重點

　　茲針對研發國民小學教師專業標準及表現指標等規劃之重點做如下之說明（楊思偉等，2014）。

1. 研訂國民小學教師專業標準，引領專業標準本位的師資
   培育

為建立教師終身專業學習的圖像，建立專業標準本位的師資培育，透過規劃研訂「教師專業標準」及「教師專業表現指標」，推動師資職前培育、師資導入輔導及教師專業發展表現檢核基準，使師資培育歷程一貫化，形成師資職前教育、實習導入教育、教師專業發展等三個師資培育歷程的連結關係，精進師資培育與專業發展歷程，確保教師專業能力，維護學生受教權，提升教育品質。

2. 導引師資職前培育朝專業化方向發展

透過規劃研訂「教師專業標準」及「教師專業表現指標」等，並建立國民小學各學習領域之教師專業標準與教師專業表現指標，建構各學習領域之教師專業標準與教師專業表現標準之評量工具，發展國民小學各學習領域之專門課程，導引整個小學師資培育更為專業化導向。

3. 融入十二年國民基本教育核心主軸概念

因2014學年度起全面實施十二年國民基本教育，為因應此項教育政策的實施，學校與教師必須有所準備。因此，在研訂國民小學教師專業標準與專業表現指標時，研究團隊將十二年國民基本教育所強調的之核心主軸：活化教學、適性輔導、多元評量等重要概念，融入教師專業標準及專業表現指標，希冀透過標準與表現指標的訂定，發揮引領國民小學教師朝向此三項核心主軸的方向精進的最大功能。

4. 強調國民小學教師應具備之人師角色與教學能力

因國小學生年齡較小，教師除具備教育專業知能之外，也必須發揮「人師」的功能，例如：樹立良好的人師身教典範、營造良好的師生互動關係與班級氣氛、關懷弱勢學生，以及進行有效的正向輔導等等。其次，有別於中學教師較強調分科教學能力，國民小學教師強調應具有包班教學能力，以及須具備2-3個學習領域（學科）的教學能力。

5. 強調國民小學教師應具備特殊教育知能

融合教育（inclusive education）為特殊教育發展趨勢之一，且目前高中以下教育階段有超過85%的身心障礙學生安置於普通班或普通學校特殊

班；再加上國小及學前以包班制度為主，教師在學校的時間與班上學生接觸甚多，故國民小學普通教師也應具備基本的特殊教育專業知能。為強調國民小學教師應具備相關特殊教育知能，以顧及特殊教育學生的教育機會均等，研究團隊於研訂國民小學教師專業標準與專業表現指標時，將部分特教概念以表現指標的方式加以呈現。

伍、研發過程之重要爭議點

我國國民小學教師專業標準，在歷次諮詢會議與規劃會議中，有兩項各界最關心之議題。第一，關於本標準規劃與現行的「教師專業發展評鑑」方案之區隔，究應為延續性的推展，或可重新規劃周延且具體可行的整體計畫？第二，本研發案與各界所關心推動國小教師分級制度的關聯性為何？以下分述之。

一、是否與「教師專業發展評鑑」方案之區隔

2005年10月25日通過「教育部補助試辦教師專業發展評鑑實施計畫」，推動「教師專業發展評鑑」之政策，2006年起試辦中小學教師專業發展評鑑。此項政策對於促進教師專業發展雖能發揮一定的功能，惟目前各國小尚未全面實施此項評鑑政策，因此，此項評鑑政策是否能全面提高教師素質及專業表現，尚待審慎評估。

相較於「教師專業發展評鑑」是以中小學在職教師為實施對象，國民小學教師專業標準，適用對象較為廣泛，除國小在職教師之外，也涵蓋職前階段的師資生，其功能除促進在職教師專業成長之外，尚可發揮導引師資職前培育專業發展。

二、是否與「教師分級制度」之區隔

為區別國小教師在國民小學教師專業標準及專業表現指標上的表現差異，本案規劃將各專業表現指標區分為三種表現水準：基本、精進、卓越。此三種表現水準並不是分級之意，在於提供教師在終生職涯發展過程中，區分不同發展階段，例如在新人階段，應具有基本之水準，其後再依照教師年資，逐步進展至更高之階段，而這種進階發展階段，並不是分級

的概念。

陸、參與社群運作學校之主要回饋意見

經彙整參與社群運作學校之教師等對國民小學教師專業標準內容之建議如下：

1. 教師專業標準的訂定可以幫助教師在自我成長上有一個明確的標準與目標，但標準的內容需訂定的相當具體且明確，以免流於雖有標準但各家解釋不同，而失去其原本之意義。

2. 具體明確的敘述教師專業標準內容，宜以教師的教學與輔導經驗為主，並獲教師認同其可行性。

另外，詢問如果未來教師專業標準作為教師評鑑的指標，有何建議？

1. 目前教育部之教師專業發展評鑑指標已運作多年，且此評鑑業務已在各區域推展略有成效，如評鑑指標再改變可能會引發老師們的反彈，或許讓評鑑業務功虧一簣，因此其實教師專業評鑑指標可等同於就是教師專業的標準。

2. 若作為教師評鑑指標應簡化、具體及客觀，並考慮現場教師現況，讓教師有能力可以達成，而非空談之理想。

3. 兼顧內部評鑑與外部評鑑，並採行多元的評鑑方式，編列經費讓補助學校辦理評鑑的行政業務費用得以支用。

其次，為使國小教師能深入了解教師專業標準內涵，有哪些可行的作法？

1. 可透過培訓講師到各校去宣導、教師甄試時列入考試範圍及透過區域中心學校推廣，辦理說明會、實體研習或採用線上研習，並提供有關教師專業標準說明手冊。

2. 學校組成專業發展社群，讓老師們參與實際討論與分享，也可讓典範教師做經驗分享，達到教學相長。

進而，詢問對於由教師專業標準發展出之評量工具，有哪些建議？

1. 希望能在藉由更多現場老師的參與，讓評量工具能更多面向，更符合現場教師的實務運作。

2. 注重評量工具的發展過程，審慎建立其發展的試行、評估與實施期程。

3. 評量工具不應造成現場教師壓力，需審慎評估，避免做太多書面資料，可善用科技工具（如部落格、個人網頁等等）來準備教學檔案，並著重檔案內容而非過重於擅長美編製作。

4. 建議實施之前能擇定各縣市10-15所國小先進行試辦。

柒、規劃之具體內容與意涵

一、教師專業標準、專業表現指標內容與檢核方式

在經過上述流程，包括諮詢、討論、問卷後，規劃出小學階段教師專業標準（草案）。此草案內容也標出檢核時之資料來源，包括觀課、檔案和自評等方式，且關注到多元資料蒐集方法，可供實作時作為檢核參據。

表8-3　國民小學教師專業標準（草案）與檢核資料來源

專業標準	專業表現指標	觀課	檔案	自評
1.具備教育專業知識並掌握重要教育議題	1-1具備教育專業知識與素養。		★	★
	1-2熟悉學生身心特質與學習發展。		★	★
	1-3了解教育發展趨勢，掌握重要教育議題。		★	★
2.具備學科／領域知識及相關教學知能	2-1具備任教學習領域專門知識。	★	★	★
	2-2具備任教學習領域教學知能。	★	★	★
3.具備課程與教學設計能力	3-1參照課程綱要與學生特質明訂教學目標，進行課程與教學設計。		★	★
	3-2依據學生學習進程與需求，彈性調整教學設計及教材。	★	★	★
	3-3統整知識概念與生活經驗，活化教學內容。	★	★	★
4.善用教學策略進行有效教學	4-1運用適切教學策略與溝通技巧，幫助學生學習。	★		★
	4-2運用多元教學媒介、資訊溝通科技與資源輔助教學。	★	★	★
	4-3依據學生學習表現，採取補救措施或提供加深加廣學習。	★	★	★

表8-3 （續）

專業標準	專業表現指標	檢核資料來源		
		觀課	檔案	自評
5.運用適切方法進行學習評量	5-1採用適切評量工具與多元資訊，診斷學生能力與學習。	★	★	★
	5-2運用評量結果，提供學生學習回饋，並改進教學。	★	★	★
	5-3因應學生身心特質與個別學習需求，能了解及轉介與調整評量方式。	★	★	★
6.發揮班級經營效能營造支持性學習環境	6-1建立有助於學習的班級常規，營造正向的學習氣氛。	★		★
	6-2安排有助於師生互動的學習情境，提高學生學習成效。	★		★
	6-3掌握課堂學習狀況，適當處理班級事件。	★		★
7.掌握學生差異進行相關輔導	7-1了解學生背景差異與興趣，引導學生適性學習。	★	★	★
	7-2了解學生文化，引導學生建立正向的社會學習。	★	★	★
	7-3回應不同類型學生需求，提供必要的支持與輔導。	★	★	★
8.善盡教育專業責任	8-1展現教育熱忱，關懷學生的福祉與權益。		★	★
	8-2遵守教師專業倫理及相關法律規範。		★	★
	8-3關心學校發展，參與學校相關事務與會議。		★	★
9.致力於教師專業成長	9-1參與教學研究／進修研習，持續精進教學。		★	★
	9-2參加專業學習社群，促進專業成長。		★	★
10.展現協作與領導能力	10-1建立與同事、家長及社區良好的夥伴合作關係。		★	★
	10-2因應校務需求，參與學校組織運作工作。		★	★
	10-3參與課程與教學方案發展，展現領導能力或影響力。		★	★

備註：
1. 檢核資料來源為使用「檔案」檢核方式，係指師資培育階段所需實施的檢核，如教師檢定等其他師資生檢定測驗所給予的證書相關資料。
2. 標準1、標準2的基本原則於教師職前教育就須達到，標準10-2與10-3供參與行政或資深教師可參考達成，標準4、5、6、7若不易以書面資料呈現，可以影音資料來佐證。

二、專業表現指標具體內容與意涵

　　規劃後之小學教師專業標準與專業表現指標，為了避免各自詮釋，產生運用上之困難，在規劃時特別對各項專業表現指標之內容進行更細節之

說明，其內容如下（楊思偉等，2014）：

(一) 專業知能

「專業知能」向度為培養職前教師具備專業知識基礎及專業能力，包括教育專業及學科教學兩大部分。具備專業知能的國民小學教師，不僅具備有教育基礎理論知識、國民小學教學領域專門知識、國民小學領域教學知能等等，且能了解國內外教育最新發展趨勢，以及相關重要教育議題，不斷與時俱進。

標準1：具備教育專業知識並掌握重要教育議題

教師具備教育所需之專業基礎知識與素養，並與時俱進、精益求精，了解教育最新發展趨勢及相關重要教育議題。

- 教師具備教育學專業理論知識，了解教育的目的及價值，奠定形塑教師教育信念及態度的理性基石，培養教師的專業精神與素養。此外，教師也必須了解國民小學教育階段之學校制度、法律與政策。

- 教師具備一般教學知識基礎，包括：教學原理與原則、教學計畫與活動、教學方法與策略、教學媒體與操作、教育測驗與評量、輔導原理與實務、班級經營技巧與師生溝通互動等。

- 教師具備教育專業所需教育行政及法令規章等素養，能熟稔各項法令與規定，並據此規劃教學活動、班級經營及學生學習等之方向與策略。

- 教師具備兒童學習發展與學習特質的基礎知識（包括一般學生、特殊學生、資優學生、少數族群學生、行為偏差等學生），了解不同學生在認知發展、語言發展、情緒發展及生理發展等特質，以掌握每位學生學習發展與學習特質的差異，據以彈性規劃班級學習活動，讓學生有更多的機會進行有效學習。

- 教師能關注教育最新發展趨勢，掌握重要教育議題及學科／領域知識之脈動，並能統整原有教材、新知與新興議題的內涵，適時融入教學之中，規劃出合宜的教學計畫與教學策略，以精進學生的學習成效。

標準2：具備學科／領域知識及相關教學知能

教師具備任教學習領域的基本專門知識（Content Knowledge, CK），並掌握相關的學科教學知能（Pedagogical Content Knowledge, PCK），了

解如何將學科及領域知識內容清楚的傳遞給學生。

• 教師具備任教學習領域的專門知識，了解任教學習領域的核心知識內涵、基本結構、組織方式、重要與迷思概念、技能及探究工具，並能掌握教學領域的最新發展趨勢，以及與其他相關知識間的重要關聯，連結不同的知識體系，豐富並拓展學生的學習經驗與機會。

• 教師能了解任教學習領域課程綱要內涵，包括基本理念、課程目標及基本能力指標等，以期能統整任教學習領域課程內涵與教學探究，因應不同學生的學習特質，規劃出合宜的教學計畫、教學策略並設計教學活動，並能充分清楚地傳遞給學生。由於融合了不同任教學習領域的專業教學知能，故最能發揮教師的實踐智慧，展現教師獨特的專業教學實踐活動。

(二) 專業實踐

「專業實踐」向度強調教師將專業知能轉化為實際的課堂教學實踐行動的能力，包括教學設計、教學策略實施、評量診斷、班級經營及學生輔導。教師具備課程與教學設計及教材調整能力，且能因應配合十二年國民基本教育之推動，教師能善用教學策略活化教學、適性輔導與補救教學之知能，以達適性揚才之教育理念；此外，教師需具備命題、多元檢視及回饋等課堂評量能力，並營造支持性的學習環境，重視學生學習差異與需求，進而精進教師教學品質，提升學生學習成果。

標準3：具備課程與教學設計能力

教師以專業知識為基礎，審慎考量教學目標、學科／領域知識概念、課程綱要、學生特質能力進行課程統整與教學設計，並根據學生學習進程與需求彈性調整教學設計及教材內容，進而統整學科／領域知識概念及學生生活經驗，使學生產生有意義的學習。

• 教師參照課程綱要內容與學生特質（包括族群、文化、語言、地區特性、家庭社經背景、年級、性別、先備知識、學習能力與興趣）訂定教學目標，進行課程與教學設計，研擬適切的教學計畫，將教學構思轉化為實際的教學行動。

• 教師依據學生學習進程、學習需求及學習困難等差異，彈性調整教學設

計及教材內容，並能審視學生學習的回饋訊息，安排適應學生個別差異
之教材與教學活動，並運用不同的教學評量方式，幫助學生有效學習，
達成教學目標。

- 教師連結及統整學科／領域知識概念與學生的生活經驗，引用日常實例
幫助學生理解知識，活化教學內容，使學生的學習經驗獲得更廣泛的統
整與意義，激發學生的學習動機與興趣。再者，教學表現精進之教師，
能具備課程統整的專業知能與意願，跨越學科／領域的邊界與藩籬，建
立不同學科／領域知識概念的縱向及橫向連結，藉此引導學生運用跨學
科／領域的知識分析複雜的議題，以多元觀點看待事物，培養學生批判
思考、創造思考及問題解決的能力。

　　標準4：善用教學策略進行有效教學

　　教師根據教學目標、教材內容及學生特質選擇適切且多元的教學方法
與策略，清楚呈現教學內容，並因應學生學習狀況之差異進行彈性調整，
回應學生不同的學習需求，幫助學生有效掌握學科／領域知識內容，達成
教學目標。

- 教師了解各種教學方法與策略的特色、內涵與限制，並考量教學目標、
學科／領域內容性質、學生特質及能力等，運用多元的教學方法與策
略，適當運用口語／非口語、板書、提問及正向溝通技巧等，清楚傳遞
教學訊息，促進師生良好的溝通互動，幫助學生學習，提升學習效果。

- 教師具備基本的資訊素養（information literacy）能力，能根據教學需
要，尋找、判斷及評估各種資訊的來源與用途，並適時善用多元教學媒
介及教學媒體（如簡報、圖片、影音、線上教學平臺、部落格……），
以支援教學活動，豐富教學內容，並能充分與學生互動，且運用校內外
各種教學設備及人力資源（如社區圖書館、博物館、社教館……），以
加深加廣的方式拓展學生的學習經驗。

- 教師依據學生的學習表現，分析學生的個別差異，採取補救措施，並進
行調整課程與使用適當的教學策略，實施不同的教學活動，滿足學習者
的學習需求。另針對特殊需求學生，能和特教教師、輔導人員、家長或
相關專業人員（如：語言治療師、物理治療師等）合作擬定個別化教育

計畫（IEP）或資優生個別輔導計畫（IGP），發展多元化且合適的教學方法與策略，開展學生學習潛能。

標準5：運用適切方法進行學習評量

教師考量學科／領域的知識屬性、學生的學習特性與需求，選擇適切的評量工具、方法及多元資訊檢視學生的學習成果，診斷學生的表現與能力，以作為教師教學改進及提供學生學習回饋之依據。

- 教師依據教學計畫訂定學生學習目標，清楚地向學生說明及溝通學習目標、內涵與評量標準，並依學生學習特質的差異作適當調整，藉由適切的學習評量方式，引導學生共同規劃未來學習進程及學習藍圖。

- 教師具備命題原理原則與技巧，並了解多元評量工具／方法（如傳統紙筆測驗、實作評量、真實評量、檔案評量等）之特色與限制，透過課堂中的評量活動，定期分析各種評量結果，診斷學生學習狀況及調整教學，並將評量結果回饋至教師教學活動，以改進教學設計，建構適合學生學習的鷹架。

- 教師具備並能覺察學生身心特質與個別學習需求之差異，並了解相關的評量方式，以期能發現學生學習困難。教師也應具備轉介與鑑定流程的概念，以進行教學上的調整、設計個別化的教學與評量。此外，教師也可尋求學校行政、社區網絡及社會支持體系的協助，並能與特教及輔導人員合作，協助特殊需求學生轉介與鑑定，幫助其有效學習。

標準6：發揮班級經營效能營造支持性學習環境

教師發揮班級經營效能，營造一個支持學生個人及團體有效學習的物理及心理環境，並與學生保持良好的師生互動關係，鼓勵學生積極投入個人或同儕的合作學習，提高學習成效。

- 教師與學生共同討論訂定合宜明確的班級常規及獎懲制度，透過班級自治幹部協助並確實執行，定期評估實際實施成效並能適度調整班級規範，形塑學生具備民主素養。此外，培養學生對於文化、經濟弱勢與特殊需求學生的關懷行為，營造正向關懷的班級氣氛。

- 教師安排有助於師生互動且安全、適宜的學習環境（如學生座位安排、硬體設施規劃、空間情境布置配合教學主題等），並能善用學校教學設

備及資源，配合多元教學策略及班級領導方式，豐富學生生活經驗，引導學生展現同儕支持合作之行為，以增進學習成效。

- 教師具備危機處理能力，了解校園危機、衝突及偶發事件的預防及通報機制，於課堂中能掌握及敏察學生的學習狀況、妥善處理師生間及同儕之間的班級事件，並適時尋求學校相關單位的支援與協助，引導學生學習問題解決能力並能善用事件進行機會教育，作為學生學習之借鏡。

標準7：掌握學生差異進行相關輔導

教師了解及辨別不同學生的背景差異、興趣及需求，進行相對應的學習輔導、生涯輔導及行為輔導，並引導學生建立良好的社會互動關係及正向的社會價值觀。

- 教師認識並掌握任教班級學生的族群、文化、語言、地區、家庭社經地位、年級、性別、先備知識及學習能力之背景差異，並尊重及傾聽學生的想法與需求，進行學生的學習輔導且能詳實記錄建立檔案資料，據以掌握學生學習成效、引導適性學習、建立生涯發展規劃及調整教師教學方式，並且保護學生及相關人員資料之隱私。

- 教師具備對學生身心特質、同儕關係與次級文化之了解，能尊重學生班級地位體系、人際關係網絡及多元文化背景，也能主動了解學生想法、感受與需求，幫助學生發展正向的社會互動關係，並可藉由人師身教及形塑班級學生學習楷模的影響力，增強學生自我效能，並引導學生建立正向的社會價值觀。

- 教師了解不同類型學生（包含一般學生、特殊學生、資優學生、少數族群學生、行為偏差學生、情緒困擾學生等）的特殊需求，並能因應不同特質需求，透過教學設計、班級經營等技巧給予正向的管教與輔導，並善用學校輔導室、社區輔導網絡及社會支持系統等相關資源，提供學生適當的諮商、安置及轉介的協助與輔導。

(三) 專業投入

「專業投入」向度包括：專業責任、專業成長及協作領導，除了參考相關法源依據，明訂教師應承擔之最基礎教育專業責任及專業倫理外，並鼓勵教師透過多元管道終身學習，持續精進成長，參加專業學習社群，分

享及改善教學策略；此外，參照國際發展趨勢，鼓勵教師發展協作與影響力，在教育行政及課程與教學上，與同儕、家長及社區間建立良好合作夥伴關係，並積極參與校務行政工作，引導學校卓越發展與創新，提升整體教育品質。

標準8：善盡教育專業責任

教育專業工作者應展現教育熱忱，關懷學生的福祉與權益，公平帶好每一位學生，同時必須了解並遵守教師專業倫理與法律規範，奉獻教育社群，積極參與投入學校相關事務及會議，達成學校教育願景與目標。

- 教師展現教育熱忱與使命感，發揮有教無類的精神，善盡對學生的教育職責，以尊重學生差異與公平正義之理念，不得有種族、宗教、地區、政黨、社經地位、性別或身心殘疾等歧視，維護學生的學習權益，並主動關懷了解弱勢學生的特殊需求，建立良好機制以積極協助其解決學習及生活上的問題。

- 教師必須了解並遵守教育相關法律規定（如教育基本法、教師法、國民教育法、特殊教育法、性別平等教育法、教育人員任用條例、教師輔導與管教學生辦法、各縣市聘約準則、校園性侵害或性騷擾防治準則、各校聘約內容……）及教師專業倫理守則與自律公約（如全國／各縣市／各校教師自律公約），並依照相關規範進行教育專業活動，更可組成教師專業學習社群，共同規劃更高層次的專業倫理信條，給予學生正向引導。

- 教師願意付出時間進行教學相關準備與教育議題的思索，並保持工作熱忱與良好的情緒管理，關心學校發展，擔任導師職務，主動參與學校教學、行政或輔導相關事務與會議，參與相關會議（如校務會議、課程發展委員會、導師會議、教評會議、性別平等委員會議、輔導會議、中輟生輔導會議等）及工作（如學校家長日活動、校外教學活動、職業試探活動等），善用教學經驗或實務知能，協助學校規劃、執行學校發展計畫，帶動學校卓越發展。

標準9：致力於教師專業成長

因應快速變遷的教育環境，教師透過教學研究、進修學習及參與專

業學習社群等方式，促進自我專業成長，持續精進教學，提升教學實務能力，並能創新教學工作，深化教師專業素質。

- 教師應實踐「教師即研究者」的教育理念，主動反思及批判自己的課程與教學活動，發掘課堂教學問題，積極進行教學研究，提出教學問題解決策略，並能建立個人教學檔案，系統化地自我省思與改善教學實務。

- 教師主動參與校內外各種教師專業進修研習活動，關心理論與實務之連結，並能將所學應用於實際教學情境脈絡中，以改善教學情境，增進教學品質與成效。

- 教師參與校內外專業學習社群（如校內各領域課程小組、教師成長團體等），透過共同探究教育問題及分享交流教學經驗等活動，建立專業對話與協同合作教學的機制，促進教師個人專業成長，符應學生學習需求，助於形塑信任、學習與專業認同的學校組織文化。

標準10：展現協作與領導能力

　　教師尋求適當的機會展現協作（cooperation）與領導能力，與同事、家長及社區建立良好的合作夥伴關係，並積極參與校務工作，投入學校課程與教學方案發展，以協同的方式共同促進學生的學習及學校的卓越發展，提升整體教育品質。

- 教師與同事保持良好的關係，能共同合作，發揮團隊精神，解決學校組織運作、教師教學或學生學習的相關問題。

- 教師了解學生家庭背景，積極辦理親師交流活動，與家長維持密切且互信的合作關係，定期向家長說明學生在校生活情形及學習狀況，並能運用家長及社區資源，連結不同的社會關係網絡，擴大學生學習場域與生活經驗，支援教學活動的進行。

- 教師因應校務發展需求，積極主動參與學校組織運作，研擬學校課程發展計畫，提出教務改進策略，並能積極引領校內外同儕專業成長，發揮影響力及領導力，以促進學校卓越發展。

三、專業表現水準

　　為區別國小教師在國民小學教師專業標準及專業表現指標上的表現

差異，本案規劃將各專業表現指標以下再區分為三種表現水準：基本、精進、卓越。三種表現水準之意涵說明如下：

1. 「基本」表現水準：表示教師表現達到教師的基本要求，例如：教師應熟悉教育專業基礎知識，了解學生身心發展；教師在教學時能運用適當的教學方法，引導學生學習；在進行班級經營時，能訂定與運用班級常規與獎勵方式；能進行學生學習輔導；主動關懷弱勢學生；了解學校願景、目標及校務發展相關計畫。

2. 「精進」表現水準：表示教師除具備「基本」表現水準之外，還能夠講究教育的過程、方法或技巧，用心構思與安排教育的事物或活動，使其具有一定程度的精緻性，並能獲得較好的教育效果。例如：教師除了解學生身心發展之外，也能因應學生個別差異，彈性規劃學習活動；在教學上，教師能針對不同學習領域的性質，以及學生個別差異等，進行差異化教學。

3. 「卓越」表現水準：表示教師除有「基本」、「精進」表現水準之外，還具備精益求精的精神，具有創新、研發、設計、轉化的能力，並能跨越出班級或學校界線，發揮典範作用、引領其他教師專業發展的功能。例如：在教學上，教師能進行跨領域的課程統整與教學實踐；在輔導學生時，教師能給予學生批判反省與自主做決定的機會，培養學生自律的能力；在專業投入層面，教師能召集、組織並引領教師專業學習社群活動。

前述三種表現水準，代表教師在不同專業表現指標上的不同表現程度，並非是教師的不同進階階段，例如：「精進」表現水準，指的是教師表現達到精進層級，並非代表是「精進教師」的階段。因此，國民小學教師專業標準與教師分級制度並無關聯。

捌、結語

正如一般之認知，良師可以興國，教師素質的良窳攸關整體教育品質的提升，國民小學教師專業標準係以教師專業屬性為核心所架構參照機制，具有引導教師培養、教師專業實踐、教師能力認證、教師成長進修規

劃與職涯發展等多方面功能。因此研究團隊廣泛就國民小學教師教學活動及角色扮演切入思考，參照英、美、澳等世界各先進國家訂定教師專業標準的寶貴經驗，衡酌目前國內國民小學教育現場較為多元的環境與需求，復考量九年一貫課程教育政策、中小學教師專業發展評鑑的實施，以及未來十二年國民基本教育的核心主軸，研訂國民小學教師專業標準與專業表現指標，共發展10項專業標準、28條專業表現指標，每則專業表現指標又分為基本、精進、卓越三種表現水準。

　　立基於上述研訂出的基礎，未來有機會將繼續規劃國民小學教師專業標準之評量工具，並透過試行實施教師專業標準與教師表現標準、評量工具，並發展出具體行為目標表，使最終研訂出之教師專業標準與專業表現指標能具有理想性、系統性、可執行性，俾發揮引領師資培育與教師專業發展的引導功能，培育出具有教育愛、專業知能與執行力之教師，精進國民小學教育品質，開創我國教育的黃金十年。

　　雖然最後教育部於2016年2月正式公布具整合性的「教師專業標準指引」，但其特殊性在於加上「指引」兩個字，似乎降低了原有標準之規範性質；另外其表現指標有一些小異，在第九標準多了一條表現指標項目，共有10個標準29項專業表現指標，雖然如此，但仍沒有進一步區分各階段及各類型教師之專業標準內容，也沒有更進一步公布更下層之表現水準等，對於未來如何真正落實，仍保有相當之彈性空間，是優點也是缺點。因此，本文能將國民小學部分之研發經過及更具體之研發內容作一整理，相信對於未來這項議題之研究發展將有具體之助益。〔本文主要從楊思偉、陳盛賢、江志正、謝寶梅、呂錘卿、王欣宜、林政逸、辛明澄、許筱君（2014），《建構國民小學教師專業標準之研究》報告書整理而成。〕

參考文獻

中華民國師範教育學會（2005）。**各師資類科教師專業表現之標準**。教育部中教司委託專案研究成果報告。

吳武典、楊思偉、周愚文、吳清山、高勳芳、符碧眞、陳木金、方永泉、陳
　　盛賢（2005）。師資培育政策建議書。教育部中教司委託專案研究報
　　告。

教育部（2006）。師資培育素質提升方案。2016/08/26取自http://www.root-
　　law.com.tw/LawArticle.aspx?LawID=A040080061003000-0950223

教育部（2009）。中小學教師素質提升方案。2016/08/26取自http://ws.moe.
　　edu.tw/001/Upload/userfiles/%E4%B8%AD%E5%B0%8F%E5%AD%B8%
　　E6%95%99%E5%B8%AB%E7%B4%A0%E8%B3%AA%E6%8F%90%E5
　　%8D%87%E6%96%B9%E6%A1%88.pdf

教育部（2012）。中華民國師資培育白皮書。2019年2月10日取自https://
　　ws.moe.edu.tw/Download.ashx?u=C099358C81D4876CC76BC3215266429
　　688C51908E957AA469494B1D88FE7AB095C2966547A1ADDF7B354D80
　　B9E346783B21129435D904360DE50530AD08C92E0AD36C48541A4B3D
　　6&n=70FF865D5FF4A15C6529A091A8E3627F8CF7DC9DBF086AD82442
　　EE21DEE054D8D424F437A1884765D40682AF0E479632&icon=..pdf

曾憲政、張新仁、張德銳、許玉齡、馮莉雅、陳順和、劉秀慧（2007）。中
　　小學教師專業發展評鑑規準之研究。教育部教育研究委員會委託專案研
　　究成果報告。

楊思偉、陳盛賢、江志正、謝寶梅、呂鍾卿、王欣宜、林政逸、辛明澄、許
　　筱君（2014）。建構國民小學教師專業標準之研究。教育部師資藝教司
　　委託研究報告，臺北：教育部。

潘慧玲、張德銳、張新仁（2008）。臺灣中小學教師評鑑／專業標準之建
　　構：方法論。載於潘惠玲主編，中小學教師評鑑。新北市：心理。

本文出自楊思偉（2016）。國小教師專業標準發展過程與成果之分析。收錄於
吳清基、黃嘉莉主編，教師專業標準、發展與實踐，中華民國師範教育學會出
版（頁67-100）。

第九章

師資培育白皮書政策

壹、前言

　　「國家的未來，關鍵在教育；教育的品質，奠基於良師」，根據學校教育改革經驗，教師素質是奠定學生學習成就的最重要基礎，是教育革新成功與否的關鍵（教育部，2012），我國文化有著「天、地、君、親、師」之思想價值，傳統以來教師的社會地位相當高，也一直扮演著相當重要的角色，如韓愈也提出了教師應有「傳道、授業、解惑」的任務，自古我國社會對於教師角色具有高度的期待，也用較高的標準檢視教師的行為舉止，也因此，師資培育的事務在我國始終受到高度的重視。

　　我國師資培育政策之發展，可追溯至1897年（清光緒23年）上海南洋公學內設師範院起始，迄今已超過一百年以上，在這百年間受到社會環境之變化、政治情勢之改變、法令規章之更迭，師資培育政策也有諸多改變，在建國百年之際，教育部於2010年召開了「第八次全國教育會議」，其中師資培育與專業發展也成為其中重要主題之一，會後於2011年提出《中華民國教育報告書》以作為未來十年的教育藍圖，在師資培育政策上，確立了以精緻特色師資培育政策為發展主軸，提出四項發展策略（教育部，2011）：

　　(一) 擘劃師資培育藍圖，引領師資培育發展；

　　(二) 創設「師資規劃及培育司」，統合師資培育業務；

　　(三) 推展師資培育優質適量，確保師資素質；

　　(四) 推動教師專業發展法制化，確立教師專業地位。

　　在此基礎下，配合《教育部組織法》之修正，教育部設立師資培育及藝術教育司，統籌規劃執行師資培育相關政策，並依據《中華民國教育報告書》有關師資培育行動方案之具體措施（教育部，2011）：「研訂師資培育白皮書，作為師資規劃及培育司業務推動藍本，精緻規劃推動優質卓越師資培育政策」，於2012年公布了《中華民國師資培育白皮書》，作為我國未來十年師資培育政策的重要藍圖，以培育具「教育愛、專業力、執行力」的新時代良師之教師圖像，提出四大面向、9項發展策略、28項行動方案，將師資培育的核心價值聚焦於「師道、責任、精緻、永續」，以

達到職前培育、導入、在職進修與專業發展的落實。

　　再者，2014年8月正式啓動十二年國民基本教育，因應十二年國教而來的課程革新、教學活化，以及更多元化的學生適性生涯發展，教師角色與教師專業益發重要，爰此，無論從我國強調尊師重道、良師興國的傳統文化，甚至是國家政策的整體推動觀之，師資培育政策之重要性不言而喻。在《中華民國師資培育白皮書》公布實施之際，本文擬以此爲主軸進行探究，首先，藉由過去師資培育政策發展之歷史背景進行分析，了解我國師資培育政策發展脈絡與問題點；而後，針對2012年公布之《中華民國師資培育白皮書》進行內涵說明及分析；最後提出我國師資培育政策之未來發展趨勢。

貳、我國師資培育政策背景及問題分析

一、我國師資培育政策之歷史發展

　　我國師資培育政策的發展，可追溯至1897年（清光緒23年）上海南洋公學內設師範院，而臺灣則是在日治時期，由日本政府在1896年於臺北士林開設教員講習所作爲起始，而後設立國語學校師範部，並陸續設立了臺北師範學校、臺南師範學校、臺中師範學校、新竹師範學校及屏東師範學校，建構起臺灣的國民小學師資培育體系（李園會，2001；楊思偉、陳盛賢，2012）；到了1949年國民政府遷臺後，爲強化國民教育發展，首先提出了「師資第一，師範爲先」爲教育工作的中心目標（伍振鷟、黃士嘉，2002），希冀藉由師範教育來提振國家發展，同時大量擴充師範學校之設置，且加強師資素質之提升；1954年教育部頒布「提高國民學校師資素質方案」將培育國民小學的師範學校提升至三年制的專科學校，招收高中及高職畢業生報考，在校修習課程兩年，實習一年，而後在1963起陸續將三年制的專科學校改制爲五年制師範專科學校；另外在中等學校師資培育上，1946年設立臺灣省立師範學院作爲臺灣第一所培養中等學校師資之專門機構，並在1967年改制爲國立臺灣師範大學，同年將省立高雄女子師範專科學校改制爲臺灣省立高雄師範學院，並指定臺灣大學、政治大學、成功大學及中興大學部分系所開設教育學科課程，共同培育中等學校師資，

以補充中等教育師資來源，我國中等教育師資培育體系大致形成。

民國68年1979年《師範教育法》三讀通過，我國師資培育有了正式法源依據，確立了我國師資培育之重要特色，包含：(一)確定師範教育宗旨，擴充師範教育任務；(二)一元化的計畫式師資培育，以規定師資培育實施機構，由師範教育機構負責培育中、小學師資；(三)公費制度的確立；(四)中小學教師分途培養的原則；(五)計畫式的師資培育制度，以掌控教師需求量與招生培育數量；以及(六)規範教師負有在職進修之義務以提升教師素質（李園會，2001；許筱君，2005；楊思偉、陳盛賢，2012）。

而隨著社會變遷，受到多元開放思潮之影響下，一元制的師資培育制度開始受到質疑，《師範教育法》於1994年修正為《師資培育法》，開啟了師資培育的多元化時期，最顯著的改變在於以師資培育取代師範教育，形成師資培育管道多元化，一般大學經教育部核准後可設立教育學程中心培育師資，而在多元化時期的《師資培育法》有下列幾點特色，包含：(一)成立師資培育審議委員會，釐清師資培育政策；(二)推行公自費制度並行；(三)實習制度由一年改為半年；(四)建立教師資格檢定制度，通過者方能領取教師資格證書，以參加教師甄試；(五)多元化師資培育管道開啟儲備制的師資培育方式；(六)中小學師資分流與合流並行的培育方式，師範大學可申請設立小學學程培育小學師資，而師範學院亦可申請設立中學學程培育中學師資（李園會，2001；伍振鷟、黃士嘉，2002；許筱君，2005；楊思偉、陳盛賢，2012）。

隨著師資培育多元化之開放後，國內師資培育機構與師資生數量急速增加，在市場上形成了嚴重的供需失調現象，2005年甚至有準教師集體上街頭遊行，以期求得未來的工作保障。而師資生除了在量的擴充迅速造成之問題外，在師資素質上也出現參差不齊的現象，教育部於2004年委託中華民國師範教育學會進行師資培育政策建議書之研究案，並於2006年公告「師資培育素質提升方案」，進行為期四年的推動期程，以「專業化」、「優質化」為主要方向，在目標上確立了以「教師專業標準本位」之師資培育政策，以落實「優質適量、保優汰劣」，並兼顧師資職前培育及在職

進修之整全通貫作爲，以改善與提升師資的「質」與「量」。

　　而到了2009年，受到行政院指示，教育部規劃公布了「中小學教師素質提升方案」，奠基在先前「師資培育素質提升方案」的基礎上，以「優質適量、專業發展、精進效能」爲主要目標，提出五大方案層面，包括：(一)精進師資培育制度；(二)完備教師進用制度；(三)促進教師專業發展，提升教師專業知能；(四)合理教師退休及撫卹制度；以及(五)獎勵優秀教師及汰換不適任教師（教育部，2009），其中並涵蓋了十大方案重點，25項執行策略，自2009年起推動至2012年爲期四年。

　　在第八次全國教育會議後，教育部於2011年公布了《中華民國教育報告書》，在師資培育的政策上提出了師資培育與專業發展之重大課題，除了四個發展策略之外：(一)擘劃師資培育藍圖，引領師資培育發展；(二)創設「師資規劃及培育司」，統合師資培育業務；(三)推展師資培育優質適量，確保師資素質；(四)推動教師專業發展法制化，確立教師專業地位。在具體的行動方案中包含了「精緻師資培育素質方案」及「優質教師專業發展方案」，主要推動的政策重點依教育部（2011）摘述如下：(一)在組織上成立專責單位研訂師資培育白皮書，並整合中央、地方政府、師資培育大學及中小學等單位共同培育優秀師資，並挹注相關經費進行師資培育；(二)在教師專業上研訂教師專業標準及教師專業表現指標，以落實師資生衡鑑與輔導機制，推動教師品質保證機制、教師評鑑制度，並發展教師專業成長支持系統與生涯發展進修體系等；(三)在培育上強化職前培育、培用合作與在職進修的培育制度，從法制面、甄選面、課程面及輔導面進行調整，落實師資培用機制，提升教師競爭力與專業力。

　　由於新時代的人力需求轉變，全球化、資訊化與終身學習社會的教育環境來臨，未來學校的教學形式與學生學習發展乃是亟需思考的重要課題，2012年12月教育部公布了《中華民國師資培育白皮書》，針對未來師資培育與教師專業的新需求，建構了新時代師資培育發展教育愛、專業力、執行力之教師圖像，並據此規劃了未來十年師資培育政策藍圖，該白皮書之重要內涵將於另段進行說明分析。

二、我國師資培育政策之問題分析

我國對於師資生之教育早期深受日據時代之教育影響，1949年國民政府遷臺後對於當時的師範教育或是改制為師範專科學校後，都相當重視生活教育、軍訓教學、成績考查、基本能力要求嚴格、教育實習，並加強師專畢業生的進修制度（李園會，2001）。在早期，師範生與師專生乃是國內一流學子爭相就讀的年代，早期師資的專業素質亦深受肯定；然而隨著社會趨勢之改變，多元開放、市場化機制，提高了師資培育的學校層級，豐富了多元化的師資來源，而在少子女化之影響下，師資培育政策首當其衝面臨到嚴重供需失衡的問題，再者隨著師資生數量之增多，師資培育機構的增設快速，在教師品質上也遭受了質疑。茲參酌伍振鷟、黃士嘉（2002）、許筱君（2005）、楊思偉、陳盛賢（2012）等研究歸納以下五點師資培育政策之問題。

(一) 師資供需失調造成優秀人才不願擔任教職

《師資培育法》公布前，我國師資培育採取計畫式的師資培育，自1994年後多元化儲備制的師資培育使得師資生的數量急速增加，以教育部統計每年核發合格的教師證書人數與每年正式教師的人數相比，每年合格教師取得正式教師的百分比逐漸下降，由1997年的80.08%，到2009年只剩17.53%（許筱君，2013），供需失調情形可見一斑；近年來教育部已開始進行員額管控機制，並提高學校之教師員額，但供需失調問題造成優秀人才不願意投入教職工作仍是當前師資培育政策之重大隱憂。

(二) 尊師重道文化式微造成教師社會地位低落

由於教育改革開放後的社會變遷，加上近年來屢傳中小學教師有違師道倫理的事件，影響大眾對於教師的觀感，而教師專業也受到質疑，家長、學生、教師及學校彼此間的不信任，使得尊師重道的傳統文化逐漸式微，也造成教師整體的士氣低落，榮譽感不再，而如何重振師範典範與教師專業地位乃是當前師資培育的重大努力方向。

(三) 缺乏長期性系統性的師資培育政策藍圖

我國由於政治情勢因素，許多教育政策往往隨著選舉因素進行擺動，有些教育政策風風火火地推動之，卻又常因人事更迭而人去政息，然而教

育乃是百年大計，教育之成效並非短期間內可以顯現，也因此在師資培育
終於有了專責單位的同時，如何規劃長期性、系統性的師資培育核心價值
與藍圖，逐步踏實的規劃、執行與檢討，乃是亟需深思的課題。

(四) 師範校院逐漸喪失穩定中堅的典範力量

1994年《師資培育法》公布後，開啓了多元化的師資培育機構之設
置，衝擊了傳統師範校院在師資培育上之典範地位，而由於少子女化與畢
業生就業不易之衝擊，加上政府推動整併政策，傳統師範校院逐漸開始轉
型，至今除了傳統培育中等師資的三所師範大學外，培育小學師資的傳統
師範校院僅剩國立臺北教育大學、國立臺中教育大學兩所，因此傳統師範
校院在內外在環境衝擊下，逐漸喪失穩定中堅的師道典範力量，也令人擔
心以往優秀師範典範如何持續傳承。

(五) 缺乏有效檢核教師專業素質之專業標準機制

教師專業素質之檢核應包含師資生的選才階段、執行師資培育之育
才階段，以及成爲正式教師後的專業成長階段，但當前教師素質之檢視並
未有一套具體的專業標準檢核機制，也因此常有實務現場認爲師資生之理
論與實務難以結合，難以有效達到「師資培用」的功能，而在正式教師後
的教師專業成長，又常常僅是應付法令規範所要求的時數，或爲各項統合
視導的研習時數所占據，難以眞正進行系統性以及與教學實務有關的專業
成長活動，目前雖已有實行多年的教師專業發展評鑑作爲提升教師專業成
長之途徑，然該方案係採自願性的參加，也難以全方位檢核教師素質，爰
此，如何建立一套包含「選才、育才、在職進修三位一體」的教師專業標
準機制，並全面推行於師資培育各階段，乃是當前所面臨的挑戰。

(六) 師資培育與教師專業如何因應十二年國教需求

2014年十二年國民基本教育正式啓動，高中、職學校不再以傳統基測
分數高低作爲學生入學的主要依據，也因此，學生背景來源多元化與異質
化是教師首當其衝需要面對的問題。因應學生程度與能力的異質性，教師
如何因材施教、適性揚才地帶好每一個孩子，不放棄每一個學生？教育部
於2013年起推動「518研習課程」，主題包含國教理念與實施策略、領域
有效教學策略、差異化教學策略、領域多元評量理念與應用、適性輔導等

5門課程，共18小時以精進教師因應十二年國教能力，然研習課程如何眞正幫助教師需求、課程綱要修訂後教師如何落實、教師課程與教學之專業能力如何提升、教師心態是否能配合調整，皆是十二年國教下師資培育與教師專業成長所面臨之重大挑戰。

參、《師資培育白皮書》整體圖像及特色分析

2012年教育部公布了《中華民國師資培育白皮書》，依其中的教師圖像定義，又可將此白皮書稱爲「（ICP）[3]全方位優質師資培育政策書」（教育部，2012），乃是奠基於過往相關師資培育政策方案爲基礎，以「培育新時代良師以發展高品質教育」作爲願景，提出了「師道、責任、精緻、永續」爲核心價值，並提出四大面向、9項發展策略、28項行動方案，本段首先針對《中華民國師資培育白皮書》之重要內容進行整體概述，而後分析其特色內容。

一、《師資培育白皮書》之整體圖像

(一) 師資培育願景

由於我國傳統社會對於教師角色、教師專業的重視，在《師資培育白皮書》中以「培育新時代良師以發展高品質教育」作爲願景，另以「理想圖像」爲出發點進行論述，主要有二：

1. 教師圖像與核心能力（ICP）[3]——（愛師培）[3]：具備教育愛、專業力、執行力的新時代良師

首先針對教師及師資培育的「理想圖像」進行界定，在「教師」部分，教育部（2012）提出新時代的教師圖像是具備「教育愛的人師」、「具專業力的經師」及「有執行力的良師」，而核心內涵則分別包含有「洞察、關懷、熱情」、「國際觀、批判思考力、問題解決力」、「創新能力、合作能力、實踐智慧」。

2. 師資培育圖像：兼具「專業標準本位」與「師資培用理念」的師資培育體系

在「師資培育圖像」上，教育部（2012）規劃兼具「專業標準本位」

與「師資培用理念」的師資培育體系，強調以標準本位的專業成長系統作為教師終身專業學習的圖像，並透過「培用」與「致用」的理念作為政策的運作網絡，形成師資培育品質提升的圖像。

(二) 師資培育核心價值

《師資培育白皮書》中提出四大核心價值，包括：(1)師道：每位教師發揮出社會典範精神；(2)責任：每位教師致力於帶好每個學生；(3)精緻：每位教師用心在提升教育品質；以及(4)永續：每位教師熱切傳承與創新文化。

(三) 《師資培育白皮書》目標

根據前述師資培育理想圖像、願景與核心價值，《師資培育白皮書》中提出四項教育目標，包含：達成傳道、授業、解惑的教師使命；建立專業標準本位的師資培育；建構師資培用理念的政策網絡；以及形塑教師終身學習的校園文化。

(四) 四大面向、9大發展策略與28項行動方案

未來十年的師資培育政策乃是根據前述教師圖像、核心內涵、師資培育圖像等進行規劃，主要包含師資職前培育、師資導入輔導、教師專業發展、師資培育支持體系等四大面向，而每一面向並各有其對應之發展策略與行動方案，以下將以四大面向為主軸，摘錄《師資培育白皮書》發展策略與行動方案之重點如下。

1. 面向一：師資職前培育

面對當前社會的變遷，受到少子女化造成的師資培育供過於求，不易吸引優秀學子投入教職，且教師社會聲望日漸降低，理想的教師圖像也日益模糊，也因此各階段師資專業能力亟需強化，故在「師資職前培育」面向上主要包含兩大發展策略：(1)強化選才育才以確保優質專業師資；(2)培育特定師資以因應國家社會需求。兩大策略之重點在於希冀激勵優秀的中學畢業生加入師資培育之行列，增加優秀師資來源，在課程上也重視師資生的品德教育、專業能力與批判思考能力，同時以競爭型的公費生制度，強化選才及育才之效用；另為回應社會發展所產生的特殊需求教師，也以外加名額方式持續保障原住民籍師資生修習師資職前課程之名額，以

充裕原住民師資。而在此面向中配合的行動方案，則包含有方案一至六共6個具體行動方案，包括：(1)強化師資生遴選、輔導及獎勵方案；(2)精進師資培育課程方案；(3)落實師資生基本能力檢核方案；(4)擴大教師缺額與年年菁英公費生方案；(5)發展原住民族師資方案；以及(6)發展新移民與特定師資方案。

2. 面向二：師資導入輔導

在「師資導入輔導」面向，因當前實務現場中教育實習不足，如教育實習制度的三聯運作關係不夠密切，師資生理論與實務結合強度不足，且教師資格檢定考試無法適切地檢核師資生之能力，初任教師進入教職時欠缺適切的輔導與安置，以及偏鄉師資流動快速影響學生學習等問題，也因此在師資導入輔導面向上主要包含兩大發展策略：(1)健全實習體制以落實師資培用作為；(2)協助初任與偏鄉教師以完善任職環境。此兩大策略之重點在於加強教育實習輔導，如發展多元評量實習師資具體表現之內涵與工具，建立教育實習輔導教師與實習學校建構認證標準；此外，在偏鄉教師的留任策略上，期望建立偏鄉教師的教學與生活機制，並給予合宜的偏鄉教師編制人數，充實教師人力。而在此面向中配合的行動方案，則包含有方案七至十二共6個具體行動方案，包括：(1)完備教師專業能力輔導方案；(2)精進教育實習輔導人員知能方案；(3)建立專業發展學校制度方案；(4)整合教師甄選機制方案；(5)建立初任教師輔導與評鑑方案；以及(6)穩定偏鄉優質師資方案。

3. 面向三：教師專業發展

在「教師專業發展」面向上，由於當前的教師在職進修制度並未與教師的生涯發展結合，且教師專業發展學習缺乏校內外相關支持系統、激勵與評鑑機制，針對此，在師資導入輔導面向上主要包含兩大發展策略：(1)建立系統化與實踐本位教師在職進修；(2)激勵專業教師與推動教師評鑑制度。兩大策略之重點在於規劃並推動以教師專業標準為本位的教師在職進修方案，以符合教師不同生涯發展需求，並為教師專業發展建立一個長期性、系統性的激勵與督促的成長系統；此外，透過教師評鑑制度之建立，以促使教師專業成長及增進學生學習成效。而在此面向中配合的行動

方案，則包含有方案十三至方案十八共6個具體行動方案，包括：(1)建構系統化教師在職進修體系方案；(2)發展實踐本位教師學習方案；(3)建構教師支持與輔導方案；(4)規劃推動教師專業發展激勵方案；(5)規劃推動教師評鑑制度；以及(6)加強不適任教師輔導與處理方案。

4. 面向四：師資培育支持體系

最後在「師資培育支持體系」面向上，主要乃是因應相關師資培育支持體系，如師資培育大學、師資培育行政、教育行政人員、師資培育大學教師專業發展等所面臨之挑戰而規劃三大發展策略，包含：(1)統合組織與資訊以革新師資培育行政；(2)支持師資培育之大學以深化師培功能；(3)建構教育人員體系以精進學校教育品質。三大策略之重點在於規劃成立師資培育及藝術教育司統籌師資培育相關業務，並落實以證據與研究為本的師資培育政策，而在師資培育大學上以獎優汰劣的方式建立中堅穩定的、典範領導與傳承創新的師資培育大學，此外亦加強建立大學教師專業成長支持系統，以及教育行政機構與學校行政人員的專業發展機制，以辦好教育工作。而在此面向中配合的行動方案，則包含有方案十九至方案二十八共10個具體行動方案，包括：(1)制定教師專業標準與教育專業者證照方案；(2)發揚師道文化方案；(3)建立師資培育行政協作體系方案；(4)完備法令規章方案；(5)確保師資培育品質與擴增功能方案；(6)推動師資培育國際化方案；(7)強化地方輔導及教育實務研究方案；(8)教育行政與學校專業人員專業發展方案；(9)活化教師聘任制度方案；以及(10)大專教師教學專業發展協助方案。

二、《師資培育白皮書》之特色分析

在《師資培育白皮書》之四大面向、9大發展策略與28個行動方案中，詳細且完整提出了師資培育各面向應有之作為，根據《師資培育白皮書》之內容，可歸納五大特色分析如下：

(一) 形塑重視師道與教師志業的教師文化

教師在華人社會文化中是一項特別的專業角色，也肩負著教育幼兒、兒童及青少年發展個人潛能並協助其成長等重要角色，也因此對於現任教

師或有志成為教師者，我們常常期許不應將教師工作當成一份「職業」，而應是一份「志業」，爰此，如何塑造師道典範，教師圖像的建立與實踐之重要性不言而喻。在《師資培育白皮書》中對於教師圖像詳細訂出了在新時代中，教師應具備有「教育愛、專業力、執行力」的圖像，並分述其具體的核心內涵，同時在核心內涵中亦強調了「實踐智慧」的重要性；除此之外，也透過職前師資培育的課程中各種行動方案之配合，除教學專業及批判思考能力之專業基礎外，在人格陶冶上，強化師資生的教育愛與關懷弱勢的人格，透過品德教育、服務學習偏鄉服務的實習服務課程，奠定其具有關懷與服務熱忱之性格；此外，也提出「發揚師道文化方案」，定期調查教師聲望，建立自我省思的教師文化、表揚具有良好教育成效且關懷學生的教師獎項，並辦理敬師活動帶動尊師氛圍（教育部，2012），以形塑社會重視師道與志業之教師文化。

(二) 設立專責單位以落實垂直與水平之師資培用合作體系

過往師資培育的權責單位分屬在高等教育司、中等教育司等相關單位，第八次全國教育會議後決議設立「師資培育與藝術教育司」統籌規劃與執行師資培育政策，專責單位之設立有助於系統性、長期性之政策規劃與執行，且對於橫向水平間的國家政策性之支援系統有所助益，於垂直組織上亦有助於進行全國性教育行政機關之整合，以撙節人力與資源之運用，對於師資培育大學與中小學間的培用合作亦有引導性之力量，具體展現在《師資培育白皮書》中的各項行動方案，如完備及整合《師資培育法》、《教師法》等重要教育法規；整合教師甄選機制，發展全國性教師甄選初試；鼓勵師資培育大學組織跨校教育專業區域聯盟；強化地方教育輔導及教育實務研究，透過大學與中小學間的攜手合作，建立專業發展學校，以促進師資培用合作之落實。

(三) 強調以研究與證據為本的師資培育政策

由於近年來對於教育問責、教育績效責任之重視，強調證據為本的教育（evidence-based education）理念受到高度重視，最顯著的例子乃是美國《不讓任何孩子落後法》（No Child Left Behind Act）中提出鼓勵推動可以證明的教育方法，並於《2002-2007策略計畫》中提出策略四「將教育改

變爲一以證據爲基礎的領域」（Transform education into an evidence-based field），同時並透過大量的統計與科學證據進行經費補助分配依據（U.S. Department of Education, 2002）。而在我國相關研究也強調了證據爲本政策之重要性，如王麗雲（2006）指出，利用研究證據作爲決策基礎，符合大衆對於理性決策的期望，也可以改進政府決策品質，研究成果可作爲說服教育實務人員的工具與行動的動力。由於以研究與證據爲本的政策制訂日益重要，在《白皮書》中也落實了這樣的研究與證據之功能，直接展現在方案二十一「建立師資培育行政協作體系方案」中，提出落實證據爲本的師資培育政策，包含對重要的師資培育政策資料進行系統性的蒐集分析及研究，以改進教學實務。此外，也推動師資培育數量調控計畫，完善教師人數的管控機制，同時於其他方案中也多有加強教育實務研究、相關學習檔案、進修研習平臺的建置，以及每年定期發行師資培育統計年報，皆有助於落實以研究與證據爲本的師資培育政策規劃。

(四) 師資培育選才對象之菁英化與多元化

自開放多元化之師資培育後，師資數量與就業市場呈現供過於求之困境，導致優秀學生不願意投入教職，也引起教師素質參差不齊之問題，而隨著社會環境之變化，知識的高度競爭，多元移民學生數增加，各種新興議題的產生使得教育環境更加複雜，教師能力的專業化與多元化顯得重要，因此在《白皮書》中對於招募優秀師資生也提出了「強化選才育才以確保優質專業師資」以及「培育特定師資以符應國家社會需求」兩大發展策略，在具體的行動方案中則以擴大教師缺額提升菁英公費生方案吸引優秀學子投身教職，並進行長期性的追蹤研究；在菁英專業的培養上則強化包班課程所需的普通課程與教育專業課程內容，並培養其將社會重大議題融入教學的多領域教學能力，提高教師專業化，且落實師資生基本能力之檢核與淘汰機制，以確保師資生素質。此外，在多元化的師資培育選才上，則因應社會需求提高原住民籍師資生外加名額，並積極規劃新移民師資、海外臺灣學校、僑校、華語文學校及大陸臺商子女學校之師資培育，以豐富多元化的師資出路，符應社會之需求。

(五) 建立系統化的教育專業發展體系與自主學習機制

教育領域之專業發展範圍很大，師資培育的教育人員包含了教師、教育行政人員、師資培育大學教師等，對於教育之發展與成功與否都具有關鍵角色。一直以來，我國對於教師專業發展與提升之方案甚多，也累積一定的基礎，《白皮書》中也延續了過往教師專業發展之重要性，提出「建立系統化與實踐本位教師在職進修」、「激勵專業教師推動教師評鑑制度」兩大方案，在具體的行動方案中更是著重在建立系統化、多元化以及符合教師生涯發展需求的在職進修支持體系，同時推動教師專業學習社群、教學輔導教師制度之建置、初任教師之輔導等，提供教師充足且專業的支援網絡；此外，教育領域不僅限於教師本身的專業成長，在《師資培育白皮書》中特別提到培育教師的「師資培育大學」及大專教師的專業強化，以及教育行政人員的專業成長，具體行動方案包含有規劃教育與學校行政人員專業發展與升遷制度，對於專業發展課程進行需求評估，制訂教育行政、學校行政等人員的專業標準與證照制度，提升教育行政專業化，而在大專教師教學上則強化新進教師教學與輔導能力、實作課程教師之業界經驗。

肆、未來師資培育政策發展之建議

針對未來師資培育政策之發展，本文提出六項建議如下：

一、強化以證據為本的師資培育資料庫的建置

以證據為本位的政策規劃已是當前各國教育政策之重要趨勢，在《師資培育白皮書》亦重視此發展趨勢，然在未來應更強化相關師資培育統計資料之蒐集，除師資生資料蒐集外，更應廣泛蒐集師資培育機構、在職教師、中小學校機構、師資畢業生等相關對於師資培育政策、課程教學及發展方向等之調查數據，建議未來應更加強化「臺灣師資培育資料庫」之功能，將相關資訊定期更新並開放給有志投入師資培育政策研究人員使用，以作為教育政策推動時之重要參考依據。

二、研擬我國教育行政人員專業認證制度

　　教育行政人員廣義而言並非僅指教師，而是廣泛地包含師資培育機構教職員、中小學校之學校行政人員及教育行政機關人員等，相關人員對於師資培育或學校教育課程皆有重大影響，教師進修有依教育部規定之相關課程內容，但我國對於教育行政人員之專業提升多半僅藉由公務人力發展中心或文官訓練所辦理之進修及訓練課程為主，或是個人依興趣進行學位進修等，尚未建立系統性、制度性的專業成長訓練課程，而在任用及銓敘方面，也多以年資或職等進行調整任用。爰此，研擬我國教育行政人員專業認證制度，如研擬文教行政職能屬性及定位、建構系統性制度性的專業進修體系、定期辦理巡迴輔導團、建立研習區域策略聯盟機制、落實文教行政人員任用實習制度、研擬專業認證及考試培用合一制度等（許筱君，2013），以期教育行政人員能符合社會時代性需要，更提升大眾對於教育行政人員專業性之信心。

三、促使教師專業發展評鑑轉型與教師評鑑進行接軌

　　教師評鑑已成為各國提升教師素質主要採行之作法，如英國、美國、澳洲、日本及中國大陸等國皆已行之有年，我國自2006年辦理「中小學教師專業發展評鑑」十年，2017年後雖然暫停該政策，但相關作法已趨成熟，面臨國際趨勢與國內對於教師專業提升之需求，鑑於過往推動教師專業發展評鑑計畫之良好績效，未來若能將教師評鑑入法與教師專業發展評鑑計畫相結合，不僅可立基於多年推動的基礎成果之上，更能消除基層教師對於教師評鑑方案之未知與焦慮性，有助於逐步落實教師評鑑的推動，有效強化教師專業素質，提升學生學習成效。

四、加強以培育人師與經師為主軸的師資培育課程

　　目前師資培育方式與課程已經形式化及虛無化，但必須強化人師及經師兼具之師資培育也是《白皮書》所強調的。但近年之師培課程改革卻很難推動，其中師培大學基於選修學生在遞減中，以致擔心動輒得咎之困境，導致一動不如一靜之消極心態，乃是重要原因之一。惟國立臺中教育大學近年致力建立一套最嚴格的師資生培育模式，不僅僅是培育教師更是

培育良師，在「經師」的培育上包含學分課程的增加、師資生教學知能檢測及淘汰機制、固定對話、觀課、教案撰寫試教及師資生間的教學PK賽，以強化實務教學能力，在配合十二年國教後的多元化與異質化，更重視學生包班能力的培養，並配合教育部委託研發之學科標準檢測進行施測，此外也重視師資生體育與藝術教學之能力，更要求全部公費師資生需加註國小英語或國小輔導專長以培育更優質專業的未來教師；而在「人師」的培養上則加強生活教育，以集中住校，無論寒暑早上六時起床，練習太極拳，注重住宿生活品格培育，此外並透過傳統儒家文化與讀經教育薰陶，帶領學生長時間進駐偏鄉，了解偏鄉教育並進行偏鄉學童之課輔，以期建立輔導知能與主動關懷學生之主動性等。也因此，面臨社會快速變遷及十二年國教對教學現場之衝擊，教師專業能力提升與教師心態的因應已成為當前師資培育的重大挑戰，國立臺中教育大學對於「人師」與「經師」之培育作法或許可成為未來師資培育課程之發展趨勢。

五、維持公費生師資培育模式以吸引優秀人才

師資培育公費生制度在我國教育制度中始終是一特色所在，這種作法乃基於臺灣教育文化發展及現行政經情勢下之必要政策，有其必然之歷史文化背景與時代趨勢，維持公費生制度有下列優點：(1)吸引優秀人才進入教師隊伍，培養最優質之師資；(2)鼓勵清寒優秀學子升學，落實社會公平正義，消弭因家庭社經落差所造成之社會階層再製問題；(3)可達成穩定偏鄉、原住民及離島地區師資來源，且確保優質師資素質；(4)可和各特殊師資需求做政策結合，培養地區需求與特殊特質之師資；(5)可經由嚴格之培育流程，培養更優質兼具教育力、執行力與熱誠之師資種子。

六、審慎評估師資需求數量以維持穩定質優之儲備教師數量

由於師資培育化及少子化雙重衝擊之下後，教師職業出現僧多粥少之情形，因此許多師培機構逐漸轉型或關閉，教育部核定師資生數量亦逐年減少，1995學年度國小師資生核定量由9,719個，增加到最多的2004學年度，為21,805個國小師資生，但是到2012學年度時，則為2,253個師資生，約減少90%；這樣減少的結果若無法與實際教育現場情形綜合考量，

未來可能產生師資培育不足之隱憂，發生教師甄試錄取率攀高，儲備教師人數不足之困境，也因此未來宜透過既有統計資訊審慎推估師資數量，不宜持續過度減少師資生核定名額，然也不宜如同1990年代的快速擴增，而是應選擇師資培育體質優良健全之大學，逐步增加培育量，以維持穩定與質優之教師數量。

參考文獻

王麗雲（2006）。教育研究應用：教育研究、政策與實務的銜接。臺北：心理。

伍振鷟、黃士嘉（2002）。臺灣地區師範教育政策之發展（1945-2001）。載於中華民國師範教育學會主編，師資培育的政策與檢討（頁1-28）。臺北：學富文化。

李園會（2001）。臺灣師範教育史。臺北：南天。

教育部（2006）。師資培育素質提升方案。取自http://www.rootlaw.com.tw/LawArticle.aspx?LawID=A040080061003000-0950223

教育部（2009）。中小學教師素質提升方案。臺北：教育部。

教育部（2011）。中華民國教育報告書。臺北：教育部。

教育部（2012）。師資培育白皮書。臺北：教育部。

許筱君（2005）。我國師範校院轉型策略之研究（未出版之碩士論文）。國立臺灣師範大學，臺北市。

許筱君、蕭雅云（2011年11月）。建立臺灣文教行政人員專業認證制度之探究。「2011華人社會的教育發展系列研討會——教育對話」發表之論文，澳門澳門大學。

許筱君（2013）。我國師資培育大學發展及轉型變革策略之研究。載於中華民國師範教育學會主編，培育新時代良師（頁91-115）。臺北：五南。

楊思偉、陳盛賢（2012）我國師資培育制度之變革與未來動向。載於中華民國師範教育學會主編，我國師資培育百年回顧與展望（頁1-20）。臺

北:五南。

U.S. Department of Education (2002). *Strategic plan 2002-2007*. Washington, D.C.: UNESCO/IBE.

本文出自楊思偉、許筱君（2014年10月）。師資培育白皮書看師資培育政策發展趨勢。面對十二年國民基本教育的師資培育挑戰（ISBN：978-986-90059-1-3）（頁1-22）。臺北：中華民國師範教育學會。

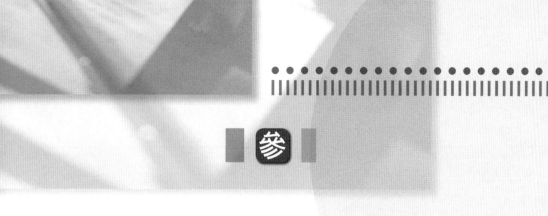

主要國家教師教育
制度的啓示

第十章

日本教師評鑑制度

　　日本之教師原本就屬於公務員性質，稱做「教育公務員」，所以自1955年以後，就如同公務人員一樣實施人事考評制度，稱做「勤務評定」，而依照《地方公務員法》之規定，其最終之考核權是在市町村的教育委員會身上。但這些行之多年之教師人事考績制度，被批評為「形式化」了（八尾坂修，2005: 10）。主要問題包括三項：其一是採取依據校長之觀察內容進行考核之方法，並沒有配合輔助制度之自我申告及自我評鑑；其二是因為評鑑結果並沒有告知當事人，所以對於當事人之輔導與協助，並沒有達到應有之效果；第三是對於評鑑者並沒有進行研習，所以如何提升適切的考核能力受到質疑；第四，考核時間是9月至翌年8月，與學年度沒有配合；第五，因與教師團體長年意見相左之故，考核結果無法納入人員異動及待遇上（八尾坂修，2005: 12）。雖然日本之教師對於職務之態度與認知，基本上可能有一些自我改善之努力動機，但是仍有一些教師之專業與工作態度受到批評，因此有關教師考核制度之恰當性不斷被檢討是否需要改革。

　　自1980年代因為教育問題叢生，校園暴力、霸凌、拒絕上學等問題嚴重，日本於是展開新一波之教育改革，其基本主軸是以新自由主義觀點下之教育改革，其中講求市場競爭機制，強調績效責任一直是主要之方向；另外，自1990年代以後，日本在泡沫經濟之影響下，有關人事任用及考核制度，包括原本企業界之年功序列制度也受到改革之波及，要求導入包含能力（competence）評鑑及自我申報的業績（performance）評鑑觀點受到更多的重視。在這樣的潮流下，2000年東京都率先推動新的人事考核制度，所謂「教育職員人事考課」制度，各都道府縣也陸續著手推動新的教師評鑑制度；2002年日本自小學開始推動校務評鑑制度，2004年中央政府開始著手調查推動教師新形態評鑑制度之實施情況，這是日本現行教師評鑑制度之政策脈絡。本文將針對日本現行評鑑制度之背景、設計過程、制度現況、制度特色與問題點，以文獻分析方式進行分析。

壹、制度發展的背景

　　日本其所以會推動新的教師評鑑制度，其背景因素如下：

一、勤務評定制度流於形式化

　　「勤務評定」係指自1955年以來實施，公務員體系中所屬的上級長官依據法令規定，針對教育公務員的業務成績及其能力、態度所做相關的評定與紀錄的制度，較屬於總結性的評鑑考核制度。日本的中小學教師是教育公務員身分，依法有接受考核、評定勤務成績的義務，而教師的工作中最主要的教學專業表現就包含在人事考核的內容中，因此日本中小學的教師評鑑即是人事考核制度。日本在二次大戰後參考美國以科學化的人事管理方式進行公務員法制的改革，也就是以業績主義爲基本原理構思了勤務成績評定的制度（高橋寬人，1996）。因此1950年（昭和25年）12月公布的《地方公務員法》第四十條第一項，就明文規定地方公務員需定期接受勤務評定：「任命權者應針對職員的職務，定期進行執行勤務成績之評定。對評定之結果應有適當相對應的處置。」然而實際上，教師的勤務評定實施造成大混亂，引起反彈與抗爭的理由除了技術性問題外，最被批判的是有關是否侵犯教師職務獨立自主的權限，以及最重要原因是被批評爲受政治意圖的利用。1958年上原專祿等48名學者及文化團體發表反對勤務評定的聲明書中，提出「強行實施勤務評定是政黨內閣加強對教育的干預與限制，教師的成績評鑑與政治現實無關，應以教育上的研究問題爲考量」（高橋寬人，1996）。一方面勤務評定被認爲其原始的設計初衷已異於原本爲了提高教學效率之目的，被視爲乃政治干預教育事務之性質。另外，也因爲教育活動內容問題複雜許多，加上實施評定之結果未能活用、多數人對勤務評定的認知誤差及誤解頗深，以及對評鑑結果的不信任等難以突破的困境，使得勤務評定制度漸漸流於形式化（清水俊彥，2004）。勤務評定制度被批判評鑑規準未明確、評鑑的客觀性不足、評鑑結果未告知當事人、無法發揮提升教師專業能力的功能，以及評鑑結果未能反映待遇高低，缺乏督促工作績效的實際效果（廣嶋憲一郎，2007），基於上述原因導致後來實施的勤務評定制度並沒有產生實際效果，這也是新的人事

考核制度出現的背景之一。

二、教育問題嚴重

　　1980年代的日本進入經濟景氣時代，但在高度經濟化的發展下也產生了不少教育問題，諸如校園霸凌、中輟、逃學、兒童自殺案件、班級秩序崩壞等。歸咎其原因，過度強調升學競爭、齊頭式管理主義、教育制度僵化等都是導致教育問題惡化的罪魁禍首。根據1999年文部省（2001年改名文部科學省）委託國立教育研究所與第一線教育現場教職員組成的「學年經營研究會」對於教學等學生行為，所謂「班級秩序崩壞」等實際問題成因進行分析與調查，報告書的實例中發現形成教學問題的原因複雜，但其中約有七成比例顯示「教師指導能力不足」是主因（東京都教育職員人事研究會，2005），因此教師素質影響教學品質的問題受到重視。東京都教育委員會（1999）表示「為了解決堆積如山的教育課題，必須重新調整學生學習環境，進行以校長為中心，加強學校全體教職員的相互合作，激發全體創意功夫的學校改革。尤其與兒童學習最為密切相關的教師，必須強化其對學校改革的認知與適應，提升教師素質與專業能力成長成為學校改革的關鍵。」（引自東京都教育職員人事研究會，2005），因此日本政府從教師素質層面進行反省與檢討，在教師公信力與挽回社會信賴上不遺餘力地推動改革，以提升教師素質。

三、問題教師（不適任教師）的激增

　　以改善教師素質為目的的人事考核制度改革，還有一個背景原因，就是不適任教師比率增加問題。問題教師包含不適任教師或指導力不足教師，而所謂「不適任教師」的定義是指「教學工作無法成立的老師」的人數自1990年代後有激增趨勢，例如因猥褻行為遭處分的教師數目在十年之間增加近六倍左右，因精神性疾病而休職教師也增加約二倍（市川昭午，2006），2004年不適任中因精神疾病原因而遭停職處分的教師共有6,553名，與1996年的1,385名比較，九年之間增加三倍之多。不適任教師激增現象導致社會降低對教師的信賴感與威信，對教師的觀感以「職業」取代，因此教師的專業形象實有重新塑造之必要，故實施能發揮提升教師素

質功能的教師評鑑制度便成爲迫不及待的要務。

貳、制度設計之經過

　　由於上述之背景因素，在2000年12月「教育改革國民會議報告——改變教育17個提案」中，爲了「營造新時代的新學校教育」的21世紀教育發展目標，「創造可以反映教師教育熱情與努力成效的評鑑機制」，並有「充實教師長期社會體驗研習」、「特殊才藝教師、短聘教師及社會各行各業達人教師等多樣化聘用措施」、「學校教育中最重要的一個人就是教師，而爲了評定教師的教育熱情與付出努力之多寡，並延伸優點進而提升效率，必須進行能反映待遇的教師評鑑制度」等具體建議（野原明，2004）。

　　2001年（平成13年）文部科學省規劃出「21世紀教育新生計畫」，擬定了七個具體戰略。其中有「培育教育專家的教師」，另外「教員免許（證照）制度的改善」、「創設新的教師研習制度」、「大幅擴充教師的社會體驗研習」、「優秀教師的表揚制度與特別加薪的實施」、「不適任教師需嚴格處理」的想法也納在其中（野原明，2004）。其後，2002年2月中央教育審議會的諮議報告「今後教員免許制度應有作法」，則提出以「營造值得信賴的學校」爲目標，導入提升教師素質之新教師評鑑系統的建議；並從「確保教師的適用性」觀點，提出「建構針對指導力不足教師處理的人事考核管理系統」的建議（高倉翔，2004）。

　　2002年6月25日在經濟部財政諮議會議報告書「有關經濟財政營運和構造改革的基本方針」中，提議要促進新的教師評鑑制度儘早實施，並且要轉換爲能反映出其工作績效表現及能力至待遇的評鑑系統。針對在職教師的教師素質管控，以形成性與總結性兼備的教師評鑑制度實施爲方向。日本東京都在1984年就實施行政職公務員的自我申告（自我評鑑、自我申報之意）、業績評鑑（總結性評鑑）制度，1993年擴大至全部公務員，1995年涵蓋教育行政管理職。2000年對於東京都的教師全面實施新式的人事考核制度（楊武勳，2006）。之後其他地方政府也陸續推動新式的教師評鑑制度，如大阪府、神奈川縣、香川縣、埼玉縣、靜岡縣、京都府、奈

良縣、廣島縣、香川縣、高知縣、福岡縣、大分縣、宮崎縣等。2003年中央政府文部科學省囑咐47個各都道府縣及13個政令指定都市，以建立能反映晉級與升遷、評鑑公立學校教師之人事考核制度為目的，開始進行全面調查與研究，要求全國要在2005年前完全確立實施的方針。從2004年之後的三年期間，對於要實施人事考核等教師評鑑制度相關的研究調查，約有1億2,000萬圓的調查研究費交付給各自治體，進行研究組織的設計、評鑑方法、評鑑者的訓練、評鑑結果反映晉級或人事異動事項等進行檢討與規劃，以建構最適合的評鑑系統（每日新聞，2003.1.20）。於是地方政府便如火如荼地展開各地的教師評鑑制度規劃與落實。另外，日本教師評鑑與學校評鑑制度改革同時進行，學校將企業的目標管理及全面品質管理（PDCA）的理念應用在學校經營管理上，教師評鑑系統亦以PDCA的管理為經營方向與基礎，圖10-1是東京都實施教師評鑑的業績評鑑（總結性評鑑）系統概念圖，採取「目標設定→實踐→目標追加變更→自我評鑑反省→期待下年度的目標改善→下一個努力目標的設定」的組織管理過程運用在人事管理上，擔任評鑑者的校長與副校長（或教頭）則在過程中提供指導與建議等，並配合教師十年為單位短期、中期與長期的教學生涯計畫，進行自我申告（吉田和夫，2006），亦即透過靜態的書面報告與動態的晤談活動促使教師個人專業能力的提升。這樣的制度具有整體性，要求教師必須了解學校之發展目標，且必須將學校發展目標與自我之專業提升結合，因此不致造成教師只顧自己的教學工作，而不理睬學校之發展目標。

參、制度現況——東京都為例

　　日本有關教師評鑑制度，中央文部科學省先以審議報告書方式呈現大原則，然後就由第二層都道府縣各自訂定評鑑之處理原則。東京都由於是首善之區，加上當時之都知事較為強勢，所以率先推動，以下舉東京都案例說明。

　　最早實施的東京都，其實施之新的教師人事考核制度，日文稱做「教育職員人事考課制度」（白川敦，2007），其制度內容有兩大主軸，分別

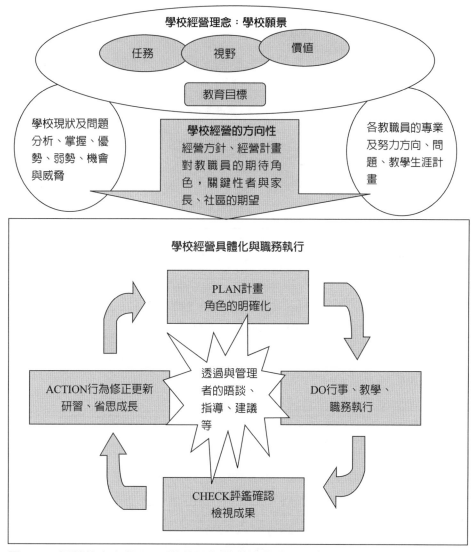

圖10-1　經營的方向與PDCA的管理為基礎的業績評鑑系統

資料來源：吉田和夫（2006）。收錄在佐竹勝利編，**こんなとき、こう臨む教員評価、人材育成**（頁111）。東京：教育開發研究所。

是自我申告（自我評鑑）及業績評鑑（總結性評鑑）。自我申告在學年初、學年中、學年末分三次進行，分別是4月1日、10月1日、3月31日；業績評鑑以相對評鑑及絕對評鑑方式進行；此制度特色在於非由管理者單方

評定論斷，而是以受評者自己提出的自我申告及業績評鑑結果為基礎，擔任評鑑者的校長及教頭（副校長）等人，給予適切的指導建議，目的在提升教師的專業與能力，增進教師的專業成長（東京都教育職員人事研究會，2005）。

一般而言，教師最主要職務就是從事教學活動，日本中小學教師評鑑制度中，評鑑教師的項目除了對學生學習之指導能力外，還有生活指導能力、行政能力、班級經營能力、團體領導能力、危機管理能力、與家長對應能力，以及為人服務的能力（蛭田政宏，2004）。學習指導能力評鑑是一重要項目，評鑑主要目的之一就是為了改善教師教學品質，而教師評鑑制度中評鑑者想了解教師的工作實況、其具備教學專業能力與否，把握教師指導學生的學習狀況，進行教學觀察（觀課）是最直接可信的評鑑工具。

東京都的評鑑流程包括（廣嶋憲一郎，2007: 15-17）：

1. 理解校長所揭示之學校經營發展方針。
2. 立足學校經營發展方針上，作成自我申報之報告書。
3. 與校長、教頭（副校長）面談。
4. 接受校長和教頭（副校長）之觀課。
5. 針對有關日常的工作情況進行觀察和評鑑。
6. 進行對成果和改進事項之自我評鑑。
7. 與校長和副校長面談，提出最後自我申告書。

另外，依據教師評鑑流程（圖10-2），日本中小學一學年有三學期，因此一學年間大約進行三次教學觀察，每次實施一節的教學，其後觀察者必須提出教學方法、教材內容、班級經營等相關的回饋或建議、輔導，進行業績評鑑前須將一學年來的書面紀錄做歸納與整理。

進行教學觀察的目的在於使教師自身的教學問題明朗化，進而督促教師提出改善教學的計畫，並實際針對教學問題與缺失改進，以增進教學知能，開發教師潛能。而教師往往不自覺教學上的盲點，故透過校長、教頭（副校長）、研究主任等與教師的對話及指導，檢討教學缺失，此乃經由個人之教學過程，加上運用省思之流程，促使體驗更加深化思考解決問

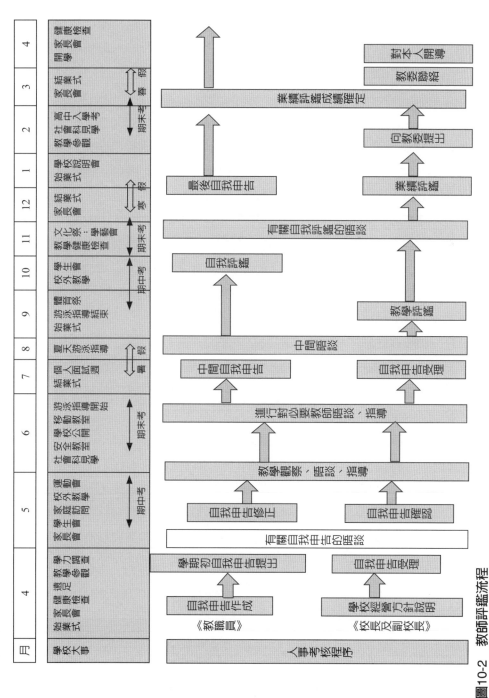

圖10-2　教師評鑑流程

資料來源：小島宏（2006）。收錄在小島宏編，これで万全 "人事考課、自己申告への対応"（書前頁）。東京：教育開發研究所。

題的策略，教學改善計畫中並需配合校內研習活動之提出（工藤文三，2006）。教學觀察的目的並非只爲了教師評鑑，而是使教師進行教學改善的OJT（on the job training，職場內教育，個別校內研習——教學現場進修的一環）（中川修一，2006）。

肆、制度之特色與問題點

此次日本教師評鑑制度（考績制度），是採取目標管理手法，以能力與業績爲基礎之評鑑，其主軸概念乃是能力開發與人才培育，依據學者整理各行政區之制度，認爲日本此次教師評鑑制度，基本上包括十項內涵，(1)基於目標管理手法及活用自我評鑑理念下，教師設定自我成長目標；(2)評鑑者與被評鑑者經由面談溝通；(3)評鑑要素及評鑑項目之設定與職務相對應；(4)對照評鑑基準採取絕對評量及相對評量方式；(5)多元之評鑑方式；(6)訂有評鑑期間；(7)評鑑結果會回饋當事人；(8)對於當事人之困擾會給予協助；(9)評鑑結果回饋至研習、人事配置、表揚制度、薪給等；(10)評鑑者會參加研習（八尾坂修，2005: 16）。根據上述，可知日本此次教師人事評鑑制度，乃在爲了改善原有問題下之產物，其特點可包含合目的性、合公平性、合客觀性、合透明性、合信賴性等，深具有特色。以下舉重要內涵說明之。

(一) 評鑑範圍包含主要職務內容

日本有關教師之職務內容，大致如下表10-1之項目，包括學習指導、生活輔導、生涯輔導、學校運作、特別活動（社團活動等），又可分上班時間之職務內容及非上班時間之內容，比較特殊的是沒有包括基本教育素養，以及敬業精神等之項目。如我國目前推動之教師專業發展評鑑之項目包括課程設計與教學、班級經營與輔導、敬業精神與態度、研究發展與進修四大面向，在主軸之切割面明顯不同。

表10-1　職務上的評鑑範圍

	上班時間內	上班時間外
學習指導	學科指導 道德指導 「綜合學習時間」 養護、練習 （含研究、研習）	學生實習相關業務
生活輔導 生涯輔導	生活輔導（學校事務除外） 生涯輔導（學校事務除外） （含研究、研習）	災害時必須處理的業務
學校運作	學校事務的分攤 學年、班級經營 各種委員會活動 （含研究、研習）	教職員會議相關業務
特別活動、其他	特別活動（班級活動、兒童會、學生會活動、社團活動、學校行事） （含研究、研習）	災害時必須處理的業務 學校行事相關業務

資料來源：東京都教育職員人事研究会（2005）。**東京都の教育職員人事考課制度**（頁213）。東京都：ぎょうせい。

(二) 先進行自我申報（自我申告）

　　日本之教育文化，以前在推動各級學校評鑑時，也會從自我檢核做起，再進到外部評鑑。依目前進行之教師評鑑，也以符合人性之觀點設計，在評鑑項目中，先由當事人進行自我申報，提出自我設定之工作目標，而其內容是可以因人而異的。評鑑者會依申報之內容加以檢核、輔導及評鑑。有關自我申報之實例如表10-2所示，而在學期末並由當事人先進行自我檢討之申報，也由當事人先自我陳述，評鑑之方式分成五等第，由當事人自行檢視自評出結果，包括5、4、3、2、1，分別代表達成度極高、高度達成、有達成、幾乎未達成、未達成（菊地英，2006；蠣崎正實，2006）。不過，不同行政區域之評鑑成績有不同之呈現方式。另如上述圖10-2所示，全學年度中間也有做一次中間評估，也就分成期中評鑑和最終評鑑，而期中評鑑後會進行晤談及輔導，最後再做總結性評鑑。至於由誰評鑑之問題，學校中之校長由教育局長評鑑，學校之教頭及事務長

（類似祕書長）第一次由校長評鑑，最後由教育局長或其指定之人員評鑑；至於一般教師及職員，第一次由教頭評鑑，最後由校長評鑑。因此日本之教師評鑑，可說先由校長提示學校辦學目標後，由當事人自我設定目標，且經由校長及教頭之建議及確認，開始實踐；然後期中經由校長及教頭的教學觀察等，提供一些建議後，進行自我評核及反省，並再經由校長或教頭之確認及評核，作為次年度之目標設定之參考，這是一種PDCA的循環。

表10-2　自我申告表（有關職務）實例

	學年初申告		最終申告	
	今年度的目標	實踐目標的具體策略（何時達成、理想為何、達到如何程度）	成果與問題	自己評分
學習指導	*穩固各學科的基礎。	①反覆指導基礎學科內容。特別是漢字，每天三個持續讓學生練習。	①依據計畫實施是可行的，實施結果顯示九成學生約有80%以上習得。	3
生活指導與升學指導	*建構良好的人際關係，營造健康安全的生活	①舉行製作標語活動，問候語及用詞遣句練習，每個月活動目標明確化。	①每個月製作標語活動實施確實有提高學生問候的意願，學生問候寒暄的態度有穩定的趨勢。	4
學校經營	*學校全體實踐力行寒暄問候	①每個月第二週舉辦寒暄問候活動，明確指出孩子具體的行動目標，全校共同實施。	①每月以生活指導委員會為中心規劃具體行動目標的活動具體可行。有關學生反映的問題則待研究。	3
課外活動與其他	*培養高年級學生領導低年級學生的企畫與實踐能力	①上下年級學生混齡分組組織社團，讓每個學生練習製作社團集會活動的企畫書，小組與個人指導並行。	①活動企畫是可行的。高年級學生針對低年級學生的企畫是能適切進行領導的。	4

【以下略】

註：實際執行具體策略不只上表所述，尚有其他項目等條列說明。

【自己評分五等第】5：達成度極高；4：高度達成；3：有達成；2：幾乎未達成；1：未達成

資料來源：修改自泉長顯（2007），自己申告書的評價。收錄在小島宏編，**これで万全 "人事考課、自己申告への対応"**（頁126-129）。東京：教育開發研究所。

(三) 評鑑包含三大要素

日本教師評鑑之內容要素包含意願（意欲）、能力、實績（成果）三項，所謂意願是指作為執行職務之基本工作態度，是任何工作項目都必須具有的要素，包括責任感、協調性、積極性、耐性、團體規範之服從性等；而能力是指在執行職務時發揮之行動力，包含知識與技能、資訊蒐集與活用力、規劃能力等；而實績是指達成自己設定目標之程度。另外，此三者都必須從評鑑之起始，即從自我設定目標開始，至達成目標時之意願、能力與時機都必須結合進行評鑑。

(四) 包含教學觀察

有關教學觀察（觀課）方面，是非常專業之評鑑事項，也是教頭和校長該進行之工作。有關教學觀察，要注意之事項很多，端賴評鑑者之專業知識是否具足，才能讓觀課之效果展現。特別是觀課之目的，主要是進行建議和輔導，也就是兼顧形成性及總結性之意涵。

(五) 確保評鑑公正之方式及結果應用

有關這些問題，包括評鑑者必須參加研習活動，以確認認知是否正確。進而，評鑑結果必須公開給當事人，當對象有不同看法時，可循管道提出意見，由教育局之上一層級人員進行仲裁。至於結果之應用，包括作為培育行政領導人員之用、安排各種人事之用、反映在薪給上，以及作為表揚之用等。

伍、結論與建議

國內目前有關教師評鑑實施現況，以形成性目的為主，輔以總結性目的。而目前國內進行中的教師專業發展評鑑，以增進教師專業發展為目的為訴求，非以教師績效考核為目的，強調教師專業發展評鑑與教師績效考核是脫鉤處理，更與教師分級制度無關。只是教師專業發展評鑑仍未在各中小學實施辦理，因此，此時機探討分析日本中小學教師評鑑制度進行，了解其評鑑內涵與評鑑方法為何，以何規準評鑑？實施評鑑對象為何？進行教學觀察過程與後設評鑑等等步驟如何？教學評鑑後是否輔導？補救措施為何呢？上述種種評鑑問題都值得深入探究。

　　另外，日本受新自由主義影響的教育改革（歐用生，2007），學校經營改革受市場主義主導，亦有學者批評學校教育以學生、家長爲顧客身分後，學校被要求的已不再是整齊劃一式的服務，而是要能因應學生興趣、專長等個別差異而提供多樣化的服務；換言之，學校必須提供能滿足家長與學生「顧客」身分的各項細緻個別化的服務。而對待學校與教師，則是利用學校間競爭，開放家長與學生選擇學校權。對教師嚴格評鑑，優者提供優遇，劣者則使其淘汰，這就是學校經營改革後的狀態。因爲以學生爲「顧客」，教師必須提供符合學生差異的服務，這樣的結果導致學生及孩童對教師只抱持五分尊敬的意識（喜入克，2007）。另外，因爲是以學生爲主角，教師只是協助者，教師必須關注學生的興趣，以其關心事物增強其學習，爲了對學生提供更細緻化的服務，教師必須將自己服務內容逐項地確實計畫、反省與改善，也就是教師評鑑中「自我申告書」的填報內容；接著透過與校長、教頭等管理職反覆地面談，努力提高自己能達到的服務程度。而學校評鑑的實施，以家長立場而言，其評鑑結果資料正是提供學校選擇的最佳參考與指標（喜入克，2007）。這一連串改革，雖仍存在相當大的討論空間，而本文整理有關教師評鑑之結論與建議如下：

一、結論

　　有關日本教師評鑑之制度之方式，有以下幾項結論。

1. 基本上該制度就是年度考績，乃因以前之考績制不甚理想，乃規劃新的教師評鑑制度，但其也加入自我專業成長之相關理念組成。

2. 其內容重視自我目標管理及PDCA等理念，特別是自我提報可達成之目標，然後供自我和他人檢核。

3. 其方式包括自我評鑑及第三者評鑑，也具有形成性兼總結性之作法；而評鑑項目規定非常清楚，並包括教學觀察之項目。

4. 其評鑑結果東京都是作爲人事考評之用，也包括職務升等時作爲依據之一。

二、建議

1. 由於日本教師是準公務員身分，因此有其特殊身分，國內未必可以援用。

2. 有關評鑑者由誰擔任，國內爭論較多，可參考日本方式思考。

3. 有關評鑑內容，如何適度涵括教師職務之全部工作，是一重要問題，若以臺灣前十之「教師專業發展評鑑」之項目來看，四大主軸也有討論空間，另外細目指標太多也不適宜，將來是否直接引用，也可再做思考。

參考文獻

八尾坂修（2005）。新たな教員評価の導入と展開。東京：教育開發研究所。

工藤文三（2006）。授業観察のやり方がわからない①。收錄在佐竹勝利編，こんなとき、こう臨む教員評価、人材育成（頁85-89）。東京：教育開發研究所。

小島宏（2006）。收錄在小島宏編，これで万全"人事考課、自己申告への対応"（書前頁）。東京：教育開發研究所。

中川修一（2006）。授業観察。收錄在小島宏編，これで万全"人事考課、自己申告への対応"（頁50-55）。東京：教育開發研究所。

白川敦（2007）。東京都の教員人事考課制度。收錄在清水俊彦編，教員制度の改革（頁162-164）。東京：教育開發研究所。

吉田和夫（2006）。教員に対する業績評価のポイント。收錄在佐竹勝利編，こんなとき、こう臨む教員評価、人材育成（頁110-115）。東京：教育開發研究所。

東京都教育委員會（2006）。平成18年度教育職員自己申告実施要領。收錄在小島宏編，これで万全"人事考課、自己申告への対応"（頁202-204）。東京：教育開發研究所。

東京都教育職員人事研究會（2005）。**東京都の教育職員人事考課制度**。東
　　京：ぎょうせい出版。

泉長顯（2006）。自己申告書の自己評価。收錄在小島宏編，これで万全"**人
　　事考課、自己申告への対応**"（頁126-129）。東京：教育開發研究所。

高橋寬人（1996）。教員の人事制度と評価政策の変遷。收錄在佐藤全、
　　坂本孝徳編，**教員に求められる力量と評価《日本と諸外国》**（頁13-
　　27）。東京：東洋館出版社。

高倉翔（2004）。指導力不足教師の人事考勤。收錄在清水俊彥編，**校長、
　　教頭、教員服務、教員評価の最新課題**。東京：教育開發研究所。

清水俊彥（2004）。教員の勤務評定制度。收錄在清水俊彥編，**校長、教
　　頭、教員服務、教員評価の最新課題**（頁128-130）。東京：教育開發研
　　究所。

野原明（2004）。教育改革国民会議報告。收錄在清水俊彥編，**校長、教
　　頭、教員服務、教員評価の最新課題**（頁131-132）。東京：教育開發研
　　究所。

菊地英（2006）。自己申告書の作成前に。收錄在小島宏編，これで万全
　　"**人事考課、自己申告への対応**"（頁25-29）。東京：教育開發研究
　　所。

蛭田政宏（2004）。東京都の教員人事考課制度(1)(2)。收錄在清水俊彥編，
　　校長、教頭、教員服務、教員評価の最新課題（頁145-149）。東京：教
　　育開發研究所。

喜入克（2007）。**高校の現実──生徒指導の現場から**。東京：草思社。

楊武勳（2006）。**教師評鑑方案建構之日本制度分析**。國立臺灣師範大學教
　　育評鑑與發展研究中心教師評鑑方案建構專案計畫。未出版。

廣嶋憲一郎（2007）。**「教員評價」と上手に付き合う本**。東京：明治図書
　　出版。

歐用生（2007）。日本新自由主義及其教育改革。**教育資料集刊，36**，79-
　　99。

蠣崎正実（2006）。自己申告書を適切に作成させる。收錄在小島宏編，これで万全"人事考課、自己申告への対応"（頁30-34）。東京：教育開發研究所。

本文出自楊思偉（2013）。日本現行教師評鑑制度之探討。載於中華民國師範教育學會（主編），培育新時代良師（頁1-17）。臺北：五南。

第十一章

新自由主義下的
日本教師教育
—— 1987－2006年爲主分析

　　「高素質的教育來自高素質的教師」、「贏得師資，就贏得國家的未來」（教育部，2006a），因此師資的優質培育與素質提升，正是確保教育品質的關鍵課題。惟社會變遷巨輪快速滾動前進，師資培育政策必須針對內外環境，未雨綢繆地探討其變遷與影響，並研擬適當對策，提出與時俱進的配套措施與作為，才能確保優質師資培育。因此，面臨當前社會發展、人口結構變遷，師資培育因其產生的變化與問題，我們必須適時評估與妥善因應，提出師資培育政策的改良與再造，這也是世界各國，包括日本都正在努力之政策。

　　日本於1980年代中期的中曾根內閣以來，整體政策走向新自由主義哲學下，進行了國家責任最小化，個人責任最大化的「行政機構改革」。到了1997年1月20日，總理大臣橋本龍太郎依據行政改革委員會所提之革新建議，開始推動行政改革、財政結構改革、金融體系改革、經濟結構改革、社會保障制度與教育改革等密切相關的「六大改革」，革新日本自「戰後改革」後的僵化政府體制與頹敗經濟。而日本的教師教育改革特點乃在於配合教育改革的運作而革新，因此自1980年代以來以自由主義為主軸的教育改革政策，自然反映到教師教育政策上。日本推動教育改革之際，學校現場的學生拒絕上學與校園霸凌等「學校荒廢」現象日益嚴重，然而當時社會批評學校教師的水準下降、實務教學能力不足與專業精神欠缺的聲浪亦愈來愈大；另外，不從事正式職業的「自由業者」，這讓日本以「實現世界最高水準的初等、中等教育」的期望日益落空，在這種背景下，一場以重視實務教學的師資培育課程，強調學校現場問題解決能力，配合著教師評鑑與教師證照更新制度的教師教育改革，逐漸在改變整個日本教師界的生態。

　　一般而言，國內目前使用「師資培育」之用語，包含職前培育、實習與檢定及在職進修等階段，但其中文意涵，比較偏職前教育之意味。而目前在漢語圈如大陸或日本，大致用「教師教育」涵括上述職前培育、實習與檢定及在職進修等之概念，因此本文也以此概念界定教師教育之意涵並使用之。本文分析在新自由主義教師教育的政策框架，探究日本教師教育改革脈絡，並分析教育大學、政府機構及企業等的因應改革策略內容。

壹、日本教育改革與教師教育現況

　　日本的教師教育改革特點，乃在於配合教育改革的運作而革新。因此以下先說明日本教育改革與教師教育改革之相關性，再說明教師教育制度現況、教師教育改革情形。

一、教育改革與教師教育改革之相關性

　　日本自1867年明治維新之後，經由教育之推動及普及，發展成世界之強國之一，教育成果之傑出表現也受到世界各國矚目。但日本教育自1980年代起，一直存在著基本的學歷社會問題，如激烈的升學競爭、灌輸式教育等，以及新發生的霸凌（いじめ）、拒學（日文是登校拒否）、校園暴力、班級秩序崩潰（日文稱學級崩壞）的問題。因此，戰後自60年代起，為了因應社會變遷與時代需求，大致每十年就會針對《學習指導要領》（即我國之課程標準）進行一次修訂。特別是80年代中葉，當時中央政府暫時設置直屬總理府的臨時教育審議會（以下簡稱臨教審）的諮議報告，提及針對日本教育面臨過度重視學歷、過度考試競爭、青少年心理健康、學校教育齊一化和僵硬化等一連串問題，作為面向21世紀教育改革重要內容的課程改革部分，特別建議應朝向尊重個性及個別化之方向改革（楊思偉，1999；高峽，1999），日本自那時起開始進行新課程改革，至目前共進行三次課程標準之修訂，即1992年和2002年之課程改革，而其重點哲學是走回兒童中心之課程理念，另外新的課程改革在2012年推動。

　　日本在 2000 年由總理所邀請設置的「教育改革國民會議」，針對教育題提出重大建議；其次，2001 年又發表「21 世紀教育新生計畫」（2001.1.25），2002 年又有「培養『人』的戰略圖像」（2002.8.30）之報告書，提出四大目標與六大策略，針對期望培育之人才，都有整體之構思與規劃，因此可見政策基本上是有其整體性和一貫性，從上層國家人才培育目標之描繪，再到教育人才培育目標之具體落實，彼此之間是相貫串且具一致性，而這其中改革之一環，仍與教師教育之養成教育具有相當之相關性。另外 2000 年以後，推動「提升學力政策」，也包含師資素質提升之政策，如下圖11-1及圖11-2，可見教育改革與教師教育一直具有相當的關係。

教育改革國民會議（2000.12.22）

觀點1.實現培養具豐富人格之日本人的教育
觀點2.實現能發揮個人才能，培育具創造性的領導人才的教育制度
觀點3.實現創建新時代的優良新學校及其支援體系

21世紀教育新生計畫（2001.1.25）

（因應能確實推動教育改革）
◎培育確實的學力與豐富的心靈→推動小班教學、能力分組教學、道德教育
◎整備快樂且安心的學習的環境→鼓勵家長參加學校教育
◎建立家長及地區信賴的學校及教師→學校自我評鑑體制的建立，教師評鑑及
　研習的實施
◎推動志工活動及體驗活動等→推動並充實體驗活動的體制
◎推動建立世界水準的大學→大學法人化及專業研究所的設置

培養「人」的戰略圖像（2002.8.30）

培養能開拓嶄新時代的日本人～由劃一至自主與創造
　一、目標
　1.能自我思考及行動的健全日本人
　2.培育能領導知識世紀的高級領導人才
　3.具繼承與創造豐富文化內涵的日本人
　4.能生存在國際社會具教養的日本人

二、六項策略
1.培育確實的學力─國民教育水準是競爭力的基本
2.培育豐富的心靈─倫理觀、公共道德及同理心
3.最優越的頭腦，多元性的人才─領導世界的人才
4.領導「知識世紀」的大學─創建在競爭環境中具特性的大學
5.感動與充實的人格
6.生存在新時代的日本人

圖11-1　日本培育國家人才目標之藍圖

資料來源：文部科學省（2004）

實現依精熟度而進行的細緻指導
◎提升學力先鋒計畫
◎提升學力先鋒學校計畫（新）
◎放學後提供助教的調查研究（新）
◎派遣學習指導諮商員的計畫（新）
◎普及並落實新的評鑑

培育特定領域之優秀人才
◎超級科學學校之實驗
◎超級英語高中之實驗
◎培養專業技術人員（新）

提升學習意願與學習素質
◎推動「綜合學習時間」計畫（新）
◎提升學習意願的綜合戰略（新）
◎理科愛好學校之實驗（新）

提升英語及國語文能力
◎超級英語高中
◎提升國語文能力

提升「確實的學力」
‧不動搖的基礎、基本
‧思考力、表達力、問題解決能力
‧終身學習的意願
‧增強專長之能力
‧旺盛的求知慾、探究力

依靠外部人才之協助，促使學校活性化
◎放學後的助教措施
◎派遣學習指導諮商員
◎推動「綜合學習時間
◎「充滿活力的學校」計畫
　導入社會人士成為教師協助者，以實現照顧每一孩子的目的

實施全國性及綜合性的學力調查
◎充實確保施政成果的調查
◎回饋施政的成果

整備能達成國際最高教學品質的條件
◎教師素質的提升
　‧實施十年教學經驗者的研修（新）
　‧英語教師的研修（新）
　‧調查研究教師評鑑（新）
　‧e教師計畫（新）
◎為因應加強個別指導增加教師員額
　‧教師員額改善計畫
◎配置對應新教育的設施
　‧新世代型學習空間之推動

圖11-2　提升「確實學力」的政策

資料來源：文部科學省（2004）

二、教師教育改革沿革

　　日本在第二次世界大戰以後的教師教育政策，結合開放培育制度與專業要求，一方面強調教師教育培育體系的開放，由大學和學院負責培育教師，一方面則是以教師資格證書認證體系不斷提升教師專業水準。1950年代日本政府強調教師教育的職前課程必須包含基本通識教養、學科知識及教育專業知識；1980年代進行的教育改革被稱為日本教育史上自明治改革、戰後改革以來的第三次教育大改革，主導這次教育改革的「臨時教育議審議會」提出四份諮議報告，根據臨時教育審議會的改革精神，以及因應不同時期學生之狀況及社會激烈之變遷，日本教師教育政策改革陸續提出，在教師培育方面則要求教師應該不斷藉由在職進修提高專業能力；1990年代以後由新自由主義精神所衍生績效責任觀，特別重視教師的教學現場實務能力，而此要求也成為日本2006年教師教育改革方案的主要核心概念，這也是1980年代中期以來，日本教育界與行政界對於新自由主義精神體現，以下依順序扼要說明其中重要之政策：

　　(一) 1987年12月，日本教育職員養成審議會提出「關於提高教師素質能力的方針政策等」的諮議報告，要求：(1)進一步提高作為教師的專業性；(2)推進學校教育靈活採用社會有識之士；(3)創設新任教師為期一年的研修制度；(4)充實與完善在職教師研修體系。

　　(二) 1997年，日本公布的《護理等體驗特例法》，規定要取得中小學教師證，就有義務具備參加護理、老人院等社會福祉機構之實踐性活動的體驗。

　　(三) 1997年7月，日本教育職員養成審議會向文部大臣提出「關於面向新時代的教師養成改善方針政策」的第一次諮議報告，從確保具有使命感、特長領域、個性、能適合與完成學校實際課題的教師立場出發，提出改善大學的師資培育課程的政策性措施：(1)在師資培養課程中採取選科修讀的方式；(2)充實有關學生指導、教育諮商、進路指導的科目；(3)延長初中的教育實習；(4)充實有關教職的科目；(5)關於靈活採用社會有識之士，改善特別講師制度和特別教師證制度。

　　(四) 1998年6年，新修訂的日本政府「教育改革計畫」再次強調：改

善在師資培育課程中採取選科修讀的方式和充實有關教職的科目，促進中小學靈活採用社會有識之士擔任特別講師和取得特別教師證。

(五) 1998年10月，日本教育職員養成審議會向文部大臣提出「關於積極活用碩士課程的教員養成方針政策」的第二次諮議報告，謀求實踐與理論的統合，爲更快及全面地提高教師的素質能力，整備各種條件，儘可能讓更多的在職教師透過多樣形式接受碩士課程水準的研究生教育。

(六) 1999年12月，日本教育職員養成審議會向文部大臣提出「關於培養、任用、研修的聯繫靈活化」的第三次諮議報告，旨在充實與完善教師的培養課程、任用及研修等各階段的政策措施。這次諮議報告要點是：任用教師不能偏重於知識，而要從任用具有自己特長領域、富有個性、多樣性教師的觀點出發，積極地進行評鑑及選考多元的人才。對於新的大學畢業生的選考方法有必要多樣化及重點化，主張學力考試是否能達到一定標準，可爲一種評量方法，但要重視把大學的推薦及學得之知能進行評量；另外任用考選時，要明確教師的特質；進一步選用改善附帶條件的任用制度，排除一些不合格的教師；獎勵每個教師從事基於自發性、主體性意願的研修，爲此而整備支援協助體制；繼續實施與完善新任教師爲期一年的研修制度（如發現新任教師在一年中有問題可以免職）；在精選職務研修的同時，從今日視角調整研修的內容與方法；大學和地方教育委員會需要進一步加強聯繫合作，透過一起規劃和實行有關改善教師的培養、任用、研修的具體政策措施，使其關係更加密切，大學開設的教師培育課程要結合學校實際需要，除了定期舉行大學、教育委員會、中小學之間的協議會以外，還要整備各種條件（如開設相當數量的實驗學校基地），讓志願當教師的學生經常能前往體驗學校現場實況；在都道府縣層級等，有必要研討大學碩士課程培養中小學管理者領導能力，開設教師培育課程的各大學要明確培養什麼樣教師的理想圖像，大學教師要使自己擔任的課程與教師圖像相結合。

(七) 2001年日本的中央部會進行改組，「文部省」改稱爲「文部科學省」，同時將眾多的審議會整併爲「中央教育審議會」所屬的5個分科會之中。以往的教育職員審議會歸併在「初等中等教育分科會」之中。

中央教育審議並於2002年2月21日提出對師資培育改革重要的諮議報告書「有關今後教師證照制度應有作法」，建議對於「教師證照換證制的可能性」、「教師勤務的評鑑制度（勤務評定）」、「附帶條件的採用制度」、「懲戒制度」、「教職轉調其他職種制度」、「現職教師專門性的向上制度（研習制度）」、「上級證照取得（上進制度）」、「初任者研習」等制度的檢討。

(八) 2005年10月文部科學省發表其中央教育審議會的諮議報告書「創造新時代義務教育」，強調要確立對於教師的信賴不可動搖——提升教師資質的向上，並且具體的歸納出優良教師的要素，大致上可歸納出最重要的三項要素：(1)對於教職有強烈的熱情；(2)確實具有教育專門家的能力；(3)統整的能力。

特別是對於確保教師適任性，建議建構因應指導力不足教師的人事管理系統、強化取消教師證照的事由、採行重視人格特質的教師甄選方式等項具體重大教師相關政策的改革措施，持續改革方向的進行。這些重要的方針，陸續在教師相關政策改革中呈現。

(九) 2006年教師教育改革方案，是由中央教育審議會在2006年7月發表諮議報告「今後有關教師養成・證照制度的應有作法」，其主要政策為「教職課程水準的提升」、「教職專業研究所的創設」及「教師證照更新制的導入」三項，這些具體政策，是歷經多年來研議結果之總匯集，具有相當代表性。

總之，以整體政策而言，2006年為止之主要政策乃是期望藉由「大學的教師教育課程革新」與「教師證照更新」等兩個方向，達成「建立對教師無可動搖的信賴感」的整體目標，有關整體方案的架構如圖11-3所示。

三、教師教育制度改革內容

以下再從強調重視實踐性的師資培育課程、教師證照換證制度與教職專業研究所新制度等三個部分，說明2006年現行教師教育改革方案。

(一) 強調重視實踐性的職前課程

為了提升師資培育的水準，其基本的想法乃認為大學部階段的培育課程是獲得成為教師的必要資質，因此大學本身應該對於培育課程進行自主

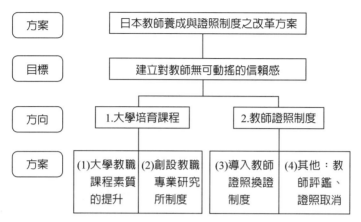

圖11-3　2006年日本師資養成制度改革政策內涵

的改革與充實，是非常重要的。另外，要讓具有培育教師之大學的所有教授，都能體認師資培育重要性的自覺，讓各大學能秉持師資培育的理念實施課程，促使各大學都能擁有完整的實施體制，其具體策略如下（中央教育審議會，2006）：

1. 新設「教職實踐演習（暫訂）」及必修化。
2. 教育實習課程的改善與充實。
3. 充實培育過程的「教職指導」課程。
4. 充實及強化大學中教師培育課程委員會。
5. 充實師資培育課程的事後評鑑功能及核可審查。

　　上述政策內容乃針對日本學校現場的學生拒絕上學與校園霸凌等秩序脫軌的現象日益嚴重，與教師教育理論的變化衝擊，日本的教師教育課程及教學也因而有所變革，日本教師教育的培養過程乃朝向重視實踐性與現場實務，這些改革已經在進行中。

　　有關日本教育大學所提的教師教育的「課程模式」，並非每所大學皆有義務遵循，但是日本各大學目前實際上的確愈來愈重視教育實習課程。例如：以兵庫教育大學為例，教育實習課程一改過去的5單位（相當於學分的概念），而將教育實踐的智能技術學習融入課程中，以培養真正的教育專業實力為依歸，教育實習課程貫穿四個年級，包括一年級的參觀實習，二年級的體驗學習、三年級的基本實習及四年級的應用實習，持續不

斷地增進教學智能。教育實習課程從階段一到階段九共有9種科目含18個單位（其中包括必修的7個科目14個單位），每年並不斷因應社會變化及實際問題解決，積極更新與改善各學習科目的內容方法等，冀使教育的實踐達到實際效能。有關兵庫教育大學的教育實習課程教學科目與內容、實施方法等詳細情形，可詳如下表11-1所示。

表11-1　兵庫教育大學教育實習課程

教學科目	教學目的與實施方法
教育現場教育I（教育現場基礎教育1）	為了學習系統化的教育實際場域實習課程，此為入門階段，作為教育實習的事前指導。理解有關幼稚園、小學或特殊教育等基礎的教育概要，透過到各校園的實際觀察與見習，以教育觀點深入孩子們生活，以培養成為初等教育教師應有的教育熱忱與積極心。此外，在特殊教育學校的2天實際觀察與見習課程中，可確定的是有安排撫養照顧的體驗活動，以提供實際見習的機會。 【一年級時的必修課程・1個單位學分・為期1週的見習】
教育現場教育II（教育現場基礎教育2）	為了以寬廣的視野理解學校教育的理想情況，學習以青少年教育活動為主軸的社會教育，了解戶外活動等的意義及相關指導方法，教育現場之教育課程以指導輔助者身分參加學生們的野外活動，以接觸孩子，並從多面向的觀察深入理解孩子的世界。另外，透過積極參加野外活動的指導學習等能獲得基礎的知識、技術及技能，並且擁有自信及培養與他人合作的社會技能。 【二年級必修課程・1個單位學分・為期1週的講課與實務學習】
教育現場教育III（普通教育實習1）	透過在附屬小學或附屬幼稚園的所有教育活動全部過程的實習，形成教育實踐的指導能力，獲得必要的基礎知識、技術及技能，以對兒童及幼兒特質能深刻理解，並學習如何製作指導計畫及研究如何指導的方法，培養身為教師所該具備的基礎專業能力。基於教育專業與專業自主，實施以教育實踐活動為主體的、培養基礎的教學技能的教育實習活動。 【三年級必修課程・4個單位學分・為期4週的實習】
教育現場教育IV（普通教育實習2）	透過在接受實習合作之小學或附屬幼稚園的所有教育過程的實習，學習因應社區及兒童、幼兒的實際狀況所欲達成的目標，針對特色進行教育實踐，統整可以運用的指導方法與技能，培養身為教師該有的敏感度與自覺，訓練能以主體性進行教育實踐與達成理想的能力。一方面學習運用創意與技術在合作的學校實踐教育理想，一方面建構出畢業後自己的教育信念與態度、教育熱忱及教學上的自信心。在大學養成教育的最後實習階段，充分運用學校所學以能實際應用與實際體驗。 【四年級必修課程・2個單位學分・為期2週的實習】

表11-1　（續）

教學科目	教學目的與實施方法
教育現場教育V（特別教育實習）	為了擴展視野，了解孩童的個別差異與生活形態多樣化，實習生自己規劃實習計畫、以1年期間選擇性的、持續性地參加以特別活動為中心的學年經營及學校經營方面的實習。一方面從教育環境與教師角色之間，建構應具備的互動關係；另一方面，也促進對教師責任的反省與覺察，確立自己該以何種信念實踐教育精神。除了在附屬學校，也可以參加受認定社會機構的義工活動，進行教育實踐支援活動。 【三年級必修課程・2個單位學分・為期60小時的實習】
教育現場教育VI（教育技術實習）	屬於增進有關教材研發工具或技術的教育實習。科技發展日新月異，促使教師能充分活用資訊與科學工具，發揮教師的創意，學習新的指導法，豐富教育價值及提升教育的效果，培養能運用新科技與開拓教育實踐的能力為教育實習的主軸。為三年級的教育現場教育Ⅲ的事前學習。 【二年級必修課程・2個單位學分・實習】
教育現場教育VII（專業教育現場實際教育）	將4年以來所修讀過的教育科目實際運用在教育現場中，實習生以1個人為原則，將研究主題作實際教學演示的試教活動為主，可檢證自己研讀鑽研的成果。促進初等教育教師深入各學科領域中專業性的提升。 【四年級必修課程・2個單位學分・試教】
教育現場教育VIII（中學教育實習） 教育現場教育IX（中學教育實習）	希望取得中學及高中的教師證書者，要對青少年學生的特質有深刻理解，中學及高中全面的實習是要充實與發展道德、特別活動、各個學科領域的專門知識、技能及學習指導策略，追求充分了解青少年特質與成長重點、適切的輔導方法，及學年經營等目標。 【四年級選修課程・2單位學分・實習】

資料來源：兵庫教育大學（2007）

　　除此之外，島根大學教育大學教育學院則推出「主修、副修」制度並增設了「教學內容的統整研究」科目，以提升未來教學的指導能力；另外重視「直接體驗」的教師教育課程，學生從入學到畢業必須參加1,000小時的包含社會體驗、學校體驗、臨床體驗的教育實習活動，以增進面對多樣化個別差異的孩童的應對處理能力。如圖11-4所示，從一到四年級分別進行不同層次的實際見習，不論是講解或試教的方式，都希冀學生在實習或實地觀察、體驗學習中，可以培養出綜合的分析與判斷力及創造力。

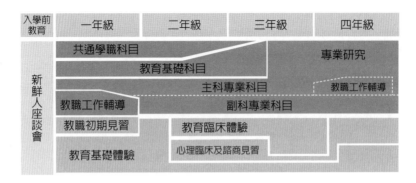

圖11-4 島根教育大學教育學院課程設計

資料來源：島根教育大學（2007）

(二) 建立教師證照換證制度

日本的教師教育重視實踐性的趨勢，也促使日本政府設計與建構對現職教師素質的督導機制，而對現職教師素質的管控策略之一即是教師資格換證制度的制定。

2006年7月，日本「中央教育審議會」諮議報告「今後教師養成‧證照制度應有作法」中指出，改革教師資格證照制度，使之成為貫穿教師整個職業生涯、保障教師所必要的資質的證照制度，並且提出了具體措施。其中規定教師資格證書有效期限為十年，證書持有者必須在證書換證期限前兩年內接受30小時的資格更新講習，講習包括事例研究、教案製作、模擬教學等，且必須是由國家認定的，由大學或教育委員會與大學合作舉辦的講習，而不能滿足更新換證要求的證書就會失效。已經在職教師的資格證書未規定有效期限，但也有義務每十年接受同樣的講習，不能結業者證書就失效，此制度於2009年度開始實施。

(三) 推動教職專業研究所（teacher professional school）新制度

在日本泡沫經濟後的1990年代，日本研究所就讀人數反而激增。其原因第一乃是因為追求國際化，以達國際標準；第二是產業結構的高度化帶動高度專業人才的需求。文部科學省（2007）高等教育局長清水潔也說明日本專門職大學院創設的理由有內、外部因素。日本乃參考美國

的professional school和law school的模式，於是日本文部科學省「中央教育審議會」在2002年8月提出「有關研究所高度專業人才之培養」諮議報告書中，明確地將研究所培育人才功能劃分為研究及高度專業兩個面向，2003年創立出有別一般大學研究所的「專業研究所」（日文稱專門職大學院），其領域範圍涵蓋法律、經濟管理、醫療經營、智慧財產權、公共政策、技術管理與教育等專業領域。「法科大學院」（2003）、「藥學大學院」（2006）便率先應運而生。

教職專業研究所的學位課程的意義，即在上述為區隔培養教育學術研究人才，與培育教育實務高等人才而研議設置。自2004年經由各種會議及機構研議，乃於2008年4月由19所學校先正式招生運作。2016年統計共有國立39大學、私立6所共計45大學辦理，學生共有1,224名（日本教師教育學會編，2017）。而其與一般研究所到底有何不同，由表11-2可了解之。

表11-2　一般研究所、教職專業研究所、法科研究所之比較

比較事項	一般研究所	教職專業研究所	法科研究所
修業年限	碩士課程：標準2年 博士課程：標準3年	標準2年	標準3年（但修畢法學相關課程者最多可縮短1年）
畢業要件	碩士課程：30學分＋碩士論文審查博士課程：研究指導＋博士論文審查	30學分＋研究指導＋特定課題研究成果之審查	1.在學3年以上，修畢93學分 2.修畢法學相關課程者最多縮短一年（30學分以下）
師資條件	1.一定員額以上的研究指導教授 2.不一定要具有實務經驗之教員 3.研究指導教育1人最多只能指導20位研究生	1.一般研究所碩士課程2倍的研究指導教授 2.專任教師中必須具有實務經驗教員之員額（40%）	1.必須具備高度教育指導能力的教師 2.不必配置研究指導教授 3.20%專任教師必須具有實務經驗 4.每位專任教授最多收15位指導學生
教學方法	無明確規定	個案研究、討論、實地調查、其他合適的方式	1.個案研究、討論、現場實習、其他合適的方式 2.以小班教學為原則
研究指導	必要	必要	非必要

表11-2 （續）

比較事項	一般研究所	教職專業研究所	法科研究所
第三者評鑑	無規定（現行的認證評鑑為校務評鑑和學門評鑑，並非系所評鑑）	必須接受外部評鑑	必須持續接受第三者評鑑（認證評鑑）
學位	博士、碩士	碩士	博士、碩士

資料來源：天野郁夫（2004: 35）

貳、教師教育政策改革之意識形態──新自由主義分析

　　日本自1980年代中期以來的教育改革與教師教育改革，與新自由主義有相當的關聯性，以下就新自由主義政策的興起、新自由主義下的日本教育改革、日本的新自由主義教育改革三階段、日本的新自由主義教育改革重要措施，以及日本新自由主義教師教育改革的發展，作一分析。

一、新自由主義政策的興起

　　新自由主義是指為了達成促進經濟成長之目標，因此緩和或撤除政府對經濟之管制，以市場自生之秩序作為經濟活動之準則，藉以提高需求回復國家經濟力之政治潮流，它是一種意識形態的用語。自1950年代以來的社會重建與經濟發展，到1970年代的石油危機受到相當大的影響，且英國、美國等開發國家亦準備開始調整社會結構與改善行政效能。1970年代，全球景氣低迷，而政府對於經濟的干預或補貼措施，不但無法改善經濟情況，反而使得公共部門因受到保護而缺乏競爭力，國家財政日益惡化，人們開始對於過去所謂的「大政府、小市場」的信念產生質疑。當時在1970至1980年代期間興起的新右派以經濟學家Hayek和Friedman為代表，其信奉自由主義，抨擊凱恩斯經濟理論過分強調政府干預經濟活動，甚至壟斷公共及社會服務，造成浪費福利制度中的社會資源，提倡自由企業、競爭、私有產權及「小政府」的理念。統整各學者的看法，可了解新自由主義有主要有建立市場競爭作用、形成消費者選擇機制、以績效責任衡量政策作為等三項重要概念（Apple, 2000; Stromquist, 2000）：

(一) 建立市場競爭作用

1. 新自由主義對於私有部門持有相當肯定與期待，而對公共部門則持強烈批判的觀點。新自由主義確信，市場提供了均等的競爭機會，藉由市場的功能可決定最佳的生產方式與滿足社會大眾需求最有效的方法。

2. 建立市場競爭作用，讓公部門與私部門同時競爭，提升公部門績效。

3. 教育如同一般商品，不具有差異性。故學校與教育應與經濟之發展緊密結合，並引入於市場機制中。

(二) 形成消費者選擇機制

消費者比生產者更為重要，民主的保障需仰賴消費者的選擇權，讓消費者有選擇權，可讓競爭力不足的商品退出市場。

(三) 以績效責任衡量政策作為

自由主義的政策作為，強調藉由市場競爭與消費者選擇，讓最佳化商品留存，此留存的商品即為績效責任的呈現，亦藉此衡量政策作為的可行性與否。由於Friedman乃是美國雷根總統之智囊，而1979年柴契爾（Thatcher）政府亦多運用Hayek的新右派哲學思維與管理主義的措施，改革英國文官制度，所以在1970年代末期至1980年代，新自由主義影響美國、英國及日本甚大。英國、美國等國家開始以新自由主義的國家政策思維，導入民間企業的市場機制，精簡政府機構，減少公共開支，推動地方分權化的管理體制，用以降低政府對於經濟活動的干預，提高行政效能。

日本在1970年代克服兩次石油危機，締造了1980年代世界第一的經濟奇蹟，但是在1980年代末期開始，日本的經濟就逐漸浮現泡沫經濟的徵兆。此時中曾根康弘內閣欲跟隨英美等國的新自由主義路線，以開始改變日本戰後所建立平等、民主、福利等行政觀，準備因應日本的經濟與社會困境。1990年代以來，日本泡沫經濟崩潰，經濟開始長期不景氣，日本社會陷入了持續低迷的狀態，成為「平成不景氣」，此時又提供了實施新自由主義的良機，因此在1997年1月20日日本總理大臣橋本龍太郎依據行政改革委員會所提之革新建議，在第140屆通常國會中發表「施政方針演

說」，希望以行政改革、財政結構改革、金融體系改革、經濟結構改革、社會保障制度與教育改革等密切相關的「六大改革」，革新日本自「戰後改革」後的僵化政府體制與頹敗經濟。而同年12月3日，行政改革會議的「最終報告」提出「中央省廳改革、規制緩和與地方分權改革」，其中，中央省廳改革亦要求接續的小淵內閣繼續執行。接續日本總理職務的小淵惠三與森喜朗任期都不久，到了2001年小泉純一郎任職總理，更積極推動新自由主義的國家政策。

二、新自由主義下的日本教育改革

日本於明治維新後建立第一次教育改革，促成日本教育現代化，第二次世界大戰後依據美國對日教育使節團，以和平主義與民主主義的理念，主導第二次教育改革。面對日本戰後的教育體制僵化，1980年代中期中曾根康弘內閣的臨時教育審議會開始引發第三次的教育改革。臨教審歷經三年之審議，發表的改革構想諮議建議書宣稱是日本第三次教育改革之濫觴。其最後報告書內容強調，自明治以來，教育是「劃一的、僵硬的、閉鎖的學校教育體質」（臨時教育審議會，1987）。而為打破此種現象，應該在「重視個性的原則」下，要「緩和管制」（即我國「鬆綁」之意），擴大家長選校的機會，讓學校多元化發展；並導入自由競爭原理，以恢復學校、家庭及地區社會的「教育力和活性化」；其次，並提出培養「自我教育力」之主張（臨時教育審議會，1987）。日本自1990年代以來，政治界與財經界形成「日本在沉沒的危機中」的危機意識，財經界對教育改革的要求是十分強烈的（柴田義松，2001），因此有各種建議書陸續出現。

這是日本教育自由化的濫觴，也是後來激起一連串標榜新自由主義改革的源頭（兒美川孝一郎，2000；2002）。因臨教審是一暫時設置之機構，任務結束後仍由常設之中央教育審議會繼續負責擬議相關教育政策，至於其政策擬議時機是文部科學大臣（2001年改名）有所請求時才開會擬定的。而新自由主義改革意識形態主導了此波日本之政府結構改革，以及教育改革方針，已是日本學界共識之看法（兒美川孝一郎，2000；斎藤貴男，2004）。

　　學者佐藤學（2003）認爲日本教育受到的新自由主義的影響有三個階段：

(一) 1980年代中期到1990年代中期

　　1984年中曾根康弘越過文部省，設立了首相直屬的臨時教育審議會，把同意新自由主義改革主張的人任命爲臨時教育審議會的委員，從而實現新自由主義教育改革的目標。臨時教育審議會與1970年代中央教育審議會改革最大不同之處，在於臨時教育審議會主張「解除文部省對教育的控制」，減少國家對教育改革的主導力量，改善中央集權式教育行政的僵化，實現自由化、個性化與多樣化。不過，此主張直接影響文部省的權力結構，自然受到文部省與中曾根所屬自民黨內部一部分的保守勢力反對。

(二) 1990年代中期到2000年

　　1980年代末期開始，日本的經濟奇蹟隨著泡沫經濟解體而崩解，日本經濟開始萎靡不振，內需不足，市場蕭條，生產力下降，經濟增長減緩，國際競爭力減退，形成龐大的財政赤字、臃腫的政府機構。到了1990年代中期，社會自然形成「新自由主義」的社會共識，主張精簡機構，裁撤冗員，削減行政預算，提高效率。此時財政界與經濟界皆力求貫徹新自由主義的主張，文部省也必須改變原有的立場，而原先與政府一貫對立的日本教師組織──日本教職員組合（簡稱日教組）也放棄對立主張，同意新自由主義的教育改革取向。

　　1995年4月經濟同友會提出「合校論」的主張，先得到文部大臣的支持，半年後也得到日教組的支持。合校論主張公共教育最小化，將私塾等民間教育產業的作用最大化。1997年橋本龍太郎的推動行政改革等六大改革，在教育改革方面開始推動日本國立大學的行政法人化，這些都是90年代中期日本政府的基本改革思路，正是新自由主義改革主張的進一步深化。

(三) 2000年迄今

　　2000年新任首相小淵惠三所屬的「21世紀日本構想懇談會」提出「對國家有用的教育」（国家のための教育）以及「爲個人服務的教育」（個人のサービスとしての教育），新保守主義與新自由主義兩者合作推動整

個教育政策,這讓國家主義教育與市場化教育政策合一。2002年開始推動「教育內容減少三成」政策,義務教育階段推動擇校策略,執行中高一貫制學校。雖然新自由主義的主張,受到不少社會人士的反對,但已經成日本目前教育改革的主要核心概念。

三、日本的新自由主義教育改革重要措施

有關於日本新自由主義教育改革的重要措施很多,以下就建立彈性機制方面、形成績效機制方面、下放權力以形成分權制方面,加以概要說明:

(一)建立彈性機制方面

1.建立中高一貫制學校(完全中學)

日本中小學學制自戰後即採用美國六三三學制,在新自由主義的影響下,開始推動初中和高中合併的六年一貫制的「中高一貫制學校」,成為部分的六六學制。1998年6月5日日本通過公立學校得實施「中高一貫教育」之《學校教育法》修定法案。目前根據文部科學省的統計結果,2007年日本全國已有實行「中高一貫制學校」257所,其中國立學校4所,公立學校149所,私立學校104所,預計2008年還將新增34所,按照文部科學省的計畫,今後將在日本全國設立500所這樣的學校(日本文部科學省網頁,2007)。

2.擴大家長和學童的擇校自由

新自由主義強調市場機制的競爭與選擇作用,藉此達成品質與效率的最佳化。經濟學者Friedman在1960年代所提的教育券(voucher)制度,日本臨時教育審議會欲藉由此制度實現「教育的自由化」,提高公共教育的品質。後在1997年允許地方根據各自情況和家長們的意見,對公立中小學的學區採取靈活運用的措施,1999年,東京都的品川區和日野市就開始進行自由擇校的措施。

(二) 形成績效責任機制

在形成績效機制方面,以大學改革為例。2001年小泉擔任日本總理大臣之後,不僅國立大學的改革步伐大大加快,其改革力度也不斷增強。日

本基於推動「結構改革」的政策下，2001年6月文部科學省發表「大學的結構改革方針」政策，其副題爲「作爲建構富活力且具國際競爭力的國公私立大學的一環」，基於上述結構改革的基本主軸，而國立大學法人化及有關大學品質管控形成其兩大政策要點（文部科學省，2002）。

　　根據《國立大學法人化》第一條的規定，本法規定之目的爲「爲回應國民對大學教育研究的需求，冀圖讓我國高等教育及學術研究的水準能提升並均衡發展」，故制訂本法來規定有關國立大學法人和大學共同利用機關法人組織及業務的事項。在國立大學法人化的規定下，國立大學不再是國家行政組織的一部分，而是獨立於國家之外，擁有獨自的法人人格。國立大學法人變成以校長和理事爲中心的自主、自律之營運組織。因此，法案中規定各個國立大學法人應設置負責審議營運相關重要事項的「經營協議會」，以及負責審議教育研究相關重要事項的「教育研究評議會」。另外，爲了將社會的聲音適當地反應給大學營運單位，並實現大學對社會應負的責任，經營協議會的成員必須有二分之一以上的校外人士。國立大學的教職員身分也改採非公務員型。基本上，國立大學法人依循廣義的獨立行政法人制度，國立大學法人的業務內容採用中期（程）目標、中期計畫的方式進行；評鑑方面則是採取大學內部自我評鑑、大學評鑑與學位授與機構之評鑑、文部科學省國立大學評鑑委員會，以及總務省政策評鑑等方式。國立大學法人發展任務的中期目標依文部科學省大臣指示，各個國立大學法人再依據中期目標各自作成中期計畫，並獲得文部省科學大臣的認可後執行。文部科學省在指示中期目標的同時，文科省大臣也必須聽取大學方面的意見，並加以考量。當中期計畫執行期間結束，文部科學省的評鑑委員會、總務省的評鑑委員會，或其他第三者評鑑機構等組織，將會對此期間的營運實績進行評鑑。

(三) 下放權力以形成分權

1. 對於地方教育委員會的授權

　　日本近年來的教育改革，除了教育領域的重大政策外，在教育系統以外的一般行政的改革，也不能忽視，那是指自1995年實施《地方分權推動法》以後的政策。因爲受到一般行政地方分權政策的牽動，1998年日本

文部省下屬的中央教育審議會（以下簡稱中教審）提出諮議報告「今後地方教育行政的應有作法」，其中強調兩大主軸，即「教育行政的地方分權化」及「推動學校的自主性」（中留武昭，2003）。其後日本通過修改《地方教育行政組織運營法》及相關法律，放寬對地方或下級教育行政部門的管理，給予更多權力。首先是取消各地方教育委員會首席長官的上級任命與認可制度.；其次，則是增加地方教育委員會的委員人數，以多方聽取地方社區的意見。

2. 對於中小學學校的授權

給予學校更多的自主權，放寬教務主任的任職資格，進行教師的聘任及敘薪，1998年文部省修訂的《學習指導要領》亦開設新的綜合性學習課程，由學校根據各自的情況，從國際理解、環境教育、資訊管理等方面，建立多樣的、綜合性的學習。不過在放寬自主的過程中，也要求其自律與績效，確實落實教師評鑑、表彰榮譽等。

四、日本新自由主義教師教育改革的發展

有關教師教育改革有關之內容，則在2000年前後，負責教學的教師也成爲改革的重要對象。其中，首先是有關學校評鑑和教師評鑑兩大重要政策，在2000年即由教育課程審議會在諮議報告書「有關學童學習和課程實施評鑑之應有作法」中，提出應經由學校評議員制度之實施，對學校實施各種「檢核評鑑」，以能回應家長及社區人士之意見與期待，此項政策推動由學校本身及教育委員會分別負責，因此日本部分地區開始思考教師的「勤務評鑑」與考績結合的可能性，所以部分地區也開始導入教師評鑑制度。

另外，日本爲了推動更進一步的自由化政策，同意依法由各地方政府設置「結構改革特區」，其範圍包括教育、農業及社會福利等領域。此政策自2002年起設立推動總部即開始實施。在教育相關部分，市町村可超越現行法律規範，提出各種政策構想，因此在師資培育方面，東京都杉並區先推出了「杉並師範館」之設立，開始試辦獨自培養師資之辦法；而東京都更正式於2004年，開辦「東京教養成塾」；京都府於2006年開辦「京都

教師養成塾」（東京学芸大学教員養成カリキュラム開発研究センター，
2006），每梯次錄取了數十名大學生，代替師資培育之大學，依照自我設
定的教育目標，獨自培養自己所需要的師資（楊思偉、陳盛賢、江志正，
2008）。

　　依據上述政策趨勢分析，是先來自日本政府整體的行政改革，再擴及
教育改革，進而更深入到優良師資培育問題，再回溯到師資培育大學的責
任和培育成效的問題，這種改革動向，至少顯現下列兩項意涵。

　　第一是對於日本師資培育大學，亦即對「教育大學」、地方國立大
學的「教育學部」及一般大學「教職課程」產生高度的不信任感。其次，
日本也在除了一般大學推動競爭性經費分配的COE（卓越研究中心）政策
外，2005年起，給予教育大學「教師養成GP（good practice）」的競爭性
經費分配，這些都造成教育大學高度的競爭與壓力，也可能造成另外一種
師資培育大學之排序問題。

　　第二是在「大學培育」的原則下，有關師資培育的「當事者」的大
學，一向對社會的壓力與期待，並沒有較多的「因應」，這已經造成不少
來自社會的責難與質疑，因此在上述「改革特區」的理念下，2006年已有
私人企業榮光公司經營的「教育大學院大學」獲得核可設立培育課程，並
開始培育師資（東京学芸大学教員養成カリキュラム開発研究センター，
2006），開始可由企業培育師資，此項由參與者的開放，對於師資培育相
關大學必須更具有自省與改造之能力，是非常有趣且嚴肅之作法，也是日
本未來值得探討的議題。

五、綜合討論與分析

　　依據上述分析，日本在新自由主義下，教師教育改革之整體策略架
構有如圖11-5所示，整體的意識形態強調新自由主義的影響，而在新自由
主義的意識形態下，整理出次要概念有三項，即競爭原理、選擇機制及績
效責任。然後經由整理分別與前兩項次要概念有關的政策，包括教員養成
GP計畫、地方政府辦理培育、企業開辦培育班三個政策列為與競爭及選
擇有關之政策；另外在績效責任概念之政策中，整理出職前課程調整、教

師評鑑、證照更新制、教職專業研究所（PS）及（教育）大學法人化等項目，而其中各政策項目用ABCD分別表示不同政策主體之機構，A表示大學的相關改革項目，B表示地方政府的相關改革項目，C表示企業的相關改革項目，D表示制度的相關改革項目。進而，在圖中標註＊的五個政策項目，其中職前課程調整與教員養成GP計畫，是與大學改革有關，另外兩項則分別與地方政府與企業有關。上述教員養成GP計畫，主要是因為近年來日本的大學改革，爲了創造「競爭的環境」，在一般大學有競爭性經費申請計畫，所謂COE（center of excellence，卓越研究中心）計畫，每年通過之計畫，可另外獲得特殊計畫經費，已經推動三年左右。另外，自2005年度起針對國公私立大學與師資培育有關大學及短期大學，也設計了「教育養成GP（good practice）」傾斜式經費分配研究計畫。2005年度以義務教育階段的教師養成課程之大學爲對象，專案計畫名稱爲「大學及研究所教員養成推進計畫」，應徵計畫101件，結果錄取34件；另外，2006年度針對高中及幼稚園師資培育大學推出「高素質教員養成推動計畫」，應徵有92件，通過24件（東京学芸大学教員養成カリキュラム開発研究センター，2006）。

此項競爭型計畫，在這兩年的通過大學中，各較有傳統的教育大學，如東京學藝大學、愛知教育大學、福岡教育大學竟然未能上榜，反而設置教職學程的一般大學通過，因此引起了一些震撼。

另外，企業開辦培育班，是指上述文中所述有關「榮光公司」等開辦的培育班或研究所，是屬於「教育特區」概念下的產物，很值得進一步探討。而地方政府辦理培育，是指東京都及京都府自行辦理「教員養成塾」，例如東京都於2004年辦理「教員養成塾」，京都府於2007年辦理類似的養成塾，這些特殊作法，在在都衝擊整體教師教育政策。

2006年12月，日本教育憲法之《教育基本法》全面修訂，然後其相關之「教育相關三法案」，即《學校教育法》、《教育職員免許法》、《教育公務員特例法》及《地方教育行政組織及運營法》部分修訂，一般學者（陣內靖彥，2008；門脇厚司，2008）認爲是戰後師資培育政策之最大改革，對日本師資培育將有最大之影響。

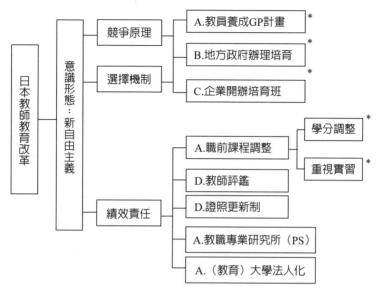

圖11-5　日本2006年教師教育改革概念圖

資料來源：作者自繪

說明：A表示大學的相關改革項目、B表示地方政府、C表示企業、D表示制度

　　依照上述分析，本文探討自1980年代以來日本教育改革的主軸概念──新自由主義，強調「績效責任」（accountability）的概念，此意識形態不僅主宰整個日本行政改革，連帶影響整個教育政策的發展，也主導著教師教育政策的發展。日本的教師教育提出重視實踐性質的趨勢、證書取得學分之提高、設置教職專業研究所、教師證書換證制度、強化在職進修，進而在中小學設置新的職位包括副校長、主幹教師等，導入評鑑制度，導入以成果主義發給獎金之薪資制度等，都是新自由主義理念下之綜合制度顯現，未來對師資培育制度之衝擊不可謂不大。

六、結論

　　日本有名的教育社會學者藤田英典對於日本近年的教育改革，提出「第一波改革」與「第二波改革」的概念（藤田英典，2005）。他指出第一波改革重點是信賴學校與教師的原則下，期望學校現場更具有自由度與創意功夫，另外，為了推動家長及社區居民能參加和支援各種改革政策的

改革；而第二波改革，則是立基於新自由主義、市場競爭原則及新管理主義下的改革與政策，它是會造成「差別化與序列化」的「危險東西」，所以若不加以區辨，以爲「改革至上」，和存在「改革幻想」，那是非常危險的，教師教育之改革也正是如此。針對此，東京學藝大學之學者即指出，上述「教員養成GP（good practice）」，雖具有第一波改革之性質，但也可能走向第二波改革的迷思，造成教育大學等的排名問題（東京学芸大学教員養成カリキュラム開発研究センター，2006）。

不過，另一學者佐藤學指出，日本政府對於教師教育尙未提出眞正的藍圖，這才是最大的問題。因爲教師教育面臨三大危機，即是(1)教職專業化階段大幅落後危機；(2)教職素質低落與地位危機；(3)教師養成機構之危機。他主張培養「教育的專家」，並主張在研究所培養師資等建議（佐藤學，2008）。可見這一波教師教育改革似乎仍是必然之趨勢，只是其改革力道可能稍大，會對日本師資培育產生重大之影響。

參考文獻

一、中文部分

李園會（2003）。日本新學習指導要領。臺北：水牛出版社。

教育部（2005）。追求卓越師資培育品質，共創未來教育願景。2005年9月30日公告，2006年8月21日，取自http://epaper.edu.tw/news/940930/940930c.htm

教育部（2006a）。師資培育素質提升方案。臺北：教育部。

教育部（2006b）。95年度師資培育重要政策回顧與前瞻。臺北：教育部。

教育部（2006c）。師資培育素質提升方案。南投：教育部中部辦公室。

曹翠英（2003）。論中小學師資培育與素質提升。國民教育，44(1)，12-18。

陳益興（2005）。人口結構變遷之師資培育政策。國民教育，46(2)：32-

46。

楊思偉（1999）。日本教育。臺北：商鼎文化。

楊思偉、陳盛賢、江志正（2008）。日本教師教育改革之研究。**教育研究與
　　發展期刊**，**4**(1)，27-54。

二、外文部分

三石初雄、岩田康之（2004）。**教員養成における〈体験〉－〈省察〉的プ
　　ログラムの動向と課題－日本およびアジア諸国の事例に関する考察。**
　　日本教育大学協会研究集会発表概要集。東京：東京學藝大學印行。

中央教育審議會（1996）。二十一世紀を展望したわが国の教育の在り方に
　　ついて一子供に「生きる力と「ゆとり」」。東京：文部省。

中央教育審議會（2004）。**中央教育審議會について**。2004年12月25日，取
　　自http://www.mext.go.jp/b_menu/shingi/chukyo/chukyo0/gaiyou/04031601.
　　htm

中央教育審議會（2006）。**中央教育審議會について**。2007年12月1日，取
　　自http://www.mext.go.jp/b_menu/shingi/chukyo/chukyo0/gaiyou/04031601.
　　htm

中留武昭（2003）。**教育課程行政實態に関する調査研究成果報告書**，平成
　　15年度科學研究費補助金。未出版。

天野郁夫（2004）。專門職業教育と大学院政策。**大学財務研究**，1，1-45。

文部省（1999a）。**中學校指導要領解說**。日本：大藏省印刷局。

文部省（1999b）。**我が國の文教施策**。東京：文部省。

文部科學省（2002a）。**文部科學白書**。東京：文部省。

文部科學省（2002b）。**平成14年度文部科学白書—新しい時代の学校～進
　　む初等中等教育改革**。日本：財務省印刷局。

文部科學省（2003）。**文部科學白書**。東京：文部省。

文部科學省（2004）。**文部科學省の組織**。2004年12月25日，取自http://
　　www.mext.go.jp/b_menu/soshiki2/04.htm

文部科學省（2005a）。**今後の教員養成・免許制度の在り方について**（中

間報告）。日本：中央教育審議會。

文部科學省（2005b）。文部科學白書。東京：文部省。

文部科學省（2006a）。今後の教員養成・免許制度の在り方について（答申）。日本：中央教育審議會。

文部科學省（2006b）。教育基本法（平成十八年十二月二十二日法律第百二十号）與日本国憲法（昭和二十一年十一月三日憲法）。取自 http://www.mext.go.jp/b_menu/houan/main.htm

文部科學省網頁（2007）。2007年12月1日，取自://www.mext.go.jp

日本教育大學協會（2007）。2007年12月28日取自http://www.u-gakugei.ac.jp/~jaue/

日本都道府縣各教育委員會（2007）。取自於教師評鑑相關連結。

日本教師教育學會編（2008）。日本の教師教育改革。東京：學文社。

日本教師教育學會編（2017）。教師教育ハンドブック。

日渡円（2006）。宮崎県教育委員会の教員評価と成果。收錄在八尾坂修編，新たな教員評価の導入と展開（頁202-205）。東京：教育開發研究所。

北海道教育委員會（2007）。2007年12月13日取自http://www.dokyoi.pref.hokkaido.lg.jp/hk/ksi/index.files/hyoukatop

江川玟成編著（2005）。教育キ・ワ・ド【第11版】。日本：時事通信社。

佐藤學（2003）。教育改革における新自由主義のレトリック。日本：情出版株式会社。

佐藤學（2006）。轉換期の教育危機と学力問題。收錄在東京大學大學院教育學研究科基礎學力研究開發センター編，35-52。東京：明石書房。

佐藤學（2008）。教師教育の危機と改革の原理的檢討。收錄在日本教師教育學會編，日本の教師教育改革。東京：学事出版。

兵庫教育大學（2007）。2007年12月18日取自http://www.office.hyogo-u.ac.jp/office/map_index/college/c_training_index.html

兒美川孝一郎（2000）。新自由主義と教育改革。東京：ふきのとう書房。

兒美川孝一郎（2002）。新自由主義教育改革と「人間像」。2005年5月30

日，取自http://www.i.hosei.ac.jp/~komikawa/kenkyu/kyoiku2002.html

東京都教育職員人事研究會（2000）。**東京都の教育職員人事考課制度**。東
　　京：ぎょうせい出版。

東京学芸大学教員養成カリキュラム開発研究センター（2006）。**教師教育
　　改革のゆくえ_現状・課題・提言**。東京：創風社。

東京學藝大學（2007）。2007年12月13日取自http://www.u-gakugei.ac.jp/

松原勝敏（2006）。フランスにおける教員評価。收錄在八尾坂修編，**新た
　　な教な教員評価の導入と展開**（頁66-69）。東京：教育開發研究所。

門脇厚司（2008）。改正教育基本法下での教師と教師教育の課題。收錄在
　　日本教師教育學會編，**日本の教師教育改革**。東京：学事出版。

島根教育大學（2007）。2007年12月18日取自http://www.shimane-u.ac.jp/

柴田義松（2001）。**二十一世紀の教學を開く**。東京：明治書店。

高階玲治（2005）。民間企業の人事考課制度の特徴。收錄在八尾坂修編，
　　新たな教員評価の導入と展開（頁217-219）。東京：教育開發研究所。

高階玲治（2006）。新しい教育の動きと人事考課。收錄在高階玲治編，**教
　　職員の人事考課マニュアル**（頁2-12）。東京：ぎょうせい出版。

陣內靖彥（2008）。教師と教師教育をめぐる今日的問題狀況。收錄在日本
　　教師教育學會編，**日本の教師教育改革**。東京：学事出版。

國立教育政策研究所（2004）。**國際教育到達度評價學會（IEA）國際數
　　學・理科教育動向調查の2003年調查（TIMSS 2003）**。2004年12月15
　　日取自http://www.nier.go.jp/lciso/timss/2003/gaiyou2003.pdf

教育職員免許法（2005）。**教員免許handbook 1**。文部科學省編輯。

清水俊彥（2004）。教員勤務評定制度。收錄在清水俊彥編，**校長、教頭、
　　教員服務、教員評価の最新課題**（頁128-130）。東京：教育開發研
　　究所。

清田夏代（2004）。新自由主義と教育の多様化を問う。收錄在市川昭午
　　編，**教育改革の論爭點**。東京：教育開發研究所。

野原明（2004）。教育改革国民会議報告。收錄在清水俊彥編，**校長、教
　　頭、教員服務、教員評価の最新課題**（頁131-132）。東京：教育開發研

究所。

滋賀縣教育委員會（2007）。2007年12月12日取自http://www.pref.shiga.jp/
　　edu/content/19_advisory/

鳴門教育大學（2007）。2007年12月18日取自http://www.naruto-u.ac.jp/

臨時教育審議會（1987）。**臨教審答申總集編**。東京：文部時報。

藤田英典（2005）。**義務教育を問い直す**。東京：ちくま新書。

斎藤貴男（2004）。**教育改革と新自由主義**。東京：こどもの出版社。

Apple, M. W. (2000). Between neo-liberalism and neo-conservatism: education
　　and conservatism in a global context, in Burbules, N. C. and Torres, C. A.
　　(eds.), *Golbalization and Education: Critical perspectives*, 57-78. London:
　　Routledge.

Stromquist, N. P. (2000). *Education in a Globalized World: The connectivity of
　　economic power, technology, and knowledge.* Oxford: Rowman & Littlefield.

本文出自楊思偉（2010）。新自由主義下的日本師資培育政策。載於中華民國
師範教育學會（主編），**師資培育的危機與轉機**（頁129-158）。臺北：五南。

第十二章

美英法德日與中國大陸
教師教育模式比較

壹、前言

師資培育成效之良窳，和師資培育大學有密切之關係，而目前師培走向多元化，包括師範／教育大學，及一般大學教育學程兩軌同時進行，加上少子女化，就業市場縮小以後，師資培育大學中，無論是師範／教育大學或一般大學都流於培育的形式化，修讀課程流於學分化等問題，因此對於師培大學應如何培育師資，亦即其培育模式應如何轉型，有了更多的思考空間。

近年來臺灣的師培方向，要讓師範／教育大學成為師資培育的主流學校，已經逐漸形成共識，而國內師範／教育大學卻受限於外部環境變遷，正在放棄原有的師培特色，亦即促使師培逐漸弱化；在此背景下，如何兼顧外部環境之變化，讓師範教育大學在走向一半師培生的情況下，也能確保師資培育的品質，成為重要的課題，而目前普遍的情形，是培育之方式流於不切實際後，品質有逐步下降的疑慮。

世界上各主要國家，為面對新時代之師資培育革新趨勢，亦將師資培育管道改以多元培育為導向，無論是機構上的多元性，或途徑上的多元性，皆成為各國師資培育政策的共同特點（楊深坑、黃嘉莉，2011）。而這些年來，中國大陸之高等教育，從1999年採取大學入學考試擴大招收政策之後急速膨脹（李春玲，2010），大學錄取名額的增加，也促進了偏鄉學生前往城市就讀的機會。基於學生就讀的流動率增加，城鄉差距的課題也日益加重，過度都市化的現象亦反映在高等教育的市場需求之中。包括師範大學或師範學院等，也面臨大環境的改變，其中轉向非師培的科系，培育的人數占總學生的人數也在減少中，因此雖然名稱未改，但也正走向「綜合大學化」。基此，最近大陸師培大學中，也正在興起一般「大學師培模式」之研究熱潮，加上兩三年前，大陸又擇定師範大學試辦「免費師範生」制度，進而，由於大學都在擴展招生之中，師範大學或學院之原有特質也在降低中，因此如何確保師培生之品質，目前也是大陸教師教育學界熱門的話題。以北京師範大學而言，校內也興起一股轉型改革，他們主張教師教育要轉型。而其意義包括教師教育組織結構從傳統的師範院校的

組織結構,向現代大學的教師教育組織結構轉型;第二是現代大學內部的教師培養模式轉型,大陸的用語稱做「高師校院轉型」,而這部分的發展與改變正在激烈變化中。

綜上所述,相對於世界各主要國家與中國大陸,臺灣的師培模式,尤其在師範/教育大學方面,面對少子女化的衝擊,卻顯得回應遲鈍,顯然無法做快速的改革,以回應時代的變遷。因此本研究聚焦於國際間主要國家師範/教育大學的師培模式,與中國大陸地區之師資培育模式作呈現,並思考臺灣目前師資培育改革現況。

貳、歐美日主要國家師資培育模式

本部分針對歐、美、日主要先進國家近期的師資培育模式作探討,以了解師資培育起源地區對於師資培育模式的革新與最新趨勢。之後再呈現這些國家長期以來在面臨師培機構勃興、少子化、師資培育過剩之生態演變之後,師資培育模式演進的過程。唯有透過這些地區師資培育模式之了解與分析,才能夠真正探究到師資培育在面臨轉型時能夠抉擇的更精準選項。

一、歐洲師資培育模式

根據符碧真、黃源河(2010)的研究指出,歐洲各國基於地區主義盛行,各國之間的師資培育模式自然有其歷史與文化發展痕跡,但整體來說,歐洲師資培育的精神植基於「師範學校傳統」處甚多。所謂的師範學校傳統,即強調「標準」與「規範」,亦是強調人文精神與生活規準的。

而在歐洲各國國情的差異考量下,大致亦可統整為兩個大型的課程組合模式,一種是「並進模式」(concurrent model),一種是「接續模式」(consecutive model)。前者是指在師資培育的過程中,學生同時修習基本任教科目、方法學課程、教育理論等課程,修畢之後才進行教學實習。「接續模式」則係指在完成未來任教專門科目的第一個學術學位後,再接受師資培育的訓練。一般說來,並進模式大多應用在小學師資的培育上,接續模式則應用在中等師資的培育上。而歐洲主要國家逐漸形成了「學士

後教師」培養模式（教師教育創新小組，2011），例如1989年法國將師範教育改成學士後模式，規定須完成大學學位後才能報考；德國亦要求大學畢業後要通過考試才能獲得實習教師資格，實習完之後亦要再次通過考試才能取得正式教師資格。英國亦要取得至少三年的學士學位之後，再進行一年的教師訓練才能取得正式教師資格。

(一) 英國

若以英國來說，英國提出了「以學校為基地」的教師培養模式，要求教師培訓把80%的時間放在中小學進行（教師教育創新小組，2011）。根據李奉儒（2008）的研究指出，新右派主張師資培育需要更多的教學實務，因此提倡一種以學校為本位的學徒制模式。然而在更激烈的市場競爭導向需求下，採取了「在職本位」的師資培育模式，甚至為了在競爭激烈的師資培育市場中生存下來，更引進縮短年限的「教育學士」課程，與更具時間彈性的「學士後教育證書」課程。

英國部分師資培育機構是大學中的教育學院負責，並由「師資培訓署」與改組的「學校訓練與發展署」負責認證師資培育績效（李奉儒，2011b）。與臺灣一樣，英國的學士師資培育同時可獲得「教育學士」學位與「合格教師職前培育」（李奉儒，2011a），但多以學士學位或學士後的學位為主，尚未全面推動碩士化的政策。最新的趨勢顯示（Hulme & Menter, 2011），英國的師資培育模式逐漸轉向「以學校為中心」（school-centered），也就是教師聘任單位先聘請非正式或不具證書的老師，再透過在職進修（learn on the job）的學士後學位，或透過全國性的教師專業精進網絡方式來確保在職教師的品質。

(二) 法國

法國是世界上最早成立教師培育專責學校的國家（王秋絨，2011）。法國在近期推動了師資培育改革的新措施，即是「碩士化之改革」（黃照耘，2011；張國蕾，2009）。亦即法國主要以3+2為主，係針對欲從事教職工作的學生在大學三年級前即進行相關教師職前教育，畢業後到教師教育大學院（Institut Universitaire de Fomation des Maîtres, IUFM）繼續修習為期兩年的教師教育課程（教師教育創新小組，2011）。也就是前三年的大

學教育後（類似英國的bachelor學士教育）領取一份許可證（licence），
之後至IUFM成為實習教師（Sacilotto-Vasylenko & Fave-Bonnet, 2011），就
讀期間並得從事相關社會服務，並可領取薪水。但近年來的趨勢，已有將
實習階段薪水取消的規劃，並於2011年實施（張國蕾，2009），此項改變
情況亦與臺灣相同。

　　根據黃照耘（2011）的研究，法國在2010年前，已經將師資培育學院
全數併入大學，成為大學內部的一學院，並透過三年的大學訓練，之後再
進入師資培育學院培訓兩年，取得任教資格。而2010年「碩士化」之後的
教師培育資格，則在取得碩士學位後再進行「教師任用競試」，通過後再
進行一年的教職任務，之後得再通過師資培育學院的評鑑考核，才能取得
教師資格，並由教育部任命。

(三) 德國

　　德國教師教育分成兩個階段，呈現了極大的多樣性（張炳煌，2006；
楊深坑，2007；梁福鎮，2010）。第一階段是大學階段，基礎學校、主
體中學和實驗中學的教師修業年6-8學期；完全中學和職業學校的教師修
業年8-12學期。這一階段修業內容與課程與其他科系的學生並未有明顯不
同，但此階段的考試合格後才能進行下一階段。第二階段則為見習教師
階段，分配到各中小學實習，時間大約一至兩年，最後參加國家考試，
合格之後才能擔任教師（教師教育創新小組，2011）。整體而言，在「波
隆那宣言」之後，德國引進了銜接學制，可自行由各邦決定採用舊制或新
制，而銜接學制包含了六學期的學士（bachelor of art, BA）及四學期的碩
士（Master, MA）（謝斐敦，2011）。也就是說，德國改變了以往六年的
師資培育模式，而轉成學士、碩士分級的培育模式，亦將師資培育的要求
提升至碩士階段。

　　整體而言，德國師資培育制度主要的改革措施包括了（楊深坑，
2006）：打破傳統職前和實習分離的培育制度、建立學士／碩士學位及可
轉銜的學分制度、師資培育課程模組化、實習課程融入各模組教學、大學
中增設師資培育中心、進行師資培育學程之評鑑與認可。

二、日本師資培育模式

　　日本的教師教育模式特色在於沒有具體的實習輔導制度（楊思偉，1998），而將教育實習分散到大學四年中進行。第一年為「體驗實習」，參加中小學的各種活動和課外活動；第二年為「基礎實習」，參加學校內的教學活動，但仍以觀摩教學為主；第三年為「教育實習」，可親自上臺教課、指導學生；第四年為「研究實習」，以實習學校為田野，擬訂題目進行研究，並完成畢業論文（教師教育創新小組，2011）。這些實習方式設計在教育學程之中，根據1989年文科省頒布的《教育職員免許法及其施行細則》規定，國小與幼教師資生若欲取得教師證，必須修習五個實習學分；初中與高中階段需修習三個學分；之後基於教師專業需求提升的原因，該施行細則於1997年將初中階段師資的實習學分提高到五學分。而小學階段的實習從4週延長為8週；初中與高中階段的實習由2週延長為6週（高敏嘉，2009）。學生在學校的實習長達四年，不但取之於學校，將實際現場所見所得反饋給大學，亦將大學中最新知識呈現在實習學校教學之中，並將研究成果在實習學校發表，以共同成長（教師教育創新小組，2011）。此舉精神與美國實施已久的專業發展學校制度精神相符合。

　　雖然日本之師資培育模式仍然集中在大學階段，但日本民眾普遍對師資培育機構（包含教育大學、地方國立大學的「教育學部」、一般大學的「教職課程」）不信任（楊思偉、陳盛賢、江志正，2008）。因此，日本在師培育的改革方向上，除了逐漸強調「實習」的部分，亦開始轉為發展「教職專業研究所」，將師資培育模式提升至碩士階段，甚至是博士階段（梁忠銘，2011），此師資培育模式之發展趨勢亦兼顧了專業需求與理論增進之結合。

三、美國師資培育模式

　　美國的師資培育模式大致可以區分為學士級（undergraduate level）、碩士級（graduate level）及替代模式（alternative structural models）（Scannell, 2007）。學士級的師資培育模式又分為最普遍的四年制學士學位學程（four-year baccalaureate programs），以及五年整合式學制（five-year integrated programs）。前者若爲培養小學師資者，必須修習相關教育科目，若爲中學師資者，則需要更廣的修習領域，諸如藝術或科學領域，但這些區分方式亦有因地制宜的現象。後者五年整合式學制是由一些提倡改革的機構或組織所發起，在高等教育的編制中並不算是普遍存在的形式。五年整合式學制提供教育科目外的其他課程，在深度及廣度的需求上能符合師資生擁有更多教學經驗及理論涵養的需求，因爲此學制在五年之中廣泛地將課程橫跨藝術與科學領域、實際的教學操作及教學理論基礎之中。

美國將師資提升至碩士層級，原本是基於面對1950年代小學教師短缺及教師素質亟待提升的問題，於是發展出了教學藝術碩士學位（master of arts in teaching, MAT）（Scannell, 2007），以吸引從軍職、商界、企業界轉職的退休人員。近年來，碩士級的師資培育制度逐漸針對大學階段並未專修教育學門的大學生，提供兩期暑期班（或兩個暑期班之間一年的時間），提供之課程內容包含藝術與科學領域實作、學校教育與教學技巧的介紹；第二期開始進入學校進行實習，累積教學經驗，最後與教授定期seminar，撰寫論文後取得碩士學位。

替代模式亦稱爲非傳統途徑，針對已經取得大學學位的畢業生，是純粹針對培訓師資而設立的模式（鄭勝耀，2011）。此模式大多由州層級的教育機構或地方學區提供經費，實際執行的形式上則相當多元（Scannell, 2007）。譬如TFA（Teach for America）教育學程，是爲了替某些條件較爲不利的都市或鄉村學校解決師資困境，而設立的短期師資培訓計畫；馬里蘭州提倡以學校爲基地（campus-based）的模式，提供兩年的師資培育學程，以面對該州多元的族群文化與多元文化課程設計；教師團（teacher corps）的成員在學校中服務，並在相關教育機構中完成大學學位的修讀，以滿足美初中小學教師素質低落、證照制度不完善的現況。

四、世界各國教師教育新趨勢：教師專業發展

世界各國在教師教育方面發展已久，亦相對發展出對教師教育專業標準的評鑑，此爲領導教師教育模式發展最重要的因素，其中又以美國、英國、德國、日本等國有具體、明確的規定與作法（李奉儒，2011a；謝斐

敦，2011；鄭勝耀，2011）。而教師教育成熟發展的指標之一，即為是否能夠提供教師充分的在職進修管道。上述兩種趨勢則為當前世界各國在教師教育模式革新之際，所同時觀照的兩大重要面向，茲分別介紹如下。

(一) 教師在職進修

在在職進修教育部分，綜觀歐洲與日本的師資培育模式，亦能獲知其在職進修模式亦相當完整，呈現如下表12-1（陳永明，2007）：

表12-1　歐美日主要國家教師進修制度

國別	進修制度	
	新進教師進修	在職教師進修方式
美國	1年左右，有義務開設針對新任教師進修課程的州增多。	・由州和學區實施（以上課或講座為主） ・在大學和研究生院（全職生或夜間進修） ・教師團體和企業舉辦的講座和研討會。
英國	沒有法律上的規定，但地方教育當局和學校對新任教師進行指導（引導）或特別關心與幫助。 試行對新任教師1年指導。	・地方教育當局舉辦的教師進修項目 ・學校獨自的校內進修 ・為普及全國統一教育、課程而舉辦的教師進修活動 ・國家重點教育政策進修 ・設立全國校長研修機構 ・教育部提供進修補助金
法國	有試補制度（經考試審核資格後補缺） 教師資格考試合格者的新任教師在IUFM接受指導：第一年3週，第二年2週	・國民教育部舉辦全國或地方的進修 ・以地方組織的進修為主
德國	有試補制度 參加第二次國家考試，在進修中心等進行（1-2年）	・州立教師進修所的中央進修 ・地方教育行政機構的區域性多樣性進修活動（1週之內）
日本	新任教師進修制度（1年）	・文科省舉辦的進修 ・地方教委舉辦的進修 ・研修中心舉辦的進修

資料來源：陳永明（2007）。義務服師役——分析我國教師教育改革之壯舉。載於王建磐主編，**教師教育改革與教師專業發展**。上海：華東師範大學。

(二) 教師專業標準

而在教師教育專業標準的模式革新方面，可以大致呈現當前國際的新趨勢為三個面向（鍾秉林，2009），茲介紹如下。

1. 與教師資格標準相分離的專業標準

在這種模式下取得的教師資格，並不等同於達到了專業標準的程度。以美國為例，美國建立了一些全國範圍內的教師考核機構，如國家專業教學標準委員會（National Board for Professional Teaching Standards, NBPTS）。這些全國性的專業團體或組織，在教師專業標準的制定中發揮了很大的作用，如果說各州的教師評定只是為新教師提供入門水平標準，那NBPTS標準主要是針對有經驗的教師而設立的較高標準，NBPTS之所以要制訂統一的教師專業標準，是為了提升教師的專業地位，並規範和拓展教學的知識基礎。美國之所以會採用這種標準，其目的正是致力於創立統一的、一致的、涵蓋面廣泛的國家鑑定系統和證書系統，從而培養新型的專業教師。

2. 與教師資格條件結合的專業標準

以日本為例，日本教師專業標準的制定，在1988年新改定的《教育職員免許法》中，設有三種教師證書：

- ·專修證書：相當於碩士課程畢業程度。
- ·一種證書：相當於四年制大學畢業程度。
- ·二種證書：相當於兩年制短期大學畢業程度。

而日本早在第二次世界大戰後就開始實行教師任職認定制度，其具體作法為學生在大學畢業時，若修讀了教育學分就取得教師資格證書，然後參加各都道府縣教育委員會之「教師任用選拔考試」。在這種模式下，教師專業條件與教師資格證書的頒發，一方面有利於保證教師質量，一方面也利於教師資格證書的專業水準。如果說美國模式的專業標準強調統一性與高標準化，那日本此一模式的教師專業證書條件呈現出來的特點是合作性和合格化。

3. 分類分級型的教師專業標準

綜合了上述兩種模式之長處，兼顧教師標準的合格性、高標準化。

以中國大陸香港為例,在2002年成立教師專業能力及在職專業發展專責小組,負責擬訂「教師專業能力理念架構」。「教師專業能力理念架構」的內容主要含蓋四個範疇:教與學、學生發展、學校發展、專業群體關係及服務,而每一範疇之下又各自分為四個領域,每個領域描述教師工作中一個重要的環節,而每個領域亦包括多個分項,由此構成了香港教師專業標準的主體。

這個理念架構的用途是發展性的,目的在於提升教師的專業能力,而不是要求所有教師達到齊一的水平,教師和學校應用此架構時,應以廣闊角度看待。

參、中國大陸師資培育模式

1999年「中共中央國務院關於深化教育改革全面推進素質教育的決定」中提出,國家鼓勵綜合性高等學校和非師範高等學校參與教師教育之工作,至2005年止,非師範學校所培育的教師已達總數的54%(楊旻旻,2007)。師資培育的工作從師範體系轉換到非師範體系加入競爭,僅是反映教育市場化在中國大陸教育體制的潛性衝擊,而師資培育模式的「學歷提升化」亦反映了中國大陸教育市場的蓬勃發展。

反映在師資培育「學歷提升化」的具體事實,便是師資培育新三級制的出現(陳學賢,2011)。在1950-1990年代(三級制),小學師資由「中等師範學校」培育、初中師資由「師範專科學校」培育、高中則由「高師本科」培育;1990-2000年代(二級制),小學與初中師資由「師範專科學校與高師本科」培育、高中則由「高師本科」培育;2000年之後的「新三級」則將小學師資交由「師範專科學校、高師本科、綜合大學」培育、初中由「高師本科、綜合大學」培育、高中師資則提升到「高師本科研究生」培育。

除了將師資培育的學歷提升之外,在師資培育模式上亦增加了許多選項。中國大陸在2000年之後正在實施的師資培育模式有:免費師範生教育模式、輔修師範專業模式、非師範學生寬口徑可自主選修師範專業成模式、中小學教師繼續教育模式、4+2教師教育模式(又稱4+2的教育學碩

士培育模式）（顏佩如、黃雅玲，2010）。該研究指出，中國大陸明確的提出教師加強在職進修模式，並提供師範生公費制度，以吸引更多更優秀的人才從事教職（但相對地要承擔多的權利、義務）。另外，特殊的「特崗教師／農村教師」制度，係針對中國大陸西部大開發與廣大貧窮農村教育而制訂，類似於臺灣地區的「偏遠地區教師」，在職業需求的前提之下，給予許多就讀師資培育系統的優惠。而「4+2教師教育模式」，則與世界各國同步，將師資培育的職前訓練模式提升到碩士階層，並逐漸成為師資培育的主流之一。茲將上述諸要點，分述如下。

一、高學歷素質的需求

　　中國大陸的教師教育正呈現出高學歷化與高素質要求、教師來源多元化、教師教育一體化、教師職業專業化等新的發展趨勢。而所謂轉型，是指高師院校在強調綜合性的同時，也要根據自身的實際情況走多樣化發展的方向。對所有師範院校而言，轉型目的並非丟棄師範院校傳統的教師教育定位及其所具有的特色與優勢，而是如何以觀念和制度創新，重整師範院校的資源，透過強化辦學理念和辦學目標的綜合性，將學校水平提升到更高層次。

　　從師範院校發展現況來看，主要分為三大類（鍾秉林，2009）：

　　(一) 少數辦學歷史悠久、學科綜合、實力雄厚的師範大學。可透過調整和戰略轉型，成為以教師教育為主要特色之一的綜合性大學。

　　(二) 辦學水平較高、學科布局較合理的師範大學。可轉型成為綜合性師範大學，在原有教師教育特色的基礎上，拓展辦學思路，為地方經濟和社會發展服務。

　　(三) 對獨立的師範院校，如各地師範學院及師範專科學校。一方面可維持獨立師範院校的設置，並在課程設置、學生整體知識結構優化方面加強綜合性；另方面可適當的開設少數非師範專業。

　　總而言之，各種類型的師資培育機構之整併，在教師專業的需求之下已經開始進行，並參酌因地制宜的需求與專業歸屬而儘量滿足各地區不同的師資，並輔以特崗教師的專案，將諾大的中國大陸以師範院校整併、合

作的趨勢結合起來。

二、中國大陸教師教育轉變的趨勢與現況

就中國大陸近代的迅速發展情況來看，經濟的蓬勃發展並未相對替中國大陸帶來思想與文明方面的解放。而順應著世界對教師教育的革新需求來看，中國大陸社會面臨著幾項特點，推動著教師教育模式的變動。譬如中國大陸社會經濟快速發展；義務教育面普及和均衡發展；以及教師的需求結構變化，因學齡人口增長逐漸減緩，出現幼兒園的合格教師不足，小學教師數量過剩，高中教師數量缺乏，且學歷偏低（約1.8%左右）（教師教育創新小組，2011）。這些變動的趨勢讓中國大陸人民普遍的生活水準提升，也提高了對於教育普及化的需求，更推高了對於師資素質的需求，茲略述上述情況如下（鍾秉林，2009）。

(一) 高學歷和高素質要求

在高等教育總體規模及水平的影響下及經濟的高速發展、社會目標的提出，以往的要求已不能適應時代需要。因此，可運用各種方法，如對在職教師進行培訓，鼓勵教師參加成人高考等。而這裡所指的高素質，是整體的，除教師個人素質，還包括教育教學的能力及心理素質。

(二) 教師來源多樣化

師範院校一直是教師教育的主體，但現今的教師教育體系正逐步走向開放，鼓勵綜合性高等學校和非師範類高等學校參與培養、培訓中小學教師工作。近幾年，一些綜合性大學已設置並發展教育學科，成為各級各類學校教師的重要來源。

(三) 教師教育一體化

教師工作是不斷學習與進修的過程，未來的教師專業發展，應貫穿於職前培養與職後進修的全過程。目前已有一些師範院校著手創建一體化的教師教育模式，如設置繼續教育學院等。然而，一體化並不只是形式上，而在於建立一套完整的體系。

(四) 教師職業專業化

主要包含兩方面：一是教學專業化；二是教師培養和培訓專業化。不

僅是外在的約束，如健全的教師資格，更注重教師的內在專業素質提升。

三、轉型前／後的教師教育模式

　　就中國大陸教師教育模式的發展看來，在新制師資培育模式引入中國大陸開始，至今，大致可分為三種不同的模式（教師教育創新小組，2011）。

　　第一種：非定向模式。清末和民國初年主要參考德國、日本，創辦初級師範學堂、優級師範學堂、高等師範學校為主體的單一教師培養模式。1922年公布的「壬戌學制」參考美國學制，由綜合大學或專門學院附設教育學院或教育科系，改變了以往單純由單一師範系統培育的模式。

　　第二種：定向型教師培養模式。1932年之後，再次設置獨立的師範大學、師範學院及師範科來培養師資；1949年後主要採蘇俄體制，強化師範專門教育的培育過程，針對教學現場之需求來設計師資培育課程，具有強烈的計畫性色彩。

　　第三種：混合型培養模式。1992年開始，臨汾師範專科學校併入山西師範大學，之後8年內，共有78所師範院校與各高等學校合併。截至2000年為止，全國共有師範院校214所（大學院校有90所，專科有124所）。2000年以後，中國大陸主要的師資培育模式可表現如下：

表12-1　中國大陸主要師資培育模式

	模式類型	基本內涵	培養機構	培養目標
職前培養模式	2+1+1模式	大學前兩年進行通識教育，第三年進行專業教育，第四年進行教育專業教育。	師範大學	中小學教師
	3+2模式、5年一貫制、5+2模式、小學教師本科化	初中畢業後讀三年中師，兩年大專，畢業後成為幼兒、小學教師；初中畢業後讀五年中師和兩年本科，高中畢業後進入師範學院小學教育專業學習四年，畢業後成為中小學教師。	中等師範學校、地方師範學校	幼兒教師、小學教師或初中教師

表12-1 （續）

模式類型		基本內涵	培養機構	培養目標
	3+1模式	前三年進行學科專業教育，後一年進入教育學院進行教育專業教育。	綜合性大學	中學教師
	4+X模式	修讀某一學科專業課程學分之外，均應修讀教師教育課程學分。「4」代表主修學科專業四學年，「X」代表多種修讀方式。	師範大學	高中骨幹教師
	教育專業碩士培養模式	「4+2」模式主要採取全國碩士研究生統一招生，擇優選拔優秀大學畢業生攻讀全日制教育碩士。學制一般為兩年。	師範大學	中學骨幹教師
職後培養模式	教育碩士培養模式	對於具普通高等學校本科學力、三年聘期內年度考核至少一年續優，並繼續留在當地學校任教的優良特崗教師，經任教學校和縣級教育行政部門考核推薦，培育學校單獨考核，可推薦免試在職攻讀教育碩士。	師範大學	中學骨幹教師
	教育博士培養模式	招收具有碩士學位、有5年以上教育及相關領域全職工作經歷、具有相當成就的中小學教師或教育行政人員，培育為高級教育專業人才。	部分師範大學、綜合性大學	中小學研究型教師、研究型學校管理者
職前職後一體化模式	農村教育碩士培養模式	在具有免試推薦研究生資格的大學中，選拔優秀應屆畢業生，培育為邊遠貧困地區農村學校教育碩士師資。前三年聘用為特崗教師或與縣級教育行政單位簽約到農村學校任教，併同時在職進修（利用遠距教學、寒暑假集中面授等方式學習研究生課程）。第四年「脫產學習」，至培養學校集中學習核心課程並撰寫畢業論文。	師範大學	農村高中骨幹教師

資料來源：教師教育創新小組（2011）。**中國教師教育改革與發展報告**。北京：高等教育出版社。

四、最新的改革模式：以北京師範大學為例

　　北京師範大學作為全中國大陸教師教育之重點培育機構，近年來亦在教師專業發展的趨勢之下，思考了兩項改革作為（鍾秉林，2009），實為中國大陸近期師資培育模式革新後的主要實施機構。

(一) 學制改革

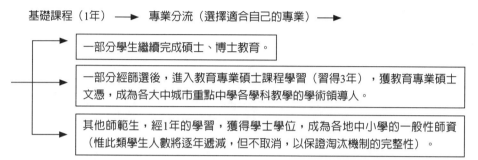

圖12-1　北京師範大學師資培育改革措施

參考來源：鍾秉林（2009）。**教師教育轉型研究**。北京：北京師範大學出版社。

(二) 課程改革（4＋2模式）

　　所謂「4＋2模式」，是指在本科階段4年中，北京師範專業的大多數學生主要接受此專業的學術性課程方面之教育，使其成為在專業能力上與綜合性重點大學居於同等水準的本科生。在此基礎上，屬於師範專業或本身有從事教育興趣的人，經過一定篩選，再進行2年的教育類課程的學習（也可安排適當學分的各專業的學術性提高課程），使之成為有足夠教育教學實際能力的教育專業碩士，若有興趣，更可進一步培養為教育學碩士、博士。這樣的培育模式之具體實施方式，可呈現如下。

1. 學習年限

　　一般研究生為2年，但「4＋2」模式的學生，在本科第4年開始學習部分研究生課程，採全日制的課程學習和教學實習相結合的方式。

2. 教育學碩士學位授予條件

(1)修滿課程規定學分。

(2)教學實踐環節成績合格（教學實踐環節泛指所有跟「教與學」有

關的教學技巧與策略）。

(3)通過學位論文答辯。

3.課程設置

進入「4＋2」模式的學生以研修課程為主，兼顧教育實習。前3年與各專業學生按照統一教學計畫進行培養。從第4年起，按照分流後的計畫組織教學，一是繼續完成學分，並完成畢業論文取得學士學位；二是修讀此專業研究生的部分學位課程；三是從下學期開始到中學見習。研究生在讀其間，每週都會安排到中小學校見習或實習。

課程採用學分制，總學分不低於41學分，而其中必修課有35學分。必修課為學生提供紮實的基本理論和專業方向的基礎，選修課則供學生在此基礎上根據個人條件和興趣有特色地實現發展。

4.教學實習

「4＋2」模式的教育學碩士學位獲得者，應具有較強的教育實踐能力。在培養模式中，研究生第二學年的第一學期在微格教學課程中強化教學實踐及反思能力，第二學期安排半年的集中教學實習，在學位論文方面，也選擇教學實踐的題目去研究和撰寫。

5.學位論文

除須修滿規定學分，教學實習要合格外，應繳交一份學位論文。為了配合論文撰寫，一方面將論文撰寫與集中教學實習統一時間安排；另一方面，將有關課程安排在此時期開設。論文寫作由教育學碩士研究生導師組共同負責，並為每位學生指定論文指導教師。導師組成員包含：教育學碩士或博士生導師、學科教學碩士或博士生導師、有實踐經驗的中小學教師和教研員與教學行政管理者。

當前中國大陸在師資培育的機構上極力轉型，並利用政治權力集中的優勢，全力推動專業更密集、目標更明確的師資培育模式。其著眼點在於學科、專業，並於培養高素質的人才，而轉型之後的師範院校，在人才培養模式上則要求有更明確的界定。如本科4年就是培養中學教師，而實行新的人才培養體制後，將專業教育與教師養成分離，前者在各系各院進行，後者在教育學院完成。也就是說，轉型後的師範院校，不再侷限於單

一方式的教師培養，而是各級各類的專門人才。現在許多師範院校已在試行人才培養體制改革方案，即「4＋X」模式。而「4＋X」模式逐漸形成中國大陸當前教師教育模式的新主流。

肆、臺灣的師培模式

依據《師資培育法》第一條規定「為培育高級中等以下學校及幼稚園師資，充裕教師來源，並增進其專業知能」，因此培育適量教師，增進教師專業，乃是目前師資培育政策的重要方向。1994年修正《師範教育法》為《師資培育法》迄今，師資培育政策變革甚鉅，從一元化、計劃性、公費制、分發制改為多元化、儲備性、自費制、甄選制，期以多元開放之師資培育理念來提升師資專業。教育部在1994至2005年的十一年間，修正《師資培育法》條文十一次，2006年發布「師資培育素質提升方案」，2009年續而修正發布「中小學教師素質提升方案」，以積極回應各界對於優質教師的期待。教師工作不僅是一項專業（profession），更因為其「培育為人」的特殊性，而需要有志業（vocation）理念的教師才能完成這份使命。而這一些都有賴有更優質之師資培育政策與機構，才能達成培養優質師資之目標。

一、現行規範下的師資培育模式

臺灣在1994年制訂了《師資培育法》，並在2002年修正了部分法條，主要將一年的大五實習，改成半年的付費式實習制度，此為最大的模式變革，茲簡單呈現如圖12-2所示。

檢視新舊制之《師資培育法》所規範的實習制度，最大的差異來自教育實習納入職前階段、取消實習津貼、實習期間縮短為半年、收取實習輔導費用、舉行檢定考試等。然而在洪秋瑋（2004）針對實習指導教師、實習輔導教師、實習學校校長、主任、組長等相關輔導人員為調查對象的研究中，共計抽取實習教師400人與實習輔導人員401人，縮短為半年的實習制度未獲多數人的同意。新制實習制度模式伊始即不受到期待與肯定，根據陳漢峻（2011）的研究，就算到了現在，新式的實習制度仍然不受到普

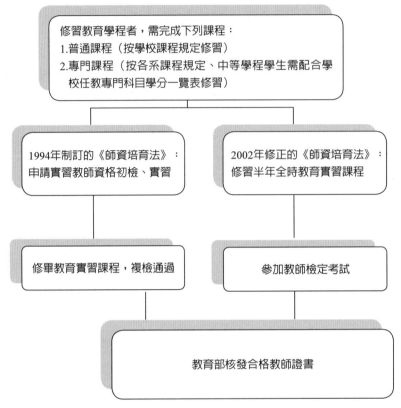

圖12-2　法定師資培育職前教育課程流程圖

資料來源：整理自教育部（2011）。**師資培育統計年報**（99年版），頁5。

遍的認同。探討其中的原因大致如下：

（一）要提供給實習生一個完整的實習歷程，半年的實習時間稍嫌不足。

（二）法規上對實習生定位有明確之規定，但仍缺乏對實習生權利義務詳細且強制的規定，導致各實習學校作法之差異。

（三）取消實習津貼使實習生產生情感面上之反彈。

（四）教師資格檢定之方式無法有效測出應試者教學技能與心理態度。

（五）教師資格檢定時間造成實習生實習期間之壓力，並影響實習輔導教師的實習輔導計畫。

(六) 教師資格檢定考一年僅舉辦一次，造成實習生上下學期分配不均並影響下學期實習生權益。

(七) 先檢定後實習的順序相較於現制，更受利害關係人所肯定。

因此，前時的師資培育制度無法滿足師資培育機構及師資生的需求，導致師資培育品質下降、師資人才流失，加上大環境對教師職場需求數量的驟減，師資培育的模式勢必要面臨轉化的新挑戰。

2017年6月立法院三讀通過《師資培育法》修正草案全文27條，該次修正後之《師資培育法》，係爲符應時代潮流與國際趨勢，提高師資培育品質，改革重點包括以下五項（教育部，2017）：

一、依當前國家教育施政核心理念，以學生學習權取代國家教育權，師資培育目標調整爲以學生學習爲中心（learner-centered）之教育知能，並加強多元差異、社會關懷及國際視野之涵泳。

二、調整教師資格考與教育實習順序，實施先資格考後實習制度。

三、中央主管機關訂定教師專業素養指引、師資職前教育課程基準。

四、鬆綁師資培育課程規範，授權師資培育大學自訂師資職前教育課程。

五、開放偏遠地區代理教師、海外學校教師2年年資折抵教育實習。

此項政策改變，在模式上改成先教師檢定，再進行實習，可減少實習之人數，避免實習時所造成之問題，包括其他政策陸續推動，影響尚待評估。

二、臺灣師資培育模式的轉化趨勢

邱維誠（2011）評析了2005年以降的臺灣師資培育現況，認爲在師資培育多元化、職場師資需求管控化的變革之下，師資培育的模式已經出現了轉化的趨勢，茲分述如下。

(一) 提高公費生的比例

師資培育模式多元化之後，一般大學之教育學程中心亦能培育師資，並將公費培育改成以自費爲主，長久以降，在師資培用需求出現落差之後，已無足夠誘因具體吸引優秀人才投入教師行列。因此，在考慮以提供

公費吸引優秀人才加入的前提下，軍職或警職的招收效果都能支持此項策略足以產生效用，故規劃成績優秀之學生爭取公費生名額，已逐漸成為師資培育的趨勢。此趨勢雖然有可能被批判為走回頭路，但仍然有經費投資以換取師資素質提升的必要性，而不應單純僅考慮公平性與優惠性福利的爭議性議題。

(二) 師資培育碩士化

師資培育碩士化在國外已經成為趨勢，在臺灣也已經藉由市場化機制逐漸達成，在模式上已經慢慢形成「非制度化」的必要條件之一。然而，雖然教師學歷已逐漸為碩士所取代，但法源依據上仍然未趕上實際現況的趨勢，產生出教師學歷提升至碩士化現象將導引教育政策革新的趨勢。目前，臺中教育大學之「精緻師資培育計畫」已將碩士階段列入六年一貫之師資培育養成計畫之中，成為臺灣首度將師資培育碩士化的具體推動模式。

在多元文化的趨勢之下，專業成長的需求與期許師資培育者能成為轉化生活經驗於教學之中、成為具有批判性思考與社會行動者角色的多元文化模式（何縕琪，2007），已儼然成為國際師資培育模式展示之外的另一種思維。但意識形態的培育模式並無法具體撼動師資培育的體質改革，這也是臺灣在面臨師生結構改變、教師角色丕變、師資培用供需失衡後，無法具體呈現彈性應變機制，導致臺灣師資培育模式出現單調化、遲鈍化的最主要原因。

三、臺灣新近的師培模式實驗計畫

然而，為了因應臺灣師資培育機能弱化的變局，十年來臺灣師範教育領域中仍有許多具有實驗性質的師培模式持續發展出來。

陳嘉彌與汪履維（2000）在臺東教育大學大學部推行的「大學部師徒式教育實習模式」，該模式利用大三、大四共四個學期漸次進入實習學校，由實習指導教授與實習學校之指導教師共同帶領學生在「大學四年」畢業時，即已完成實習活動，並結合實習學校內的實務與大學課程的理論，精進實習成效。而臺灣師資培育機構面臨著外部少子化與內部超額

培育的雙重影響，造成了師資市場飽和的結果，在近年來才透過「擴大教師需求」與「減少培育數量」等方式進行因應（陳學賢，2011）。而近年來，臺灣已出現「學歷膨脹」的現象，此情形亦出現在師資培育機構的場域裡。就教育社會學的觀點來分析，此現象與職業供需失調、華人傳統價值觀點（唯有讀書高）、社會大眾對教師專業發展的需求直接轉化在「學歷」的要求上等等因素皆有直接與間接的關係。因此，社會上與學界亦思考將教師學歷提升至碩士階段，並積極研擬相對應的師資培育模式。此模式已在歐洲部分地區與中國大陸重點師資培育機構法制化，並持續發展中，其發展現況與動態著實值得兩岸參考。

臺灣地區為因應社會對師資學歷提升之需求，亦有臺中教育大學之「精緻師資培育機制實驗計畫」，該計畫以「2+2+2」碩士級培育模式，將前兩年視為專業發展基礎階段，為大一至大二階段；中間兩年為師培性向試探階段，為大三至大四階段；後兩年為碩士階段，為師培專業發展階段，利用六年的師資培育模式，將師資培育一舉提升至碩士階級，亦為近期臺灣地區最具實驗性質之師資培育模式革新運動。

伍、對臺灣之反思

在近代的歷史上，臺灣師資培育模式參考起源自歐洲各國的傳統師資培育模式，以及日本統治時代的師範教育模式，和國府在中國大陸時期的師範教育模式，逐漸形成臺灣現代的教師教育基礎。依據《師資培育法》第一條規定「為培育高級中等以下學校及幼稚園師資，充裕教師來源，並增進其專業知能」，因此培育適量教師，增進教師專業，乃是目前師資培育政策的重要方向。1994年修正《師範教育法》為《師資培育法》迄今二十六年來，師資培育政策變革甚鉅，從一元化、計畫性、公費制、分發制改為多元化、儲備性、自費制、甄選制，期以多元開放之師資培育理念來提升師資專業。教育部在1994年至2017年的二十三年間，修正《師資培育法》條文十二次，積極回應各界對於優質教師的期待。教師工作不僅是一項專業（profession），更因為其「培育為人」的特殊性，而需要有志業

（vocation）理念的教師才能完成這份使命。而這一些都有賴有更優質之師資培育政策、課程與機構，才能達成培養優質師資之目標。

一、臺灣師資培育的演化反映出培育層級的提升需求

以往臺灣教師教育長期以來在師範教育強調歸順、紀律、模範的思想教育下發展，但意識形態的培育模式並無法具體撼動師資培育的體質改革，因此臺灣師範教育領域中仍有許多具有實驗性質的師培模式持續發展出來。例如前述陳嘉彌與汪履維（2000）在臺東教育大學大學部推行的「大學部師徒式教育實習模式」等，希望培育高水準的教師素質。而近年來，臺灣已出現「學歷膨脹」的現象，此情形亦出現在師資培育機構的學歷需求上。因此，社會上與學界亦思考將教師學歷提升至碩士階段，並積極研擬相對應的師資培育模式，但暫時沒有提升學歷的具體計畫，不過已有許多中小學教師已依在職進修方式提升學歷至碩士階段，並有少部分也已獲得博士學位，對教師學歷提高的需求有一些幫助。

二、師資培育碩士化符合專業化的需求

在國際上多元文化的趨勢之下，專業成長的需求與期許師資培育者能成為轉化生活經驗於教學之中，成為具有批判性思考與社會行動者角色的多元文化模式（何縕琪，2007），這樣的觀點已儼然成為國際師資培育模式展示之外的另一種思維。而「師資培育碩士化」亦成為世界各國為展現師資培育素質提升的新趨勢。世界各國，尤其是歐盟國家推動之歐洲知識區，亦將教師具有碩士學歷列為重要推動方向；並將教師之研究與教學實踐能力視為重要核心能力（楊深坑、黃嘉莉，2011）。此舉也逐漸打破臺灣一元化、權威式的師資培育模式，而在以學士學位培育師資的主流觀點之外，再度喚醒師資培育專業化、碩士化的另一種可能。

三、師資培育碩士化符合國際潮流的需求

此模式已在歐洲部分地區與中國大陸重點師資培育機構法制化，並持續發展中，其發展現況與動態著實值得我國參考。臺灣地區為因應社會對師資學歷提升之需求，亦有如前述臺中教育大學之「精緻師資培育機制實

驗計畫」，該計畫於2012學年度招收30名碩士生正式啟動，全是公費生，有工作保障。該學校以「先學做人，次學教育，再學教學」為精神，以「嶄新視野且深具包班導向的教學力、創意導向的實踐力、省思導向的研究力」之小學優質教師為目標。目前仍以碩士階段兩年為主培育，此計畫將小學師資培育提升至碩士階級，亦為近期臺灣地區最具實驗性質之師資培育模式革新運動。（國立臺中教育大學，2014）

四、師資培育在職進修化亦能符合市場需求與專業需求

　　國際上的師資培育制度逐漸走向碩士化與在職進修化，而這兩種取向亦是為了達到師資培育專業化的需求，而採取不同的模式來進行。世界主要國家將師資培育的階段部分劃歸於「學士後」培育，此舉兼顧碩士化的嚴謹專業需求，也考量到在職教師或新進教師之專業成長需求。最重要的是，此種模式可在師資生擁有相對成熟的教學經驗與教育學養之後，再於學術領域中獲得專業再訓練的精緻課程，使「師資培育專業化」的需求能夠更結合理論與實務，也更符合市場的需求。

五、師資培育的困境反映於偏鄉師資的聘用

　　考量中國大陸與臺灣的現況之後，吾人可以了解師資培育的興衰相當程度取決於市場機制的需求。當教職的福利好、需求量大時，師資培育自然成為人人競爭、人才濟濟的新興行業。反之，當少子化與社會經濟結構衰退開始反映在教育現場時，教師的流失與優良師資生的投入銳減，便反映出了師資培育模式許多在制度上的缺陷，而開始有了模式改革、碩士化等等的專業需求聲音。

　　觀察臺灣的教職現場，都市的學校永遠難以進入，偏鄉的學校卻呈現出師資流失、嚴重不足的窘況。這就提醒了我們思考一個問題：師資培育模式的適切與否，是不是真的就是一切教育問題的根源？我們可以思考，是師資培育模式真的出現了問題？還是社會結構與文化思考模式加遽了師資培育問題的複雜度？這是一個難以具體回答的問題。教職市場永遠都有進入的空間，至少我們看到偏鄉的學校一直是欠缺足夠教師的。然而我們培育出來的師資生並不願意在困難的年代裡，前往偏鄉學校尋找一展長才

的機會，尋找一個穩定的工作，而寧願在都市裡尋尋覓覓，這就是一種難以言喻的文化心理因素。在這個議題的關切上，或許中國大陸針對偏遠地區而設置的「特崗教師」模式，值得我國參考與借鏡。

　　在世界各國與臺灣的趨勢中，無論是師範大學或教育大學，在歷史發展中，都經歷了幾次轉折，例如師範大學歷經師範學院或教育學院，再升格為師範大學。而教育大學則經歷師範、師專、師範學院至教育大學，都歷經了幾次的蛻變，而進展到現在的狀況，其中包含了一段榮景的時期，而現在則因少子化而走入低迷的黑暗時期，也許可利用低潮的時期，做一澈底的轉型，澈底的改革，以帶動師資培育之另一新的潮流。

參考文獻

中國國務院（2010）。**國務院印發國家中長期人才發展規劃綱要（2/2）**。鉅亨網新聞中心。上網日期2011年3月16日，取自http://news.cnyes.com/Content/20100607/KC9TP0DDS7P3A.shtml?c=cn_macro

中國教育部（1994）。**中華人民共和國教師法**。中華人民共和國教育部網站。2019年2月10日取自http://old.moe.gov.cn/publicfiles/business/htmlfiles/moe/moe_619/200407/1314.html

中國教育部（1995）。**教師資格條例**。中華人民共和國教育部網站。2019年2月10日取自http://www.moe.gov.cn/s78/A02/zfs__left/s5911/moe_620/tnull_3178.html

中國教育部（2006）。**中華人民共和國義務教育法**。中國：教育部。

中國教育部師範教育司（2011）。關於印發《師範教育司2011年工作要點》的通知（教師司[2011]3號）。**中國教育部網站**。上網日期2011年3月9日，取自http://www.moe.edu.cn/publicfiles/business/htmlfiles/moe/moe_601/201102/114835.html

王秋絨（2011）。法國師資培育制度與教師素質。載於楊深坑、黃嘉莉主編，**各國師資培育制度與教師素質現況**，121-140。臺北：教育部

百度百科（2011）。「三溝通」。**百度百科**。上網日期2011年3月9日，取自
　　http://baike.baidu.com/view/293279.htm

何縕琪（2007）。多元文化師資培育課程與教學策略。**慈濟大學教育研究學**
　　刊，3，45-66。

吳家瑩、黃喬偉（2009）。小學師資培育在綜合大學實施所面對的挑戰與
　　因應策略——以花師教育學院為例。發表於**小學教育國際研討會——**
　　2009，香港教育學院。

李奉儒（2008）。中央集權與教育市場：英國師資培育制度變革之探究。**教**
　　育研究與發展期刊，4(1)，55-82。

李奉儒（2011a）。英國師資培育制度與教師素質。載於楊深坑、黃嘉莉主
　　編，**各國師資培育制度與教師素質現況**（頁43-92）。臺北：教育部。

李奉儒（2011b）。英國師資培育認證制度之探究。**教育研究與發展期刊，**
　　7(1)，53-82。

李春玲（2010）。高等教育擴張與教育機會不平等。**社會學研究，3**，1-34。

杜作潤、熊慶年（1999）。**中華人民共和國教育制度**。中國香港：三聯書
　　店。

洪秋瑋（2004）。**國小實習教師專業發展需求與實習輔導制度之研究**。國立
　　高雄師範大學教育學系碩士論文，未出版，高雄市。

侯禎塘、李俊賢（2010）。大陸特殊教育師資培育之探究——以南京特殊教
　　育職業技術學院為例。載於**特殊教育叢書**（頁15-26）。臺中：臺中教育
　　大學特殊教育中心。

高強華（2003）。當前師資培育的問題與改進。載於**92年現代教育論題**
　　（十一），國立臺北師範學院教育政策與管理研究所。

高敏嘉（2009）。現代日本師資培育制度之研究。淡江大學日本研究碩士論
　　文，未出版，新北市。

國立臺中教育大學（2014）。**國立臺中教育大學教育學院教師專業碩士學位**
　　學程介紹。2019年2月10日取自http://ltmm.ntcu.edu.tw/ntcu/mdtp/index-2.
　　html

國培計畫（2010）。**中小學教師國家級培訓計畫簡介**。中國教育部財政部中

小學教師國家級培訓計畫。上網日期2011年3月16日，取自http://www.
　gpjh.cn/cms/gpjj/index.htm

張炳煌（2006）。當前德國師資培育制度改革的爭議。**教育資料與研究，**
　72，79-92。

張國蕾（2009）。法國「國家師資培育任務指南」之研究。**教育資料集刊，**
　44，145-168。

教育部（2017）。**立法院通過「師資培育法」修正草案**（2017年5月26
　日）。2019年2月10日取自https://depart.moe.edu.tw/ed2600/News_Con-
　tent.aspx?n=E491D1720010EE05&sms=D4AB88F29491B48F&s=CE34879
　D0F893E37

教師教育創新小組（2011）。**中國教師教育改革與發展報告**。北京：高等教
　育出版社。

曹仁德、梁忠銘（2002）。臺灣師資培育制度變遷之考察-師範院校？教育院
　系所培育機構的變革。**臺東師院學報，13**（下），211-240。

梁忠銘（2011）。日本師資培育機構認證制度之研究。**教育研究與發展期**
　刊，4(1)，27-54。

梁福鎮（2010）。當前德國師資培育政策與改革方案研究。**教育科學期刊，**
　9(1)，105-123。

符碧眞、黃源河（2010）。打造「知識歐洲」的師資培育：對我國的啓示。
　教育研究與發展期刊，6(1)，1-20。

陳永明（2007）。義務服師役──分析我國教師教育改革之壯舉。載於王建
　磐主編，**教師教育改革與教師專業發展**。上海：華東師範大學。

陳冠州、尤詩憶（2007）。建模導向師資培育模式與實施──以國小數學建
　模活動設計工作坊爲例，**臺灣數學教師電子期刊**，第十一期。

陳嘉彌、汪屢維（2000）。學士後師資班應用師徒式教育實習模式：案例之
　分析研究。載於**2000行動研究──展望本土教育改革學術論文集**（頁
　1009-1028）。

陳學賢（2011）。**海峽兩岸國小師資培育政策之比較研究**。國立屏東教育大
　學教育行政研究所博士論文，未出版，屏東市。

黃照耘（2011）。法國初等教育師資培育制度演進與現況改革分析。**教育資料集刊，49**，185-224。

楊旻旻（2007）。當年臺灣師資培育改革面臨的問題及對大陸的啓示。**湖南師範大學教育科學學報，6**(5)，82-86。

楊思偉（1998）。日本實習輔導教師制度之研究。**教育研究集刊，41**，118-153。

楊思偉、陳盛賢、江志正（2008）。日本教師教育改革之研究。**教育研究與發展期刊，4**(1)，27-54。

楊深坑（2006）。國家管理、市場機制與德國近年來師資培育之改革。**教育研究與發展期刊，2**(1)，119-144。

楊深坑（2007）。德國師資培育中心歷史發展與組織結構。**教育研究與發展期刊，3**(1)，35-26。

楊深坑、黃嘉莉（2011）。各國師資培育制度與教師素質現況之比較分析。載於楊深坑、黃嘉莉主編，**各國師資培育制度與教師素質現況**（頁355-401）。臺北：教育部。

鄭勝耀（2011）。美國師資培育制度與教師素質。載於楊深坑、黃嘉莉主編，**各國師資培育制度與教師素質現況**（頁177-202）。臺北：教育部。

盧維蘭（2008）。我國中小學教師教育政策三十年之演變。**教學與管理，2008**年10月，3-5。

錢初憙（2003）。大陸地區中小學一般藝術教育師資培育現狀與發展。載於**中小學一般藝術教育師資培育學術與實務研討會論文集**（頁157-172）。臺北：國立臺灣藝術教育館。

謝斐敦（2011）。德國師資培育制度與教師素質。載於楊深坑、黃嘉莉主編，**各國師資培育制度與教師素質現況**（頁93-120）。臺北：教育部。

鍾秉林（2009）。**教師教育轉型研究**。北京：北京師範大學出版社。

顏佩如、黃雅玲（2010）。從中國大陸師資培育最新趨勢省思臺灣師資培育問題。載於**當前我國師資培育問題與對策學術研討會**，國立中興大學師資培育中心。

Hulme, M. & Menter, I. (2011). South and North-Teacher Education Policy in

England and Scotland: a comparative textual analysis. *Scottish Educational Review, 43*(2), 70-90.

Sacilotto-Vasylenko, M.& Fave-Bonnet, M. F. (2011). Teacher Education in France: Persistent Tensions. In Zuljan, M. V. & Vogrinc, J. (eds.), *European Dimensions of Teacher Education –Similarities and Differences*. Ljubljana: University of Ljubljana.

本文出自楊思偉、葉川榮（2012）。從歐美日主要國家與中國大陸師資培育模式省思臺灣現況。**教師教育期刊，1**，1-19。

國家圖書館出版品預行編目資料

臺灣教師教育之今昔與前瞻／楊思偉著. －－
初版. －－臺北市：五南，2019.04
　　面；　公分
　　ISBN 978-957-763-371-2（平裝）

1.臺灣教育　2.師資培育　3.文集

520.933　　　　　　　　　108004954

1I7F

臺灣教師教育之今昔與前瞻

主　　編 ― 黃政傑

作　　者 ― 楊思偉（317.7）

發 行 人 ― 楊榮川

總 經 理 ― 楊士清

副總編輯 ― 黃文瓊

責任編輯 ― 郭雲周、李敏華

封面設計 ― 姚孝慈

出 版 者 ― 五南圖書出版股份有限公司

地　　址：106台北市大安區和平東路二段339號4樓

電　　話：(02)2705-5066　　傳　真：(02)2706-6100

網　　址：http://www.wunan.com.tw

電子郵件：wunan@wunan.com.tw

劃撥帳號：01068953

戶　　名：五南圖書出版股份有限公司

法律顧問　林勝安律師事務所　林勝安律師

出版日期　2019年4月初版一刷

定　　價　新臺幣360元